我与李宗仁

李秀文　口述
谭明　整理

漓江出版社

目录

第二章　随夫军旅

第三章　人到中年

第四章　抗战的离乱

第五章　胜利之后

第六章　天涯海角

第七章　叶落归根

第二部

附录

后语

序

程思远

《我与李宗仁》一书，是前国民党政府代总统李宗仁原配夫人李秀文女士口述，由她侄媳妇谭明女士整理的传记。此书可与李宗仁口述、唐德刚笔记的《李宗仁回忆录》以及拙著《李宗仁先生晚年》《政海秘辛》合读，前者记述李氏家庭生活、亲友往来和新旧社会的对比，而后者则注重李德邻先生的军政生涯，以及国民党内的一些历史事件。两者互相参照，互相补充，反映了这个时代或某个侧面的真面目。

李秀文女士性和易，行笃敬，待人接物，沐如春风。1924 年后，德邻先生又与郭德洁女士结合，对外称李夫人。秀文女士对此，顾大局，尽本分，不慕虚名，但求实际，助夫教子，相得益彰。因秀文女士识大体，德邻先生才无内顾之忧，而能殚精竭虑，致力于统一广西、北伐和抗战的大业，纵令秀文女士并不参与其事，亦与有功焉。

李宗仁之子幼邻，为秀文女士所生。1965 年德邻先生回国后，幼邻仍奉老母居留美国。其时三代同堂，儿孙绕膝，若在别人，自可随遇而安，唯秀文女士自感一生七十年处于分崩离析之秋，只有今日祖国前途似锦，而桂林一山一水，时萦梦寐，因于 1973 年毅然回到祖国，颐养天年，真是“踏遍青山人未老，风景这边独好”。

本书作者为秀文夫人之侄嘉球的革命伴侣，他们伉俪长期以来与其姑母生活在一起，对秀文女士的心灵深处及其毕生经历，体察至深。其原文又朴实无华，斟酌尽当，为传记作品体现另一异彩，故乐而为之序。

1987年6月28日于北京

第一部

第一章　家　世

农家女

我是广西省临桂县村头村人，出生于一八九一年农历四月二十四日。我是母亲生下的第五个女孩儿，前面只有一个哥哥，姐妹中我排行第四，故人都叫我四妹。秀文这名字，是我结婚后丈夫给取的。

我家有水田二十多亩，在村中算是个殷实的半自耕农，不遇天灾人祸，勤耕苦种，是不愁衣食的。就是人丁单薄、三代单传，男劳力不足，在农忙时节，往往要请一两个男工来帮忙。我父亲从小害了个肚痛病，三天两头要寻医吃药，还总不见好。母亲好不容易才把这个家支撑下来。因此，在母亲怀我的时候，父亲眼巴巴盼望生下来是个男孩，谁知道呱呱坠地的竟又是个女孩。在那重男轻女的时代，生男孩儿多都不嫌，生女则多一个便埋怨开了。生男是添丁进宝，生女是人财两空。故我的出生，并没给家里带来半点喜气，反而是父母都愁容满面，唉声叹气，说是又多了一张吃饭的嘴，多一个赔钱货。

我长大之后，母亲告诉我，说我是差点活不成了的。原来农村妇女一怀孕便自提心吊胆，生怕生下来是女的。头一胎还可以，说是先开花后结果，第二胎再是个女的，那就不但公婆不高兴，丈夫也会嫌弃了。若一连几胎都是女，那么，这个女人就倒霉了，她在家的日子就不好过了。坐月子本来应该吃好些，也吃不到了。因此，往往有些妇女在孩子一生下来，得先看看是男是女，若一连生的都是女，那就含着眼泪，在婴儿还没有开哭之前，亲手把婴儿闷死。对外说是生下来的是死婴。公婆、丈夫知道死的是个女婴，不但不计较，还暗自高兴，觉得少一个赔钱货是好事。我母亲是个心慈手软的人，她不忍心下这个毒手，宁愿自己辛苦、受气。这样，我才得来到这世上。

我的童年，和哥哥姐姐们一样，是在泥土中滚大的。从小就要帮做农活和家务。父亲长年肚痛，一家重活都落在母亲身上。我出世那年，大哥虽只十二三岁，已开始学着犁耙田了。大姐八岁，也帮得不少家务和农活。二姐七岁，每天要去讨猪菜。三姐五岁，也要在家照看我了。我长到五岁，就可以坐在灶门烧火、搬柴火。家里人都夸我说："四妹乖巧！"我从小生得比三个姐姐聪明伶俐，因此，父母比较疼我。

祸与福

就在我五岁的那年秋天，我害了一场大病，几天水米不沾，烧得口唇都焦了。父亲着急去请邻村（榔头村）一位专医小儿的医生来看病（后来得知这医生就是我丈夫的先祖如玺公）。医生说是不要紧，吃两服药就会好的。谁知，我服了药，烧还一直不退，脸色蜡黄，双目紧闭，已不知开口哭喊，眼看已是没救了，父母只好把我抬到灰屋去搁着，等咽气后才掩埋。也是我命不该死，一日一夜，只是奄奄一息。那时正值秋收农忙时节，父母不能守着我，和哥哥、大姐去忙着收割，二姐、三姐又都不敢去看守我，直到我母亲割禾回来，才眼泪汪汪地跑到灰屋去，以为我断气了，谁知我不但没有死，反而睁开眼睛，使劲地叫："妈妈，我肚饿，我要吃饭！"把母亲吓得奔出灰屋叫喊。父亲赶忙来看，只见我已坐得起来，叫爸叫妈，直嚷肚饿。父母定了定神，这才又惊又喜，把我抱回房间，给我吃粥，我大口大口地吃。吃完粥，便要下地走动，这病好得也真奇怪。后来我和丈夫说起此事，他说是他先祖妙手回春，因为他先祖是个颇有名气的专治小儿病的医生，远近乡村都知名的，曾经医好许多得病的小儿。我的病是药力生效才好转起来的，但人人都说是我的命大。这次我在灰屋死里还生的事，在附近各村都传开了，人家传说纷纷，有的说我大难不死，必有后福；有的说神灵保佑，此命必定不凡。因此便都建议我父母要好生看待。父亲当时还半信半疑，恰巧那时村里来了个算命先生，父亲就请来为我算命。这先生先问我父亲要了我的八字（出生的年、月、日、时辰），对我瞧了好半天，看了立相，又看坐相，还要看行路相。之后满面堆笑，向我父亲拱手道喜说："恭喜恭喜，你这个女是个贵人，我走江湖多了，从没算过这样好的女命，你女儿他日富贵双全，福寿过人，不但夫荣妻贵，且是两家人的福星，真是贵不可言啊！"父亲本来就信命，此时经算命先生的一番好话，他更深信不疑我是个好命女了。从此，我便真的受到一家人的加倍爱护，村里人也都把我当为福星。

不久，福气真的降到我家来了。所谓福气，就是我母亲竟在四十多岁时又再怀孕，生下的竟是个男孩。老年得子，实为稀罕，大家都归功于我，说是我命好，招弟。有了弟，一家人更是喜气洋洋。同村中有新生孩子的，都来问我母亲讨些我用过的衣物，说是沾沾福，是个男孩的便可长命百岁，是个女孩的也就希望她招来弟弟。

既然我生来命好，一家人便都对我另眼看待，吃的、穿的都与三个姐姐不同，以后逐渐不让我去做农活，只叫我学做些针线和手面功夫。因此，我从九岁起就学得一手好女红。如绣花、做鞋面、纳鞋底、趟鞋等，都是附近出名的巧手。而我的三个姐姐，一直做家务、做农活直到出嫁。到了夫家，她们更加辛苦劳碌，终身不曾有几天好好过一过。三个姐姐的命运都是苦的苦，累的累。二姐三十不到便给不争气的丈夫气死了，所生一个女儿被丈夫卖给人家，一个男孩后来由我供读到大学毕业。尽管她们一世受苦，但谁都不曾怨过谁，只晓得怨命不好。

农村一般人家，日食三餐红薯芋头拌煮的饭便算不错了，只有逢年过节才得见见荤腥。平时因吃自种的瓜菜特别寒凉，需要多吃辣椒相抵，因此家家都有一个结实的辣椒钵。记得我家的辣椒钵，被我不小心打破了一个角，一直还在用着，我做了国民党代总统夫人，回到家乡，这辣椒钵还在呢。

农村人生活清苦，男人们便利用晚上时间，去河里戽鱼虾，捉田鸡。捉到田鸡可以饱吃几餐,鱼和虾则拿来焙干备用,舍不得多吃。农忙时节,才加点菜,如炒黄豆,焖干鱼,也可以饮点酒。饮酒也只限于男人,女人是很少饮酒的。我家吃饭时常常是男女不同桌,因为男人吃的菜要比女人的菜好些,还要边饮酒,边抽烟。起初是农忙时节如此,后来家境渐渐宽裕,请有长年男工,干脆男女分桌吃饭。我出嫁之后,回家也不例外。

童年杂忆

童年的生活,虽是过得朴素,但我从不觉得苦。有些事是长大出嫁之后,离开了家乡,回来便再也看不着了。特别叫人留恋、怀念的,如过年时唱调子(彩调),跳龙灯。男孩们烧炮仗,赛谁的炮放得响;女孩们个个扎起红头绳,比谁的头梳得光,谁的辫子长。更有趣的是男孩们放炮仗都喜欢往女孩头上扔,吓得女孩们双手捂紧耳朵飞跑。调子班一般是从圩镇上请来的,一唱便是三天(初一、初二、初三),这三天真是农村最快活的日子,一年忙到尾,就凭这几天悠闲悠闲。年轻人是边看调子边吃炒黄豆、嚼甘蔗;男人们拿出自种的烟叶尽情地抽;女人们毕竟是舍不得白过一天半天的,她们则赶这时节做鞋面、纳鞋底。童年的生活,是最快乐而又无忧无虑的。等到长到十四五岁之后,慢慢地便心思多起来,无忧无虑的日子也就一去不返了。

自议定亲

男大当婚,女大当嫁。农村中女孩儿长到十六七岁,做父母的便得为女儿找婆家,到十八岁还找不到婆家,做母亲的便发愁了,怕的是嫁不出去,养老女丢人。故我的三个姐姐都在十六七岁时先后嫁了出去。

由于算命先生说我八字好,要等个有福的男人才能定亲,因此,我父母便都不忙给我提亲。眼看我已过了十八岁,来说媒的不少,因为上下几村人家都知道我是个八字好的福命,人长得端正、聪明,又有一手好女红。但那时代,人家再好,八字不合也不能对亲。就这样等到我十九岁时，我母亲心中暗暗着急。其时，隔邻村（榭头村）李家托媒来说亲，那男子的八字竟与我十分配合，不但大吉大利，而且是夫荣妻贵、相辅相成的一对好八字。只是我父母有点犹豫，说他家人多，上有公婆（还有祖公婆），下有小姑三人；大伯、大姆，还有小叔子三人。去到这样的人家，一世都受累。一时委决不下。那时三个姐姐已出嫁，只有我在家做女，父母虽然疼爱我，兄长也和气，只是嫂嫂不贤惠。自从娶了嫂嫂，母亲便把家中事务交给哥嫂掌管，嫂嫂对我父母表面上还敬重，但对我姐妹则时有不恭。她心眼窄，嫌我姐妹众多，怕我母亲暗中拿东西给女儿，常常絮絮叨叨，指桑骂槐的。见我长到十九岁尚未定下婆家，嫂嫂便讽刺说："怕要养个老女了。"我本来就是个心性强硬的人，听了这些风言风语，怎么忍得？一气之下，自对我母亲说："妈，就去这家了吧，我认命！再不等了。"就这样，婚事定了下来。后来村中人还多传为笑话，有说我自选婆家，脸皮厚；也有说这是姻缘所在，命中注定。更凑巧的是，来说亲的李家祖父就是给我看过病的先生呢！难怪有人传说这是姻缘所在，注定我是他家的人了。原来这位先生——我未来的祖公公，他早就听说我那次大病不死的事了，人家传说我是命好，有神灵保佑，他可认为是他把我医好的，这门亲事，还是他在世时的遗愿，真不知他是怎么想的。

婚　事

翌年，即1911年，两家便为我们操办婚事了。我的婚事，比三个姐姐隆重些，一则家中人口少了，这几年收成好，家道逐年宽裕；二则我的母亲最疼我。因此，我的嫁妆也自然要比三个姐姐丰厚。除了四季衣裳，家机织的布也有二十多匹。（这些布匹直用到我做了"代总统"夫人回来，还有不少存在箱子里。其中，我还拿一些给婆婆为小姑们做衣服用。）此外，房中用品，大至蚊帐被褥，小至茶杯茶壶，还有好笑的是草纸也不得缺少。鞋子更是显示新娘的手工摆设了，有给公婆的，有给丈夫的，自己的，还有给小叔小姑的，总共不下二十多双。这些都是平日做女时早有准备的，家家如此。我出嫁的时候，更丰盛些罢了。

当时农村风俗，闺女出嫁，是有许多有趣仪式，这也是相沿下来的旧习惯。给我留下印象最深的是“贺娘”歌会，即在闺女出嫁前一天晚上，女家要为她举行一个歌会，农村习惯称之为“贺娘”歌会。

“贺娘”歌会可以说是农村妇女表示她们的聪明与口才的唯一机会了。她们长年累月劳动，一年难得有几次吐吐自己心思的时候。只有这时，她们才能借贺闺女出嫁的机会，尽情喜乐一番。

“贺娘”歌会，其意思是娘家亲人们对出嫁女的祝贺，以唱歌的形式，祝贺闺女从此宜家宜室，夫唱妇随，百年偕老，多生贵子，等等。最初是各女亲们唱的，而后则由闺女来唱，表示离开娘家，对父母及姐妹恋恋不舍，怕去到夫家做人媳妇为人难。在这样形式的歌会上，参加的女人们可以尽情发挥自己的口才，也可以尽情抒发自己的心事。

贺娘歌（一）

一岁在娘膝头抱，
二岁在娘脚底爬，
三岁学行又学走，
四岁烧火又烧茶，
五岁搂篮讨猪菜，
六岁江头洗菜花，
七岁手拿纺纱袋，
八岁装车纺细纱，
九岁上车学织布，
十岁织绸又织麻，

十一织头紧又密，
十二功夫人人夸，
十三脚底纳鞋线，
十四脚上鞋绣花，
十五梳头像姑娘，
十六媒人到我家，
十七我爹办彩礼，
十八我娘买床牙，
十九我爹办齐全，
二十姑娘嫁出家。

贺娘歌（二）

大兄买把青绸伞，
二兄买双绣花鞋，
头上金簪三兄打，
一身衣裳四兄装，
五兄买把照明镜，
六兄买个真铜盆，
七兄买只七宝箱，
八兄买只包银柜，
九兄上街买头马，
十兄上街买马鞍，
样样买齐娘欢喜，
吹吹打打送新娘。

在闺女出嫁的头天晚上，所有家中女亲都聚坐一起，“贺娘歌”就开始了。晴天一般在庭院中举行，雨天则在闺女母亲房中举行（这时出嫁女不参加的）。开始时先由一位命好的、平时又是歌手的女亲带头唱，歌调虽简单，但比一般高声喊唱的和谐动听，农村称之“昱子”，是吉利之歌的意思。歌的内容极为丰富，一般以赞颂父母养育之恩、兄弟姐妹关切之情为主，口才好的可以唱出人世间的悲欢离合，唱出妇女的喜怒哀乐，唱出妇女做人的艰难，唱女儿在娘家有娘亲知暖知热，嫁到婆家，处处要小心做人，不得行差踏错。带头的一开了头，其他妇女的思路便活跃起来，也就此唱彼和个不停。这时听唱的人，随着歌词，触动自己的心事，有的欢喜，有的叹息，有的怨恨，有的怒骂，还有偷偷弹泪的。这样，一直唱到深夜。做母亲的则坐在一旁，静静地听，不时拭抹眼泪。

“贺娘”歌会一开始便有人端出一盆炒得又香又脆的黄豆，给在座的人各分一杯，大家便边吃，边听，边唱，气氛至为热烈、有趣，而又极其生动，也是村上女人们唯一的娱乐。所以，凡是村中有女出嫁，在亲的妇女们都不肯放过这个机会去寻闹热。

“贺娘”歌会的第二天，是闺女上花轿。那天还唱一次“别娘歌”。一般是在母亲房中，或大嫂房中。那时众女亲都簇拥着出嫁女，听她唱“别娘歌”。这时的歌，倒不如说是哭，是由出嫁女边哭边唱。唱的是闺女离别娘家的眷恋之情，歌词内容就看闺女的心思去联想了。大多唱父母养育之恩未报呀，同胞姐妹之情未酬呀，同伴友好之谊未了呀，舍不得爹娘舍不得家呀，等等。若是平日在家常不如意、受气受骂的，也可以在这时连唱带骂，哪怕是叔婶、兄嫂。因此，若有后娘不好或嫂子不贤的，大都躲开，不敢来听。当然，也有一个人是必然要受骂的，那就是媒人，尽管嫁得好婆家，媒人也该骂，如果不骂，就是自己情愿早早离开娘家，远走高飞，那是会给人取笑的。

“别娘歌”既是闺女在娘家最后一天诉说衷情，她便可趁此机会，把平时要说而不曾说，或者不敢说的边哭边诉说，可以毫不掩饰地唱个痛快；也有些闺女起初不敢直言其事的，怕日后大家见面不好过，开始唱时还是赞叹的多，后来越唱越动情，也就顾不得许多了。其时，在旁听唱“别娘歌”的也联想到自己的身世、遭遇而能动感情，也随之而欢喜、怨恨或者怒骂。不过，出嫁终究是人生喜事，人人都是兴致很高的。记得我出嫁唱“别娘歌”时，我坐在母亲床上，正满腹心事，生怕嫁过去男人不好，会像姐姐那样，受苦一辈子。那时两个好命的表嫂在为我梳头，母亲则是忙出忙入，找这找那，我忽然看到母亲老多了，背也有点驼了，她自己舍不得我出嫁，不时偷眼看我。看见母亲这个模样，想到她劳碌一生，把我们拉扯大，做女儿的都不曾孝顺过母亲几日，又要去做人家的人了，嫂嫂不贤，大哥懦弱，弟弟未长大成人，我不禁一阵心酸，便哭起来了，“别娘歌”也自滔滔不绝地边哭边唱，尽我所想的去唱，我嫂嫂不敢来听，她知我会骂到她的。可是我却不曾骂媒人，连我自己也没想起这个媒人有什么该骂的，大概是我自己对母亲说过，我情愿嫁到这人家去的吧。后来我真的算是“富贵双全”，那媒人还到过城里来找我，说她做了这个媒，也等于做了官一样光彩。那算命先生则不知落到何方去了，若是还在本地，想必也会来表表功的。这事原无关系，不过有时想起觉得好笑。

唱过“别娘歌”，我便被两个女人簇拥上花轿，一路吹吹打打，鞭炮齐鸣，直到婆家，就是例行的结婚仪式了。这些我觉得都平平常常，也没去记它。值得回忆起的只有一桩事，那就是洞房之夜新郎的举止言谈。

做女子的一经行过婚礼，进入洞房，她所想的事便不一样了。娘家的一切，已都不用再去想，心里惴惴不安的是不知丈夫的模样如何？人品怎样？是不是也像三个姐夫那样，吃醉了酒还动手打人？还有公婆以及家中小姑小叔又是怎样？真是满腹心事，红烛已烧去小半，只听得脚步声响，是新郎入洞房来了，两个送嫁的女人赶忙准备新郎新娘吃合卺酒，谁想到事情倒新鲜了，只见新郎大大方方地亲自把酒斟满递到我面前，说声：“吃酒，吃酒，吃我斟的，我俩一起吃！”不但那两个女人感到意外，我也惊讶得情不自禁地看了新郎一眼，谁知不看时我心事重重，一看之后，心中原来揣着的一块石头一下子便落了下来。男人是个英俊青年，他笑容满面，喜气洋洋地端着酒站在我的面前。他，就是我终身所托的丈夫李宗仁。

吃过合卺酒，丈夫便出到堂屋去应酬。直到红烛烧了大半，才又见他微有醉意，快步入房。等陪伴我的那两个女人出去之后，他自倒了一杯茶，喝了一口便递给我，说："你也喝口茶嘛，今天实在太累了。"我只摇了摇头，但并不觉什么腼腆。我从小性格爽朗，不同一般女孩子，见人——特别是见到男人脸就红。洞房中与丈夫见面时，虽略有拘束，并不局促。又经听过他讲了两次话，觉得他不同于农村中那些男子，他不像个庄稼汉，倒像个斯斯文文的读书人。过后，才知道他果然不同于一般耕田人，不但知书明理，还是个在外面读书的洋学生呢。

从夫识字

更新鲜的是，他边喝茶边问我："你识字么？"我摇头："不识字，女人识字有什么用？"他说："要识字！要识字！不识字便等于是个盲人，以后我写个信回来你也看不出，受人骗你也不知，我教你！只要你肯学，日子长着呢。"这一席话，就似给我喝了一碗甜酒，又甜，又暖，又心跳身热。那时，谁听见过有男人愿意让女人认字的，还是新婚的夫妻在洞房中讲的话呢。这事以后我回娘家给姐妹们讲开了，都传为美谈。人人都说李宗仁读了洋书，与众不同，以后不知还有什么新鲜事呢。

我丈夫在洞房中说的话，后来果真做到了。丈夫做了我的开蒙教师，但他教我开笔写字，却不是写一二三四，也不是写"人之初"，而是教我认写"李"字，他说得很有趣："'李'字有意思，你我都姓李，会写这'李'字，其他字便不难写了，因为'李'字有横有竖，有撇有捺，有弯有钩，笔画不多，各样齐全，容易认也容易写，学会写'李'字，其他字便不见难了，就先从'李'字开始学吧！"他还给我取了"秀文"这个名字，说这三个字中，有两个字差不多，"秀"字和"李"字是很相像的，"文"字也很容易写。这样，我既做了李宗仁的妻子，又做了他的学生。这是又一件趣事，稀奇的趣事。可惜，他在家日子不长。他结婚时已在广西陆军小学习武，婚事是假期回来办的，婚后开学便又离家去了。以后每逢休息日，他总是要回家看看。

李宗仁故居小木楼。故居位于广西临桂县椒头村

陆军小学在桂林城，离家乡有六十多里，早晨上路，晌午过便赶到家了。我丈夫他走路飞快，是出了名的。后来他一直在外习武，回家的次数便越来越少，但他并没有忘记教我读书识字的事，每次回来，都向父亲提出要让我们妇女念书。

新媳妇的心事

做闺女时最怕嫁的男人不好，一世受苦；二怕公婆难侍候；三怕小姑小叔多，鞋头脚面难应付。我出嫁的当晚，见到丈夫的人品和性格言行，心中一块石头虽落了地，但又早听说他家人口众多，五男三女，只大伯结婚成家，做得农活，其余大都是张着口吃饭的。一家生活，全靠二十多亩田地，真不知日子是怎样过。自己过来后，又面临着一个什么样的境遇呢？当天晚上，丈夫也曾略略讲过：父母为人厚道、慈祥，一家人和气，不会令我为难的。但我仍然惴惴不安。

第二天一早，送嫁的表嫂（她们是在男家住一宿的）照例行事，领我进入厨房，意思是带我领教一下为妻为妇的本分。此时新妇只需入厨略沾一下手，但以后，就是天天离不开的劳作了。那天我入到厨房，大姆早把水挑好，正在烧火煮猪潲，我连忙过去舀水，大姆笑笑，说："今天不用动手了，以后有你做的呢，到堂屋见公婆去吧。"那表嫂遂又领我到堂屋，只见公公在踱步，看婆婆打点我回门的礼品。屋里除了大伯不在，其余三个弟弟三个妹妹都在走马灯似的转来转去要看新娘。我一一见过了，遂即入房，把孝敬公婆以及送给小姑小叔的鞋子，一起端出，送到婆婆面前。婆婆连声说："真难为你了，我家这么大一帮人。"跟着招呼小姑小叔们过来，教他们称呼我为"九嫂"。三个小叔，三个小姑，都朝着我叫"九嫂"，然后便一窝蜂地去看新鞋子了。

这时，我才抬眼看婆婆，只见她慈眉善目，身板挺拔，穿得干净利索，说话态度安详，不像我母亲，过早就腰弯背驼。婆婆转脸招呼送亲表嫂："你们到新房吃喜面去吧，新夫妻还要回门呢。"

回　门

我也眼巴巴盼着回门。回去见母亲，见姐姐，有好多话要讲给她们听的。吃过喜面，我弟弟和儿位女亲便来接了，我们两家当时都是普通农民，回门不再坐轿。若是官宦人家，则还是要坐轿的。

两村相隔不远，一杯茶不凉便可走到。我们步行回去，一路上招了不少看热闹的，甚至在家里的也赶出来看新姑爷回门。一路上嬉笑言谈，都说洋学生做新姑爷，回门肯定有新戏文。到家时，前前后后，跟着的怕有好几十人。在路上，我丈夫满面春风，兴致勃勃地与乡邻们谈谈笑笑，似乎他也是看热闹的。他说："步行好嘛，坐轿憋得难受。我这辈子再也不用去坐轿才好。"

回门做新姑爷，轮到丈夫作难了。在众目睽睽下，要正正经经毕恭毕敬地拜见岳父母，拜见族中父老，一般男人总免不了有点拘谨不安的。可是我丈夫却又与众不同，见长辈，落落大方，鞠躬行礼；见哥嫂，含笑点头，之后落座饮茶，问长问短毫不拘谨。那些看热闹的便说，果然洋学生开通得多，乡里人哪能这般大方。

三个姐姐和好些村中姐妹，则拉我到房中，打听我做新娘的经历。及至我把洞房之夜，丈夫给我斟酒倒茶，乃至教我认字的事讲了出来，大家都又作为奇事，说当真出了新闻了，也更加羡慕我嫁得好丈夫。

夫 家

回门之后，婚礼便告结束，长长的日常生活便开始了。我上敬公婆，下睦小姑小叔，并尊重大伯大姆。家务活不论大小轻重，我都尽力去做，减轻了大姆的负担。晚间，在油灯下为几个小姑小叔纳鞋补衣。就这样，日子长了，不但深得公婆喜爱，大姆也因有我这个得力助手而高兴，小姑更是喜欢和我亲近。一家人过日子喜气洋洋。

那时我夫家除了耕种二十多亩水田之外，还兼以粜米为生，公公是个教馆先生，文质彬彬，家务农活管不了，全靠婆婆操持。婆婆不但精明能干，且又熟谙生计，一切安排得井井有条，忙而不乱。

故居庭院

婆　婆

那时我大伯在家，是种田的主要劳力，婆婆则以赶圩粜米为主。除了赶两江圩，还有一处叫山口圩，三日赶两圩，光挑米就够辛苦的。可是婆婆还要带着针线随身，挑米到圩，坐下不是纳鞋底，就是搓麻线，真是手不停，脚不歇。长年累月，从不喊苦叫累，总是有说有笑的。一家人见到婆婆如此勤劳，便谁也不敢偷闲。

婆婆对儿女从不恶言斥骂，总是温言教导。晚间，公公在油灯下教儿女识字念书，婆婆则教儿女做人道理。勉励儿子长大努力做事，立志自强，不要依赖他人；不要人穷志短，也不可为富不仁；做人要懂礼义，明廉耻，洁身自爱，勿贪不义之财；还说君子不念旧恶，改恶便是好人。这些道理，婆婆不只是讲给儿女听，而且是身体力行的。

婆婆虽不曾受过什么教育，但是宽厚仁慈，能忍能让，方圆十里的人，都夸赞她大贤大德。婆婆的处世行事，对我也有很大的教益。我在家做女时，总认为嫂嫂对我们絮絮叨叨，多有嫌弃，故此产生恶感，宁愿早嫁出门。及至与婆婆相处，日子长了，便觉到自己有许多不足，回家见到嫂嫂，也心平气和了。而嫂嫂对我又何尝有什么过不去的呢？大凡人的器量小了，嫌隙便大了；器量大了，便不会只看到别人的短处了。这也是我受到婆婆的影响，也是我日后做人处世的开蒙教益。

婆婆既能干，又谦虚，她胸怀坦荡，把养家糊口的重担挑起，从不口出怨言，还说公公是个读书人，体力劳动非其所长，读书人自有他的作用，若是没有公公知书识礼，她也不会懂得更多道理的。

公　公

公公是个勤勉好学的读书人，不以功名为意，一试未酬之后，便在乡设馆授徒。为人性格直爽，好打抱不平，常常到圩镇串街，知道不少时事新闻，深感清政府腐败无能，自己有志不能伸。曾不管家人劝阻，决然到香港，应募去了南洋，志在闯

李宗仁之父培英公，母刘太夫人

闯世界，增广见闻，回来可以做些有益乡民的事。到了马来西亚，他仍以笔墨为生，为广大华工做些代写书信等笔墨工作。同时也发现为洋人所骗，华工并不如洋人所说的可以发家致富，而是惨过牛马。洋人虐待华工，更是触目惊心。不久发生了抗暴运动，公公被选为代表。斗争失败，被资方解雇。回乡之后，公公痛斥洋人之可恶，痛心清政府丧权辱国，以致洋人把中国人当作东亚病夫，人不如狗的事，随处可见。华工一天要做十八小时的工，所得的微薄收入，却不如洋人资本家的狗吃一餐。处处立有"华人与狗不得进入"的木牌。这样的事，直到我丈夫当了广西将领，为避战乱，公公再到上海，逛公园时，见到"华人与狗不得入内"的木牌，感到痛心不已，因此而不再到公园去玩。

从南洋回到乡间，公公更为好客，常常是"高朋"满座，家中本不宽裕，缺茶少烟，但婆婆总想方设法，采些野生果子煎水，饮起来又甘甜又清凉爽口。烟则是各人自备的烟斗。这样的聚会，公公认为是人生乐事。

公公有新思想，提倡破除迷信，兴办学堂。但因为那时迷信旧习很深，破除迷信一时难以做到。我婆婆自己也还信鬼神呢！兴办学堂倒是一说就通的，后来的两江小学、信果小学都陆续办起来了。这是公公积极倡议的结果。后来我丈夫在外功成名就，这办学的事，政府也重视起来。

家　计

我自到夫家，不论农活家务，都勤力操作，从不计较辛苦，加上我生性开朗，不与人口舌，又不在背后讲人的是非，故深得公婆喜爱。我见婆婆为几个小姑小叔的衣着张罗不过来，便自动把陪嫁的布匹拿出来交给婆婆为各人做衣服，婆婆欢喜不过地说："难得九嫂大量，以后家计好些，再匀回给你。"

以后，家计果真一天好过一天了。

我丈夫在陆军小学毕业之后，便到南宁广西将校讲习所任教，任少尉队长，每月薪金为三十四元，每个月寄十多元东毫回来，以补家用，家中生活自此富裕起来。那时的谷米，一百斤两元多东毫，十多元东毫，除了衣食，还可做许多用处。

公公婆婆都是宽宏大量、仗义疏财的人，过去手头拮据，尚且宁愿自己少吃点，也要匀出来接济别人，及至我丈夫月月有钱寄回，手头松了，更加乐善好施了。诸如修桥铺路，兴办学堂，以及乡中公益事业，必首先解囊捐助，更不说乡中亲友，遇到年成歉收，贫病交加，或者衣食不周，上门告贷了。以此远近闻名，都说培英公两老一世积德行善，必然荫及子孙。我婆婆听见乡人传颂，总是笑笑说："儿孙自有儿孙福，我们不过各行其是，将来儿孙们能走正路固然好，若是靠祖宗积福那是不争气的。"这话后来果然也有应验。

识字余事

我丈夫自从到南宁，离家远了，比不上在桂林陆军小学那时，短短的休息日也可以回家打个转，远了就只能在假期才能回家了。每逢回家，他还总不忘记教我识字，而且还一定要我学写。他说："你不识字，我写信给你看不懂，你想写信给我也难。我在外面见到不少人请街上的代书先生帮写信，把秘密也给人知道了，真是又可怜又好笑，你也愿意这样吗？"

丈夫他除了教写我的姓名，他的姓名，以及一些日常用得上的字外，还教我写些我很不理解的字和句，边认字边教边讲。他教我写"好男儿志在四方""立志救国""投笔从戎"，还写什么"民族、民权、民生"这一类的字句，我不但觉得难认、难写，也难懂。我畏难，他却一定要我学。他说："不但要识得这些字，还要懂得这些字的道理。"可惜，我丈夫不能经常教我，我也始终不很懂这些道理，只有"好男儿志在四方""投笔从戎""立志救国"这几句，用这些道理来比喻我丈夫的一生为人，总算还是懂得一些的。

后来丈夫真的投笔从戎，到战场上去了，一去就是几年，很少回家。我做他的学生也从此告终。

丈夫到南宁之后，一再写信同父亲说，父亲年事已高，不要执教了，另请个教师来，教我们几个妇女读书识字，不要做开眼瞎子。公公原是主张读书的人，赞成了。婆婆虽没受过什么教育，但一向通情达理，深明时势，也依了。一在农闲时候，请个教馆先生来教，只不过是念得多，写得少。

那时教念的书是《女儿经》《千家诗》《三字经》《增广贤文》等，背得滚瓜烂熟，直到我耄耋之年，从海外归来，还常随口念诵给我小侄曾孙听，什么"天子重贤豪，文章教尔曹。万般皆下品，唯有读书高"，"昔孟母，择邻处。子不学，断机杼"，"养不教，父之过。教不严，师之惰"。还有《千家诗》："清明时节雨纷纷，路上行人欲断魂。借问酒家何处有，牧童遥指杏花村。"这些文呀诗的，我自己也觉奇怪，何以竟记得这么牢?

那时字是多识了几个，书也会念，而且能背诵，但我那强硬的性格，竟不知不觉地改变了不少。比如我学着书中所说的女子要"笑不露齿，坐不摇身"，"在家从父，出嫁从夫，夫死从子"，等等，甚至见到男人，也不敢平起平坐了。

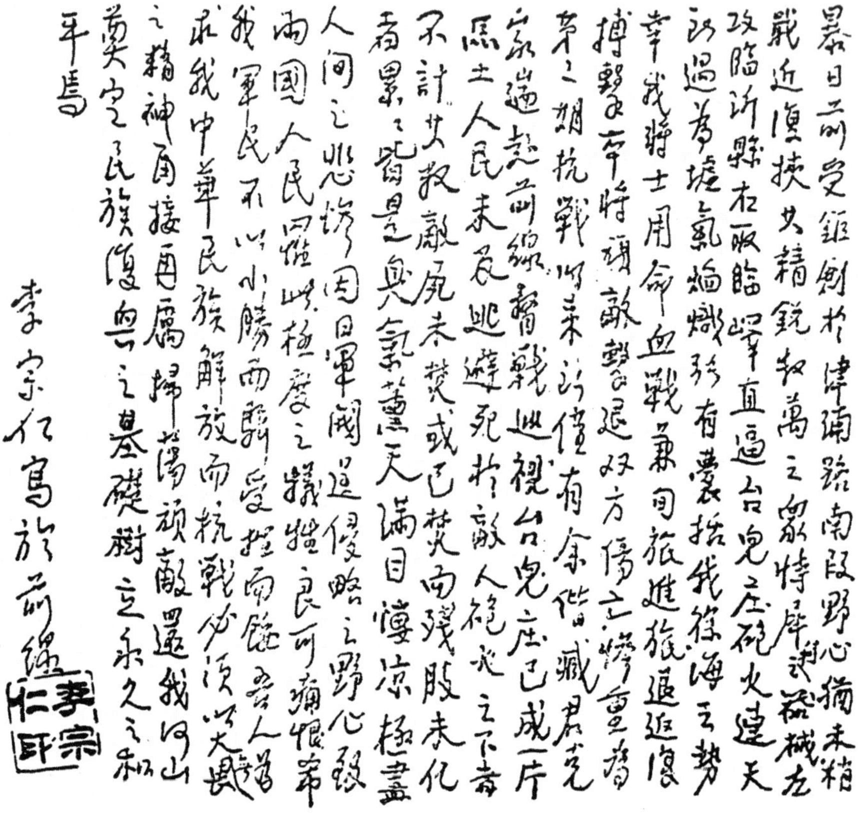
暴日前受鎩劍於津浦路南段野心猶未稍戢近復抽其精銳數萬之衆恃其武器械左攻臨沂縣右取臨峄直逼台兒莊砲火遮天所過爲墟氣焰熾張有囊括我徐海之勢幸我將士用命血戰兼旬旅進旅退復搏擊卒將頑敵擊退我方傷亡慘重爲第二期抗戰以來所僅有余偕藏君克家遍赴前線督戰巡視台兒莊已成一片焦土人民未及逃避死於敵人砲火之下者不計其數敵屍未焚或已焚而殘骸未化者累累皆是臭氣薰天滿目淒涼極盡人間之悲慘因日軍閥侵略之野心致兩國人民罹此極度之犧牲良可痛恨幸我軍民不以小勝而驕愈受挫而愈奮人類求我中華民族解放而抗戰必須以大勇之精神再接再厲掃蕩頑敵還我河山奠定民族復興之基礎樹立永久之和平焉

李宗仁寫於前線

四月十四日

李宗仁印

李宗仁书信手迹

三从四德的旧礼教，在我脑中生了根，至今不容易改变。

直到德邻（李宗仁字德邻）在外写信回来，反对我们念旧书，这样，才又请过一位受过新教育的女先生来教我们。那位女先生是西乡人，只记得她夫家姓廖，本来可以多学一些新知识，只是不久，我丈夫在外，晋升到营长，派人来接我出去。

随军生活几年，后又在大城市一住多年，我逐渐明白过来，知道男女同样是人，应该平等，自由。自己的确享受到了一些平等和自由了。只不过，在我的心目中，女人终究比不上男人，男人懂的东西势必比女人多，男人做的事，女人不能做，女人靠男人养活，等等，这些看法，至今常常在言谈中流露出来，给家人笑话。

第二章　随夫军旅

离家行

德邻从军作战几年，经过无数次出生入死，冲锋陷阵，才从排长升到连长，直到营长。民国六年，战局稍为平静，丈夫驻防在新会，他即派了一名副官回来，说是接我出去居住，以便照应他生活。我乍一听要我离家外出，与丈夫生活在一起，心中又喜又忧，喜的是丈夫有了出头之日，又肯挈带我这糟糠之妻到外面去见世面；忧的是我这个乡下女人，去到城市，不知怎样说话行事，才不至于闹笑话。再者还不知公婆愿不愿意让我出去。他们不愿意又怎么办？自己当然不能开口的。婆婆倒先发话了，说："德邻在外面几年了，身边没个人不好，家中少个把人不碍事，就让九嫂出去见识见识吧。再不让他们在一起，抱孙子还不知等到何时呢！"就吩咐我收拾行李，并叫一族叔随行送我。那副官嘱我不必带多衣服，说是到了外面，农村的衣服是穿不着的，因此我只收拾一些细布衣裳，布鞋则带了几双，银子首饰舍不得撂下，也带上了。那副官在一旁直笑。

离家见闻

告别公婆和家中大姆、小姑小叔，我便跟着族叔，随着何副官上路了。步行到桂林城，已经是太阳落山。第二天，族叔带我上大街买些毛巾、牙刷之类东西，我走在街上，自觉周身土气。城里妇女与农村大不相同，我的发髻，还簪着银簪子。

看见城里的年轻女子，盘两个髻，或梳辫子，都扎五彩头绳，结婚了的盘一个髻，很少见到用簪子的。不过，那时女人行街的还不多，大街上也并不怎么闹热。在农村，我就听说过，城里人的脚是三寸金莲，好秀气。这次我看见了，原来那"三寸金莲"并不见得秀气，走起路来，慢慢吞吞的，好像只见退步，不见前进。路上遇上前后有人，便再不敢挪动脚步。不过，听族叔说，出来独自行街的多数不是富家女子，富人家女子出门，总要人搀扶的。我想，这样"秀气"，我们农村女人一辈子不学也罢，要是个个都"秀气"起来，怎么挑得起担子，怎么下得田呢？只好做个稻草人立在田中去吓鸟儿了。

在桂林城住了两天，我们便又上路。一路上，又坐船又乘轿的，才到新会。

说起坐轿，我是真不愿意，觉得坐船犹自可，坐轿则何苦呢？同样要走路的，倒要两个人来抬，又不是小脚。但是何副官说："不坐轿赶不上时间到新会，李营长要着急的。"

新会是广东省最富的一个县，那里青壮年人几乎有一半以上到南洋和旧金山去做工，其中亦有做小买卖的。这些人漂洋过海，历尽艰辛，好不容易赚些钱回来，有的连命也送了。说来谁也不愿去冒这性命的风险，不过当时社会太过腐败，人民无以为生，与其坐以待毙，倒不如去拼拼命碰碰运气。也有许多人拼死拼活，积得了钱回来，衣食无愁，从而发家致富，开发工商业的。因此，这个县比其他县富足，商店林立，城里面人来人往，比桂林要热闹得多。

我们到新会那天，已近黄昏时分，何副官怕我丈夫等急了，船靠码头，便直奔营部。我与丈夫一别多年，见面自有一番高兴。我看他比才结婚那几年老成持重了，也比在南宁将校讲习所时威武多了。这时他更开通了，一见面竟当众笑嘻嘻地给我掸衣衫上的灰尘，把我羞得面红耳赤，就像做了见不得人的事似的。丈夫倒像个没事人儿，丝毫不觉得什么，一迭声叫掌灯开饭，并跟族叔见面道乏。

刚住下两天，便有一位女人来看我。她后面跟着个年轻姑娘（就是有钱人家的丫鬟），还跟着抬食盒子的。她吩咐抬食盒子的人放下食盒子之后退下，才向我笑嘻嘻地走过来。这女人的打扮真叫我吃惊，只见她头上戴的那些珠花子、金簪子、耳坠子，边走边颤悠悠的。身上穿的，我也分不出是什么料子做的衣服，大概就是戏班子里面所讲的绫罗绸缎吧。她一走过来，我便觉一阵眼花缭乱，香气扑鼻得难受，她走近我，径自伸手出来要拉我。我看她那手，白的白，红的红，嫩得不像人手，倒像刚洗干净的一把葱。那手上戴的戒指，腕上戴的镯子，全是金的，玉的。还有一边手戴两只不同样的金、玉镯子。慢慢地我才又看到她的脸，擦的粉好厚，嘴唇血红。但我觉得她并不好看，还不如我们同村龙家大少奶奶叫人看了舒服。就连她身边那丫鬟，看起来也比这个女人顺眼。大概是我看不惯这样满脸涂脂抹粉的女人吧。这女人，她也打量我多时，然后，一把拉起我的手直摇，并说："李太（广东话，不叫李太太，只叫李太），我来迟了，本当前天就来的，因我男人请客，我没得空。"还说："你初来乍到，有什么不便，尽管叫附弁来叫我。李营长有公事，就让我陪你行街，看大戏，逛街买东西吧。这里的大戏班子好出名的，李营长不得空，一切有我呢。你住的这地方也不够清静，我那边有的是空屋，请你同李营长搬过去住怎么样？"她一连串的话，我连插嘴的份儿也没有，只有睐着眼瞧着她笑。这时我也不觉得腼腆了，因为觉得这个女人，倒比在农村看调子有趣。她站在我面前，直似唱戏，就欠个锣鼓声。不过，我并不喜欢她。事后，我丈夫告诉我，这女人是新会一个大绅商的太太，这些人，我们是不好来往的。至于怎么不好来往，我也没问个究竟，觉得这种花蝴蝶似的女人，和我是合不拢的。

军官与太太们

我们在新会，一直是租住民房，日子过得倒还舒服，有一附弁帮做饭，我闲不惯也煮煮菜，洗洗衣服。那时的军官家属，与我来往合得来的不多，同我接近的，其中一个是农家出身，一个是贫寒人家出身的，两个女子都很知道过日子，勤俭朴素，自己烧饭弄茶，带孩子。但大多数军官太太是好逸恶劳的，便以享乐为宗旨了。她们常以打牌、看戏、上茶楼酒馆消遣日子。也跟男人一样猜拳行令，甚或酗酒。

她们说："做了当兵的老婆，男人性命朝不保夕，男人上火线，女人便等着守寡了。及时行乐，还落得个吃好喝好。守寡以后，又要另作打算。一辈子只守一个男人的有几个？"那些军官们呢，也有的花天酒地，成天胡闹的。他们说，打仗时性命难保，平时一定要吃饱喝足，说是死也要做个饱鬼。当然，也有不少是头脑清醒，认为他们带兵打仗，也是有其目标的，各人的心思并不一样。

生子吉庆

民国七年二月，我在新会，生下幼邻，他是我与李宗仁唯一的儿子（我曾在结婚第二年生过一个男孩，几个月后夭折），以后我便几年不再生养。丈夫在新会时当了营长还兼代理县长之职。那时我年已二十八岁，这般年纪生养孩子，人都说要在意点。好在新会县是个侨乡，比广西桂林开通得多，有医院，也有专事接生的接生婆。我生幼邻时样样方便，丈夫还请了个中年妇女来照料我坐月子。与农村相比，真有天壤之别。

农村人都说，女人生孩子是和阎王隔层纸。一切苦事都要产妇自己去做不说，至于接生陪月，更是没有的事。女人自己也认为生孩子是自己的事，谁也替不了，也不许别人来看望，就是恩爱夫妻，做丈夫的也不能去照应一下。这在我们乡里都认为是天经地义的，也没谁敢道半个不字。若是孩子生得容易，产妇还好受；若是难产，那就很可能不是儿死，便是母亡，甚至是同归于尽的亦有。女人难产而死是最苦的命了，就是顺利产下，那也只算过得头一关。因为孩子生出以后，产妇自己要做的事还多，剪脐带、洗婴儿、处理脏物等，都要自己去做。家中婆婆妯娌，好的可能匆匆送进去一盆热水，但大多是产妇自己操弄准备。至于断脐带，说起就更可怕，都是用产妇自己早早准备好的镰刀或瓦片去割，若然临时没有准备，就用牙齿咬断孩子的脐带，小儿很多病就由此而生。旧时的人谓之三朝风、七日风，得了这病活下来的很少。那时的人，愚昧无知，也只能听天由命。

女人坐月子，在农村说是最污秽不过了。产妇不能到厨房，更不能到堂屋，饮

北伐时期李宗仁（右二）与其他将领合影

食也多禁忌，产妇自有碗筷，不得与他人的碗筷碰沾，说是有秽。产后三天，产妇自己要到外面溪河下游去洗衣物。夏天还好，冬天寒风刺骨，常常忍冻受寒而得了月子病。

在我们农村，女人要做比男人更多的农活，生儿育女要经受许多苦楚，真是言之心寒。但女人自己从来没有讲不愿意生孩子，因为那样就会一辈子被人看不起，在家中无立足之地了。那时农村妇女真是可怜。我自己生在农村长在农村，姐妹中这种事情见得多了。有些妇女，整日在田间劳动，生孩子就特别容易，有时担子还未放下，孩子就哭出了声。

李宗仁与爱马“骅骝”（1936 年）

生孩子的习俗，城市比农村开通，广东又比广西开通。我在广东生幼邻，要比在乡里生头胎好得多。我安安然然生下幼邻，更想到农村妇女生孩子的苦处。我在农村生头一胎时，婆婆也开通，肯入产妇的房间，送汤送水，这已是很不容易做到的事了，我婆婆做了。村人还传为奇闻，说我婆婆不怕秽，进了产妇的房，便不能点祖先的香的。

生幼邻还有不同的是，丈夫是个新人物，要破除旧习，所以他一听见孩子哭声，便快步入房，那接生大婶还来不及阻挡，他已走近我床前了，及至知道我平安生下个男孩，他才一路笑着出去。营部传开李营长弄璋之喜，县政府也沸沸扬扬的，一时许多人都来道喜，丈夫自然高兴应酬。

儿子满月，做爸爸的说，这孩子叫幼邻吧，希望他承继父志。

幼邻满月那天，想到会有许多人来庆贺，自然得要请酒。丈夫也兴高采烈地忙了一整天。这一天，我们收到好多贺礼，其中有金锁、玉锁、金佛十八罗汉、金脚镯、金手镯等，都是给新生小儿的。我看这么多黄金礼物，一时觉得惊异，生个小孩子要送这么重的礼，合适吗？我丈夫笑笑说：“本来不合适嘛，这些人却非送不可。几大的礼我都挡开过了，这一次说是主在生子吉庆，不得不收，算了，算了！”后来我才知道，我丈夫在新会县，只要松松口，立即可以腰缠万贯，只是他不肯松口，因此还得罪了一些当地豪绅富贾。

生了幼邻不久，便随军转移，到过惠阳、高州、肇庆等地。身边有了孩子，便觉行旅辛苦，也有许多不便。所到各地，言语既不易懂，应酬又多，自己觉得适应不了，逐渐有点厌倦之意。丈夫也看出我的心思，常常多加抚慰，每当我有点为难之时，他总是兴致勃勃地逗弄孩子，笑声不停地，我才转回开心。嫁夫随夫，我辛苦，他不更辛苦吗？

寻子风波

丈夫总是那么乐呵呵的，遇事也十分镇定，从不见他慌乱。记得在高州时，幼邻已两岁多了，有一次他自己跑了出去，半日不见回来。附弁急煞，我也慌了神，两人到处去寻找。我到营部找德邻，他正在下棋，听说儿子丢了，却毫不着急，反而说：“孩子丢不了，谁会绑我这穷营长儿子的票，你们放心，包你没事。”后来幼邻果然由一名士兵抱了回来。原来是他跑到营房玩去的，看士兵遛马，半日不愿意回家。德邻回来，看到儿子，还说：“是不是嘛，儿子不是好好地回来了？”我怪责他不心疼儿子，说：“儿子丢了还值不得棋上一个卒子。”那时的高州，绑票之风极盛，真把儿子给绑了票可怎么办！他见我第一次使性子，才私下对我说：“不是不着急儿子，只是身为长官，不能不作表率，若为一己之私就惶惶然，何以统率士兵为国为民呢？何况已经是有人去找儿子了。”事后还真有人说：“李营长是大将风度，临阵不乱。”

民国九年，两广战争爆发，我随军到广西玉林，在城隍圩住了几个月，战争仍未平息。丈夫戎马倥偬，已无暇顾及妻儿了，就派人送我携儿子回家乡，丈夫遂上前线。因他勇武过人，指挥得力，且又身先士卒，累立战功，深得同事敬佩拥护，上峰信任，以此接连晋升，从营长晋升旅长，在军事地位上，起了举足轻重的作用。

我回家乡住下不久，战争激烈，公公先往上海暂避。跟着婆婆偕我携带幼邻以及甥女等一行六人由族叔公护送到上海。公公见我们一下子来了一大群，斥责我们："我只叫你婆孙三人来的，怎么跟来这么一大群人，你们以为是来享福的吗？这一大家子吃食，如何应付得了？"

在上海租屋住了一年多，生活不求奢侈，但比之乡下，则有天壤之别。因我素性不喜游乐，日中唯知侍奉翁姑，抚育幼儿，或做些手工针线，比之随军岁月，安定得多。公婆见我贤惠，更喜爱有加。

说起上海之行，还有一件令人难忘的事，久久还觉心有余悸。我们本来是打算搭民船沿漓江顺水而下至梧州，再转船到广州，然后搭海轮到上海的。后来因太多同乡亲友随行，我们临时改变主意，六个人改乘拖渡去梧州，再转船到上海。后得知民船在平乐一带触礁，亲戚中两人丧生，我们既感悲伤叹息又庆幸免此大难。

我与郭德洁

民国十二年冬，战局渐告平静，德邻他们旅部设在桂平。公婆在上海得知消息后，便主张我携幼儿到桂平去，由我的一位族叔相送。谁知这一去，我的命运起了巨大的变化。原来丈夫在桂平经人介绍，娶了郭德洁，卧榻之上，已另有新人，我的地位又将是如何的呢？在上海时，公婆已收到德邻来信，并将此事告我，我心中自然是感到酸楚。但在旧时代，达官贵人，有个三妻四妾是平常事，不足为奇，况且我丈夫身边也需要有个贴身照料的人。而我呢，一是不习惯官场应酬；二是带着个孩子，随军行旅多有不便。因此，丈夫多娶一个女人，我也认为无可非议的。公婆主张我去桂平，是怜恤我，怕我受冷落，我则一心只想看看丈夫如何待我，才风尘仆仆地来到桂平。

到得旅部，丈夫早站在厅外台阶下等着我了，他毫无芥蒂地瞧了我，便笑呵呵地抱起幼儿说："哈，儿子都这么大了，看看可更像老子了！"幼儿那时已有五岁，似乎还记得抱他的这个人是爸爸，他睁大眼，看了好一会儿，才开口叫爸爸。丈夫边亲儿子边问："路上走了几天？发生过什么事没有？那年民船在平乐触礁，真叫人担心……"送我来的族叔随即上前一一回答。之后，另有庶务招呼去了。

到厅上坐下之后，丈夫叫了声："德洁快出来。"话音未落，一个身材苗条、模样俊秀的年轻女子走了出来，我估摸这女子就是丈夫的新宠了。她大大方方地朝我点头含笑，转过身去，倒了杯热茶给我。等我接过茶，她便从丈夫手上把幼儿接过去抱着逗弄。谁知幼儿很怯生，一脱身滑下来，仍然倚我站着，郭氏转身入内去了。还是丈夫开了口："我娶了德洁来，为的是外面应酬多，身边有个照应。你来了，大家做个伴嘛，你看好吗？"我听丈夫说得轻松、坦然，仿佛这种事对我毫无伤害似的，我也不好说什么。何况我从来不曾对他使过性子，便说："好嘛。"就此算是见过面了。看郭氏那样子，颇知礼数，我看她立着，我坐着，还有点过意不去，也想起来让座，还是丈夫按我坐下说："看你，看你，一家人嘛，不用客气，她叫德洁，她年轻，应该尊敬你。这两年你我不同在一起，很多事没人照料，德洁来了，好多了，你以后少操点心。她是个女学生，懂道理的，有什么事你尽管吩咐她吧。"听了丈夫这席话，我更不好再说什么，只有和气的份儿了。

我本是个农家女子，尽管性子也强，但想想也不能违忤丈夫。况且丈夫说话得体，眼前的德洁，又人品温和，而且生米已成熟饭，还能怎么样呢？一路上原来担心有什么为难之处，竟一下子烟消云散了。丈夫觉得高兴，立即吩咐勤务兵为我摆酒洗尘，并叫把我的行李搬到左边的房间去。

那时旅部设在一座古老的屋子里，中间堂屋做饭厅用，左右各有一套前后房，安顿我住左边的套房，右边那套想必就是郭氏住的了。我也觉于心稍安。吃饭时，丈夫亲手为我斟酒洗尘，郭氏也把盏敬酒。在这般情况下，只能心平气和。我也想过，若是我耍赖，扫丈夫的脸，他会好受吗？他出生入死的，想多个人照应，我也容不得，外人又怎么说呢？丈夫对我一个劲地尊重，我算是面上有光了。如果他们不理我，

李宗仁与郭德洁在南京中山陵

我的脸又往哪儿搁呢？就这样我和郭氏也就有问有答，叙起家常来。

奇怪的是不管郭氏怎么喜爱和逗弄幼儿，幼儿却不愿意亲近她，不理睬她，只知叫爸叫妈，不肯叫声姨娘。我多次教他也不依，我亦无可奈何。日后幼儿长大了，才与郭氏点首为礼，但也不作称呼的。幼邻脾气从小就是倔强，他父亲也奈何他不得，还要多方迁就他，但求他高兴。郭氏处处依着幼儿的性子，也算难为她这么忍耐得。幼儿跟我说过：“妈，这个女人说，只要我肯叫她，我要多少钱她都给我。我说我不要你给钱，我父亲有。”幼儿父亲倒看得开，从不生气，照样携幼儿去赴宴，有时还去上茶楼，最喜欢的是抱着幼儿骑在马上去游西山。郭氏有时随着丈夫学骑马，每去，三四匹马走在路上，马蹄嘚嘚，招得路人跟着观看。那时女子骑马是太新奇了。

至于我，也去游西山。那是在德邻多次怂恿之下我才去的，谁知去了一次，便着了迷，以后，每逢风和日丽，我也带头去游西山了。我去，多半是坐轿，德洁只好也陪着我坐轿。

我和德邻，也有取笑的时候，别看我农村女子，人老实，有时说起话来，倒也带点刺的。有一次我问他："你和德洁怎么认识的？难道也是托媒人，合八字的吗？听说还是坐花轿的呢。"德邻他毫不介意地说："不是经由媒人撮合，更不是合八字，我还信这一套吗？是我的一位营长做介绍人的。讲来也话长——在桂平县驻军多时，一次，我和几位军官去女校参观，看到两位年纪较长的女学生，十分惹人注目，我多看两眼，给那位营长注意到了，便对我说：'旅座，你太太有了孩子，难得在身边照料你了，何不多娶一位夫人，也好随时照应，有个伤风咳嗽，头晕身热，要茶要水的也方便。'经这营长一说，我倒无心变成有意了。那营长立即介绍我们认识。不久，我决定娶她。我和德洁是文明结婚，她家虽也要花轿迎娶，但并不拜堂，只是请酒庆贺一番。想起拜堂，真是一桩极愚蠢的事，记得我们结婚那时，把你我弄得像耍猴子，哈哈！以后，一定要提倡新礼结婚，免受愚弄。"他见我不再出声，便继续说："哦，你不怪我吧？我是觉得你有了孩子，不便跟着我东奔西跑了，随军的生活，你和孩子都受不了。而我，如今作为高级军官，身边又确实需要有个贴身照料的人，社交应酬也得有个人陪伴。你办不到的事，有人办了，岂不是好？你就安安逸逸地享福吧。把幼儿带好了，你我都开心！我这军人是最讲信用的，日后绝不亏待你。"

"绝不亏待你！"这话他是说到了，也做到了。的确，我享受过荣华富贵，但一个人难道只图个吃好穿好就满足了么？特别是女人，我从三十多岁起，就缺少了家室温暖，难道这是金钱物质能补偿得了的么？我的心是酸楚的！不过，凭着我一副强硬性格，绝不在丈夫面前哭哭啼啼，拭眼抹泪的。何况，我已有了个可爱的儿子，那是几多金钱也买不到的亲生骨肉啊！再说，德邻又是这么疼爱这亲生骨肉，把孩子视同珍宝。我们始终维持夫妻感情，也多亏我有了这唯一的儿子。

郭氏家世

郭德洁原名郭儒仙，德洁是丈夫给她取的名。她父亲是当地著名的泥水匠，为人忠厚老实，家中人口众多。德洁从小聪明伶俐，心高气傲，事事要出人头地，她一心要做个出类拔萃的新女性。就在桂平县城兴起女子入学的时候，德洁也赶上潮流，到女子学校念书了。她入学时，已经十六七岁。那时女子十多岁才入学，不足为奇。那些女学生，很多是梳着长辫子的妙龄女郎。直到民国十五六年，读书之风已盛，女孩子七八岁便入学了。

德洁在女学只读了两三年书，她的命运便起了巨大的变化。一个偶然的机会，她嫁给了我的丈夫李宗仁，从此，她果然与众不同，做了一个出类拔萃的女人。

郭儒仙嫁李宗仁的事，在桂平曾经轰动一时。那时女子爱文不爱武，看到横直带（旧时代军官的皮带）就避之唯恐不及，若有提亲的更是不情愿。为的是战争频繁，做了军人妻子，几时守寡都不知道。丈夫上火线拼命，妻子在家心惊肉跳，一天都难过。偏是那郭儒仙，一见李宗仁，便情愿嫁给他。后人说郭儒仙生成命好，也有人说她慧眼识英雄。

郭儒仙嫁了我丈夫之后，一时做了太太，家中地位也大为改观。她父亲被人尊称为外老太爷，再也无须去做泥水工。桂平人都说："郭六（德洁之父，排行第六，人皆称他郭六）辛苦一辈子，如今得享女儿的福，他也该歇歇了。"可惜的是德洁的父亲没能享得几年福，就过早地去世了。

我和德洁娘家也有来往，我见她母亲为人老实善良，也和气。我来桂平之后，她常过我们住处看我和幼邻，甚是谦逊有礼，不以长辈自居。我觉得这样的人和我倒合得来。德洁父亲去世时，我也去祭奠，还为之送殡。桂平的人笑我，说我不会拿身份，哪有这样老实的？我则不这样想，看到郭六婶那样厚道之人，我怎能拿身

1939年蒋介石夫妇莅桂视察后，亲到椒头村拜访李宗仁之母刘太夫人。左为郭德洁，右为宋美龄

份？也觉得没有什么身份好拿的。

其实我和德洁在一起的时候，也是和睦相处的，谁也不曾口出恶言。丈夫处理得体，并无什么悖谬之处。就是德洁，其本人也是明理的，对我从来没有不尊重，只不过后来她涉世深了，社交应酬多了，经不起一些人的挑拨，才逐渐回避着我。在请宴的时候，我去，她就借故不去。我们就这么各自按照自己的兴趣去消遣日子。

我初到桂平时，只有何武太太和钟祖培太太两家人来往。何武是团长，钟祖培是营长。钟家有两个弟弟和两个儿子正当入学之龄，专门请了一位有资历的先生（先生姓李名小甫）在家课读。德邻主张把嘉球侄儿也接到桂平，以便跟钟家叔侄一块读书。因此，我除了带幼邻之外，便又携带着嘉球在身边，直到他去上海念中学。

同乡们

不久，许多同乡、亲戚，因德邻做了高官，煊赫一时，便都赶来桂平，谋职的，探亲的，我们的客厅常常坐满了人。同时，军界要员也都来桂平集会，桂平也因之而繁荣起来。

同乡、亲友中，谋得官职的，便纷纷回去接眷属，也有不带眷属来的，如堂兄八哥、黄家表弟等人，便不安分了。那时只要知道不带眷属来的，自有人来为你穿针引线，撮合你去娶妻纳妾。我们的堂兄和表弟都在桂平娶了新人。表弟娶亲时，原不想给对方知道自己家中有妻，要行拜堂之礼，是我以长辈身份，反对他拜堂。结果花轿接了新人来，又不拜堂，把个新娘气得要死，但是平民百姓家女子，又奈何不得。事后，有人说我闲话："全靠她生了个儿子罢了，男人处处敬着她，所以她使得威风。如不是生了个儿子，就她这样个乡下婆，还不是在冷宫里蹲着！"说这些话的不外是后娶的那些妻妾，她们无非是趁此出一口怨气。那时代真不知有多少良家女子受欺骗。表弟娶来的女子，人品端庄，也识字明礼，及知受骗，木已成舟。直到乡间正室去世后，始得扶正，才吞下这口怨气。

尤其可叹的是有位同乡王局长，在龙州任职，与该县县长蒋某十分投契。蒋家有个小姐端庄贤淑，知书识礼，远近闻名。许多名门子弟登门求亲，这位县太爷偏不中意，及至见到王局长，认为他少年老成，又深谙世故，自愿把女儿许配给他。

县长嫁女， 备极荣华，可是，结婚不久，糟糠之妻赶来，演了一场啼笑皆非的闹剧。那县长自认晦气，小姐则哭得死去活来。后来好歹把原配送回家乡，王局长挈蒋氏到桂平。蒋氏原也在桂平女学读过书，因而对旧时同学哭诉自己受骗经过，诸多同学为之愤愤不平，要出面向王局长大兴问罪之师，终于还是蒋氏容忍才平息下来。对这些事遇上合适的场面，我也会旁敲侧击指责他们一下。有一次堂兄和表弟到我家吃饭，我借着点酒意，笑说："你们这些男人，没一个好心眼的，在家种田倒老实，出到外面便变了个样，不做什么官还好，做了个一官半职的，身边便非得有人照应不可，不然的话，有个伤风咳嗽，要茶要水，也多有不便了。"几个男人听了，顿时面红耳赤，赶忙把话岔开，我也算是出得一口气。

我在桂平，是最受尊敬的，一般请酒，必请我为首席。敬酒也必先敬我。初时德洁常和我一齐去，后来，她就只陪同丈夫去应酬，不同我去参加堂客的酒宴了。

军营起居

在桂平，虽然没有打仗，但常常闹出一场场虚惊。有一次，说是前面有仗打，一时之间，全桂平的大小船只都为旅部包了下来，各家眷属一时手忙脚乱。立时就要下船了，来不及收拾衣物的便只身出走，及后知道是一场虚惊，遂又纷纷回来。上下都是神魂不安。

我那次没有走，德洁也不走，那是因为德邻去了梧州，我不愿意鸡飞狗走似的，宁愿在家守着，不过，所受的惊吓当自不小。

自此，我对军旅生活顿生厌倦之心，而思乡之念也油然而生，觉得这样动荡不安的生活，何日才止，倒不如在家乡纺纱织麻过得宁静。这时，我常常想起乡间田野的一片景色，想起家中的青山绿水，鸟语花香，以及黄昏时炊烟四起的农家风光。

难怪德邻说随军生活我过不惯也受不了。在那内战频仍的年代，随军生活只能是居无定所，食无定时，睡不安枕。一声开拔，官兵立刻行动，眷属也仓皇打点随身行李，狼狈随行。连营级的眷属，可以乘轿或坐船，排长以下的则只好步行跟随。前面有炮火，后面有追兵的紧急情形，女人一般是受不了的。每到一个地方，有的住民房，有的住营房，那时代，军队纪律不严，百姓畏之如虎，大兵到处，纷纷关门，商店亦大半停业，或者只开一扇门，先看个究竟，如买东西照价给钱，才敢于开门做生意，否则宁可停业。由于每到一处，士兵少不了要去老百姓家借东西，借来的床板之类东西，是给班排长用的，至于排长以上的军官，就要地方给予提供方便。故旧时有所谓大兵过境，鸡犬不宁，形容其军纪散乱之可怕。

在桂平，我正住得不耐烦，时时想家，觉得那样的兵荒马乱，你打过来，我打过去，不知何日是了。倒不如在乡间安然，可以一觉睡到大天亮。幸而，战争终于结束了，民国十四年秋天，广西宣告统一。

为庆祝广西统一，桂平家家燃放鞭炮，敲锣打鼓，提灯游行，万人空巷，其热烈程度，实空前盛举。特别是军人，只要不再打仗，性命才算得是自己的，那军属就更高兴了，满心以为从此可以安安然然、快快活活地过太平日子，不用担心随时做寡妇了。

广西统一后，桂平自然也百业兴旺起来。临街多开了两三间茶楼酒馆，河面上开设两座水上酒家。浔江之滨，扎起一座大戏棚，连日唱大戏，全县欢腾，茶楼酒馆，弦歌之声不绝于耳。就是寻常百姓也是品丝弄竹，放声歌唱，极尽其乐！

也难怪，十多年来，百姓饱受兵燹之祸，一下子太平了，哪能不乐呢？谁也顾不了以后还会怎样，眼前的统一，确是值得高兴一番的。

德邻他们则更是忙碌。统一后的广西，百废待举，身为将领，德邻早已奔赴南宁，着手整顿建设新的广西。

悲从中来

我和钟祖培太太等各家眷属，要等南宁方面部署妥当，然后前往。正在这时，我公公在上海病逝，噩耗传来，我不禁为之悲痛万分。当时德邻已去南宁，我六神无主，唯有伤心流泪。想我自过门后，公婆见我孝顺舅姑，和睦妯娌，提挈小姑小叔，以及睦邻相处，常常夸说德邻有福，视我胜过亲生。几年来，又多亏我携幼儿承欢，倍加疼爱，及至丈夫娶了郭氏，公婆恐怕我受冷落，才极力主张我去桂平，正当我思乡心切之时，忽然噩耗传来，更使人悲伤，惶惶不可终日。

不久，婆婆随柩，由玉森叔祖护送，路经香港、梧州、桂平、南宁辗转回桂林榔头村安葬。德邻因政务忙得不可开交，不能亲自扶柩，令我带五弟松林，携幼儿扶柩尽哀。灵柩所到之处，各军政机关，以及民众团体、学校等，均摆设路祭，备极哀荣。德邻事亲孝，为不能尽礼而抱憾负疚，久久未能平复。

我在乡间小住数月，婆婆不改初衷，主张我还是跟随在丈夫身边为好，因此，我又再一次离乡背井，去到陌生的南宁。

第三章　人到中年

移居南宁

广西统一后，省会设立于南宁，各将领云集一起，励精图治，要把广西建设成为一模范省。德邻同郭德洁先去，我携幼邻、松林五弟及嘉球侄儿随后也到。德邻租住于一间旧邸宅，据说是谭浩明的官邸。说是官邸，并无什么豪华建筑，只不过是一间旧式院宅，共三进，中间一进为二层楼房。我到来时，仍与德洁分住中进二楼左右套房。嘉球、松林在头进与警卫住在一起，后进为下房及厨房等，住着勤杂厨工等人。

我和德洁各有一贴身女仆侍候，我初到时尚未有合适的人，三天后才有人荐来一位妇女。那女子不过三十多岁，生得相貌端庄，举止大方，乍一看我还以为是来了客人呢。荐人上来告知这是给我荐来的女仆，叫大嫂，并招呼那大嫂说："这位就是李大夫人了，你得着意侍候才好。"这大嫂不慌不忙上前给我行礼说："拜见大夫人。"我见她文静有礼，就喜欢上了，倒生怕她会不愿意留下，连声说："你来好嘛，就住我的后房，也好随时照应幼邻。"她赶忙地连声答应，退下去取行李。她再来时，身边携一八岁左右的儿童，她向我说是她的独生子，问我能不能收留他，可以做点杂工。我看她母子相依为命的情形觉得怪可怜的，多一口人吃饭没关系，随即答应让她儿子留下，心想也好给幼邻做个伴。那边幼邻见有个小孩到来，觉得新鲜，早跟这小孩玩上了。德邻回来看见，也无不可。从此这母子就留下跟我，直

1928 年北伐完成后，李宗仁（右二）、李济深、王芝祥（中华红十字总会会长）等在北平中山公园

到大嫂她儿子在广州长大成家，大嫂病故。

大嫂除照料我和幼邻外，有时间还陪我谈心，她言语不多，深懂世故，慢慢地把她的身世也告诉我。她的遭遇，是够凄凉的，我不但同情她，还似乎她的经历总有点与我的感情相牵，其实却又毫无相同之处，只是不知怎的我竟深深地喜欢上这大嫂。

她出生于一个破落的读书人家，母亲早死，父亲科举落榜，便以课馆为生，因此，她也得以念书识字。十四五岁时，为了生活，她便帮人做针线，以补家用。十八岁结婚，丈夫是陆荣廷手下的一名中尉连长，夫妻恩爱，生了一个儿子。只是在那军阀混战的年代，军人的性命是不属于自己的。孩子还不到五岁，她丈夫打仗死了，连尸骸也找不着。她痛不欲生，但不忍心撂下儿子，才挣扎着活下来。为了儿子，她决心不再改嫁，求到陆荣廷府上，情愿做工不要钱，只求准她儿子随在身边。陆府收留了。

后来陆荣廷失败，陆家逐渐辞退家丁佣仆，嫌大嫂有儿子累赘，也辞了。她离开陆家，正走投无路，幸有人保荐给我，使她母子才有了栖身之地。而遇上我这个她所谓的"世上少有的好心主人"，她认为她母子无异于登了天了。

她儿子叫天保，年纪比幼邻略大几岁，只是有点憨实，幼邻从小好胜，正好与天保比高低。幼邻常说天保比他大，识字却比他少，以此自命不凡，再加大嫂奉承几句，他便更加高兴，愿意跟大嫂亲近（幼邻小时从来不喜与别的女人亲近的），由大嫂陪着他念书识字，天保认字不如他敏捷，因此引起他识字的兴趣。有时德邻闲了，看儿子认字那股认真劲，常常高兴得笑呵呵地，夸儿子有出息，说大嫂是个不简单的女人。

大嫂能写会算，还能做得一手好菜，也不知她从哪学来的，竟做得比厨房的大厨师好。她不像那些厨师留长指甲，所以做出来的菜，叫人吃着放心。她做的醉鸡、凉拌鸡、蛋清豆腐等，都是叫人赞不绝口的。德邻初次品尝大嫂弄的凉拌鸡时竟然惊呼："了不起！简直是个大厨师了，你得到她，口福不浅啊！"不过，在南宁，我们并不常叫大嫂弄菜，因为我们每日饭菜都由厨房经管，我只是偶尔试一下大嫂做菜的本事，谁知一开头，大家便爱吃她弄的菜了。孩子们可不是爱吃鸡吃肉，而是爱吃她的香菇虾米肉丁炒萝卜干，吃了开胃消食，还有那蛋清豆腐汤，不像蛋花汤腻味。既然大嫂弄得这样的巧手菜，幼邻便不愿吃厨房的饭菜。

大嫂曾经对我讲过："郭夫人几次想叫我到她那边，说是总司令喜欢吃我做的菜。我说：'大夫人和少爷离不开我的，总司令喜欢吃什么，尽管吩咐我做就是。'其实我哪也不想去，要找到大夫人你这么善良厚道的主子不容易，我这辈子跟定了大夫人了，也算是我有造化。"后来，我试着问德邻："你为何要把大嫂从我这里拉走？"德邻说："没那回事，谁说谁混账！大嫂只有跟你才合适，她知书识字，带幼邻最好。吃菜有什么要紧，你放心使她好了。"从此，大嫂安心乐意跟着我直至北伐开始前夕。德邻偕郭氏北上，安排我带幼邻、嘉球、松林去香港，大嫂跟我去。这一去，大嫂便与我更相依为命，寸步不离了。她之对我，真可谓鞠躬尽瘁，死而后已。

官场趣事

在南宁住的时间不多，但见闻可又不少，见识也渐增长。广西统一，各将领云集南宁，多已携了眷属到来。听说黄绍竑将军因夫人不曾随来，生活乏人照料，使他精神苦闷，常借酒浇愁，甚至涉足烟花，学抽大烟，一时竟至萎靡不振。德邻等各将领眼见两广尚不能合作，绍竑这般颓废浪漫，对革命十分不利，偶与黄绍竑将军族兄交谈，彼此认为要有家室温暖，方能改变他颓唐的面貌。但夫人在家尽孝翁姑，一时又未能出来，遂想出一个两全其美的办法来。由黄剑鸣与吕竞存二位介绍，认识南宁一位女中学生，声明要做平妻。黄将军知道，满心欢喜，当即把烟具捣毁，一举戒绝，不到一个月，两家纳彩行聘。结婚前黄将军已精神焕发，又恢复昔日的勃勃英姿。从此，黄出入必偕蔡氏夫人，我于宴会中亦见过一面，觉得这位蔡夫人果然与众不同，不但容貌生得美，且其一举一动，一顾一盼，无不另具风格。男子们都为之注目忘形，黄将军则扬扬得意，只是委屈了在容县的韦氏夫人。

韦氏夫人知书达理，深明大义，且胸怀豁达。得知丈夫另娶新人，并不与之计较，自在家侍奉翁姑，抚育儿女，毫无怨言。黄将军对她，也不因娶了蔡氏而弃糟糠，仍然是处处关心，一如既往，其生活待遇，并无两样。韦氏夫人在家庭中的地位，则是因循我国的习俗，即先入为主。这先入为主，不但有名望的官家如此，平民老百姓，甚至乡村农家亦不例外。哪怕你在外面多么显贵，但在家族中则总有个先来后到的区别，例如在家族中，对原配称之为几嫂（按丈夫排行第几），后娶的即便是声明为平妻或继室，也多以其姓称之为某嫂或另给取一嫂名。我的情况与韦氏夫人大致相同，我婆婆呼我为九嫂，呼德洁为郭嫂，德旺大伯和大姆亦照此称呼，小辈们亦按此规矩称呼。后来因德洁对称呼上感到不悦，各小辈则改口尊称之为舅娘或伯娘，而不冠以姓氏了。

太太们的心事

当时南宁的官场应酬，亦渐渐分化，如原配的总喜欢在一起交谈，因其有共同的感受和语言，一见面便少不了诉说各家的私事，本来是温文尔雅的夫人太太，一讲到房帏之事，便醋意横生，口不择言了。我一向笨口拙舌的，往往沉默不言，那些夫人太太们笑我是个老实兔子，都说："怪不得老郭在外，叫你作乡下婆了。"是的，岂止老郭叫我为乡下婆，凡是做原配妻子的，都被后来的新人称之为"乡下婆"或"土婆"，以示她们之所以取替了乡下婆或土婆的地位，是因为她们时髦漂亮，善交际，会讲话，会跳舞，还以各种不寻常的交际手腕，提高其社交地位。而男人呢，官场中的确又需要有那样的太太去应酬斡旋。

对于社交地位，我是完全不感兴趣，也不多去涉足，更不曾想过要争上风。那时我还年轻，如果说我要撒起泼来，也未尝不可让郭氏难堪一下，不过这只给外人当把戏看，作为饭余酒后的笑料而已，实际是出了丈夫的丑。何况，德邻对我尚有朴素而又坦荡的感情，他从来不曾使我过不去，我又何必当众去使他为难呢？我的息事宁人的态度，更得到丈夫的敬重。只是有一次，我们同桌吃饭，吃的是淡红色的香粳米饭，德邻连声叫"好吃！好吃"，德洁也说好吃。我一时忍不住说："这就是我们这些乡下婆的粗手笨脚种出来的，自己吃不着，只供城里那些官太太吃的香粳米。没有乡下婆，没有种田的，你们别想吃到这样好的香粳米饭。"德邻不知我话中有话，还自笑呵呵地说："乡下好！乡下好！士、农、工、商，农居第二，我不也是个乡下佬吗？你们两人都做了乡下佬的老婆，哈……有趣，有趣。我如今出来是立志于救民族于水火，振兴华夏，将来功成身退，解甲归田，我们一同回乡下去种香粳米吃，同享田园之乐，那就更有趣了。"说者无心，闻者有意，我看那德洁已变成个大红脸，便不再答话了，免使德邻不快。不过这种言外之意的话，我亦只不过偶尔为之。这样的场面，是极少有的。我很少在丈夫面前议论德洁的不是。德邻始终认为我厚道贤德，也绝不在私下与德洁讲我半句闲话，故我和德洁相处几年，表面上是和睦共处，并无轩轾，德洁也从不在我面前跋扈。可是随着丈夫地位的变化，社交应酬频繁，有我这原配夫人住在一起，每逢宴客，人家不能不请我，我虽不常去，但只要去一次，德洁便觉得不安一次。长此下去，她总是不能痛快的。幸而这样的日子并不长久，北伐开始，郭氏即跟队伍北上，我们这个两室分居的家，从此宣告结束。此后郭氏再也不用和我早晚见面，或在公开场合上借故回避了。

时局使郭氏在生活上摆脱了我，在政治上，她也逐渐成熟起来。她在南宁任广西省党部监察委员，由党部推选为女子工作队队长，随军北伐，达到她“要做个出类拔萃的女人”这个志愿。这是后话。

女人的命运

在南宁住的一年多，还听到不少社会趣事，其中有件属于女人的伤心事，那是我四弟媳在外面亲耳听到的新闻。我到南宁不久，四弟德辉也带了新婚妻子到了南宁，他们另租屋住。四弟媳最喜交游，又爱打麻将牌，女朋友很多。有一次，她和一位女友去买东西，走到一处，不知是谁在台上演说，围观的人山人海，那女友拉她也挤进去看，看了之后，掩口失笑，说：“哟！怪不得声音好熟，原来是我那‘天字出头’（广西白话，开玩笑，叫丈夫为天字出头），看他讲得那样神气，在家他可得听我讲呢。”谁知这话不说还可，说了这话，倒叫她的姻缘给拆散了。原来在台上演讲的人是一位赫赫有名的将军，我四弟媳见过面的，这将军与夫人感情很好，但结婚几年尚无子女。四弟媳一听这女伴大声讲话，旁人侧目，赶忙拉她出去，一问，才知这女伴是那将军瞒着夫人娶的外室，且生了一个男孩。但将军却不曾对这位外室讲出他的身份，其用意亦是不使秘密暴露，岂知事有凑巧，这次却为此一言，闯下了大祸。原来是讲者无心，闻者有意，早有那耳报神，报到将军夫人耳朵里去了。不久，这位外室生下的儿子被将军的夫人着人来抱了去，放下一笔钱，叫这女人自谋生活。从此，不但骨肉分离，连丈夫的面也不得再见了。真是祸从口出啊！听说，将军夫人待这儿子如同己生，此后她一连生了几位公子，这外室所生的还是老大呢。

丈夫与小偷

还有一件事令人难忘的：有一次我带幼邻到四弟家住两天消遣，当天晚上忽然有贼跳墙入屋，佣妇大声呼叫，四弟出来一下就把这贼抓住，立即到司令部报告。时某将军亲自到来察看，先问我们受惊了没有，说李总司令亲属的家，竟有贼人大胆入屋偷盗，喝令推出去毙了。幸好德邻随后赶到，看那窃贼面黄肌瘦，年岁不到二十，给捆住了直发抖，连连磕头叫饶命，说家有老祖母，贫病交加，才铤而走险的。德邻仔细观察那窃贼，好一会儿才开口，说放了他吧，这般年纪，迫于衣食，罪不至死。还叫随从给了他十块东毫，叫他改恶从善，好好谋生，赡养祖母，再有重犯，定不饶恕。将军说："德公你太宽厚了吧！"遂出去。四弟媳也不满意说："九哥你还是放虎归山，他明天再来，你保得住我平安无事才好呀。"德邻笑笑说："做贼也不是一件开心的事啊！他经此一抓一放，再不改过，那是他自食其果。但我敢保证他不会再偷东西了。"后来，这窃贼真的拿这十元做本钱摆了个小烟摊。我四弟媳行街，总见他的老祖母在一边坐着，见了四弟媳，直叫多亏四太太！四弟媳到我们这边诉说，大家都说还是放得对，否则他没命，老祖母也没命的。德邻说："人不到十恶不赦，绝不伤其性命。我在玉林，因小事伤了一同乡之命，至今还耿耿于怀。"四弟媳问："那么你打仗时，不是打死好多人吗？"德邻说："那是战场上两军对垒，拼的是你死我活，怎能相比？"经此一事，家中人对德邻有了进一步的了解。原来大家以为身为军人，而且又是掌生杀大权的总司令，是可以随便置人于死地的，谁料想得到他对一个毫无抵抗能力的小窃贼竟然能够宽恕，甚至于过分地仁慈，及至听他一番解说，方知军人也是主张以教为主的。

丈夫的安排

北伐前夕，德邻安排我带幼儿去香港读书，我是无可无不可的，就我的本意，倒很愿意回到乡下去与婆婆生活在一起，只不过德邻说儿子读书要紧，乡下哪有一间像样的小学，我才不得不去香港。四弟媳闻说香港比之上海还要热闹，买东西最好，是世界各国都在那里竞争生意的地方，她早想去观光一下，便说："九哥，你让九嫂去香港，也让我跟去吧，又要打仗了，兵荒马乱的，我们也怕，何不都去避一避。"德邻说："十七嫂你脾气就是急，等你九嫂先去，你们回乡下，看看母亲愿不愿意去香港，她老人家愿去，你就陪母亲一起去，十五嫂（三弟媳）也去，文卿、德辉（三、四两弟）都要去留学，你们先到香港，然后十五嫂到上海，与文卿一起出国。就这么定了，你们收拾行李吧。"

我去香港是德邻出师北伐之后。我们一行除我和幼儿外，有五弟松林、侄儿嘉球、大嫂等五人，由德邻的一位副官护送。到了香港，径直搬到事先为我租下的寓所去。

那寓所坐落在西摩台，屋外环境优美，屋内宽敞明亮，前面为二层楼房，后面平房三间。有抽水马桶的卫生间，比起桂平、南宁那古老屋子要舒服多了。只是我们人少房宽，未免冷清。

松林和嘉球住不多久，便到上海考学校去了。幼儿也入了附近小学，虽说附近，但香港地方，绑票之风极盛，一般富豪出入都雇请保镖，幼儿每天上学，大嫂总是送一程接一程的，从不间断。除了送幼儿上学，大嫂还要上街买菜。这时，家中便只有我一人。日长无聊，又不喜欢行街逛商店，只好在家中待着，简直是度日如年。要等到幼儿放学回来，屋里才闻人语之声，而幼儿从小不喜多言语，所以屋子里总是静悄悄的。

寂寞学书

大嫂见我无聊，便说："大夫人这么得空，不如多学写字，也好给总司令写写信嘛！不然的话，总司令来了信，你还好意思请别人代笔复信么？"我想来也对，于是天天学习写字，以学写信札为主。我用的那本《信札大全》，一直带在身边，带到广州、香港，还带到古巴、美国，又带了回来，至今还放在我的抽屉内，纸都发黄了。这本《信札大全》，陪我横渡太平洋来回，几经风雨，如果要写，比这信

李秀文（1936年）

札的内容要多得不知多少倍啊！只是可惜，尽管我也学会写信，但却始终没给丈夫写过一封信。每次他有信来，亦是托人捎带的，很少邮寄。既然有人捎信，我便把要讲的事口头上作复，省得再去写信。我的一生，执笔写字只是消磨时日，并未真正用过，直到儿子长大到美国留学，他的来信，我可以读，但仍不自己作复，只是托我的至亲代笔。说起来是很惭愧的，不外是我文化根基浅。

香港这地方很奇怪，认钱不认人，也不容易交新朋友，左邻右舍，见面不相识。不像我们内地，住到哪里，总少不了有邻居来往。我住了半年，也不知道房东是谁，也不用每月交房租。大概那房子也是借住的吧，我一直还弄不清楚。我印象中，我们每到一个地方，都是借住或租住别人的房子，不论在南宁，在香港，在广州，我们都没一间半间房舍。直到抗日战争时期，我从广州回到桂林，才开始陆续购置一些房屋。

记得一九三七年，德邻回到桂林，他到义学巷看见我的新居相当舒适，他还开过我的玩笑："哦！你有了这么大的一间房子呀！不错，不错，总得安个家了，大公馆太陈旧（大公馆是公公婆婆手上买下的老房子），听说七哥（德邻的胞兄）要建一间商业大楼，你们各人都砌好房子，我还是借住别人的房子呢！哈哈，我是四海为家惯了的嘛！"

也有人笑我，你丈夫的钱都落在老郭口袋里了。其实也不尽然，我丈夫戎马终生，来不及考虑私人的生活享受，老郭则是步步跟随德邻，也没心思去购置房产，他们所到之处，都是借住别人寓所。直到抗日期间，老郭在桂林办了德智中学和保育院，这时她较多时间在桂林，才买地建造了一两处小别墅。丈夫做了副总统，才在文明路建造了一间颇有气派的私邸。

漫谈香港

来香港之前，我听说香港原来是中国的地方，是清政府软弱无能，才把它租借给英国。在香港，没有中国人的地位，一切听凭外国人支配。外国人又处处看不起中国人，把中国人当作东亚病夫，说中国人毫无抵抗之力。他们对待有钱有势的中国人还好，对穷人却连狗都不如，香港是有钱人的天堂，穷人的地狱。

我并不愿意在这个被外国人管辖的地方寓居的。这地方大多数是中国人，但处处受外国人的气。出街入市，多有限制。特别是那叫“摩罗差”的印度巡警，一个个红布缠头，满脸煞黑，我看见就头皮发麻。有时送幼儿上学或行街，听到那些“摩罗差”大声咋呼，要行人停步检查，那是最麻烦不过了，也令人愤恨。我想：好端端的一个地方，要租给外国人，样样受外人管制，吃水也受限制。住得虽然舒服，总觉得是寄人篱下，动辄不自由，似乎是透口气也不自由。真的是“住人屋檐下，哪能不低头”啊！

但好多人则不这样看，他们觉得居住在这样繁华城市，正合脾胃，对于那些歌榭舞池“嘭嘭嚓嚓”之声，酒绿灯红、纸醉金迷之地，甘之如饴，流连忘返。我早几年跟随公婆观光过十里洋场的大上海，对于那花花世界，给我的印象是，霓虹灯光照耀得眼花缭乱，马路上的车流人潮使你晕头转向，还有那抢劫、绑票之风叫人住不安宁。总之，在大城市生活，得处处留神。因此，我很少独自出街入市，除了学学写字之外，还自己缝缝衣服。香港缝衣服收费特贵，缝工占布料的三分之一。西装更甚，若是上乘的料子，缝工与衣料同样价钱。自己缝衣，倒可节约了不少钱。

在香港生活，不比在桂平和南宁，那时有许多同乡、亲友来往，还有没完没了的官场应酬，每天一晃而过。但当时并不觉其好，甚至厌其烦，及至到了香港，没一点应酬，又觉冷清，又觉其枯燥乏味。好在不久也有几位同乡友好的太太来到香港，她们也是送儿女来就读的，其中有王季文太太、王逊志太太、李济深太太等。我们几家孩子，都年龄相仿，大人之间又是至好朋友，因此，常常在星期日见面，遂成了“通家之好”。这些孩子在童年时，因为母亲是好朋友，常常亲近我，长大后虽然劳燕分飞，各奔前程，但对我仍然感情深厚。当我暮年归国，他们仍不远万里而来，以见我一面引以为快。如远在美国的李济深先生的女儿筱梅、筱桦，在国内的如王逊志太太的公子王庄，王季文太太的公子为元、为汉，他们都是把我视同亲人一般关照的。

这几家太太，有空便约我同去海边散步，或去逛逛公司，或打打小牌，慢慢地日子就不那么无聊了。

婆婆来了以后

不到半年，我这个家便热闹起来。婆婆与三、四两弟媳，还有李季林族叔带了他妻妾、儿女一行六人来到香港。

婆婆一见面，还顾不上歇口气，便问：“幼邻呢，他怎么样了？听说喉咙生了个什么东西呀，真要命！”我不禁又好笑又惭愧，这都是我见识短浅造成的风波，骇着老人，也急着丈夫。原来是幼邻半个月前发高烧，喉咙肿起两个肉块，吃不下东西，吞口水也疼，大嫂说：“这是蛾喉呀，还是双蛾哩，这病可要紧呢！”我和大嫂即刻送幼邻去医院。我们这么慌张，医生却一点不着急，说是扁桃腺发炎，但必须开刀割除，否则以后常常因此生病，影响身体发育。我听说在喉咙开刀，一时吓坏了。喉咙是做不得玩耍的呀！一时拿不定主意，连夜拍电报给德邻。但是医生却等不及，要立即动手术，我那时只好听天由命了。想起我头一个孩子，才十个月，在乡下发烧三天就猝然夭折。如今好不容易把幼邻养大到七八岁，要是有个三长两短，岂不是我命该无子？当天王太太来看，她说：“这个病我见过，医生开刀切除就好了，如果不及时动手术，小孩子受罪，大人也辛苦。这手术很简单，不碍事的，你莫怕！”有王太太壮胆，我放心多了。这手术真的非常简单，医生只是用一把钳子把口撑开，再用一把剪子朝喉咙咔嚓嚓，三剪两剪，剪下几块血肉模糊的东西，就算手术完毕，止血止痛后，幼邻便嚷要吃东西，只是医生吩咐只能喝橙汁、牛肉汁，第二天才可以吃稀饭。住了五天，出院回家，便没事人一样了。幼邻自小生得瘦弱，医生说是扁桃腺影响，但割除之后，他还是个子瘦小，不过，病倒真是少了。

我拍电报给德邻，没讲清是什么病，只说是有病要住院开刀。他着急了，立即派了一位副官来照应。到了香港，幼邻已经出院，大家当然只有高兴了。那副官笑话我：“大夫人你未免有点少见多怪啦，把个司令官急得！”大嫂说：“没事就好嘛，难道你倒宁愿少爷得了个险症住院，等你来照应才值得么？你回去禀知总司令，少爷的病不要紧，难道他会说你是白来一趟不成？恐怕总司令只有欢喜的份儿！”话虽这么说，我总有点后悔，请刘副官赶快拍电报给德邻，好使他放心。及至婆婆赶了来，我觉得事情真闹大了，丈夫在几千里外受惊扰，婆婆又水陆兼程赶了来，吓坏了婆婆，我可担当不起，还怕丈夫怪责我冒失呢。

婆婆一行六人到来，这屋里便顿时热闹起来了。幼邻放学回家，看见一屋子人，眼睛睁得大大的，似乎都不认识，及至看清其中有奶奶，他才高兴起来。婆婆看见孙子平安无事，很快乌云就散开了，不再提及我冒失拍电报给丈夫的事，便忙着把带来的东西拿给幼邻吃。其中胭脂李是幼邻最喜欢吃的，一手拿起几个，正待要吃，大嫂忙说：“李果热毒，少爷喉咙才好，吃不得，放几天再吃吧。”幼邻怕喉咙痛难受，只好依了。

一连两天，我陪婆婆和十五嫂（三弟媳）、十七嫂（四弟媳）去观光市容，去逛各大公司，晚上又去看大戏。十七嫂一到公司，便忙于挑选衣料，买香皂、鞋袜之类，每次都两手提满了回来。婆婆玩了两天，已觉疲倦。十五嫂也乏味了，只有十七嫂还是兴致勃勃的，今天买这样，明天玩那样，只恨时间不够使。几天工夫，便换了一身时髦衣着，大嫂瞧着好笑说："四太太简直变得认不出来了。"还说："四太，你的布底鞋如果不要，可赏给我吧，香港这地方，样样有卖，就是没有布底鞋。我们广西人穿布底鞋惯了，走路最舒服，再好的皮鞋也比不上它。"

只有十五嫂，她一天有大半时间在看书，说是要到俄国去留学，等三弟暑假回来，一起动身。十五嫂除了看书，也出街，她出街只是逛书店，大嫂说："三太太买书的钱比四太太买衣着的钱恐怕还要多些。"

婆婆为人慷慨豪爽，人人都说她气度不凡，完全不像个乡下女人，就是一般阔太太与之相比，还不如婆婆雍容大度。她非久居城市，穿着并不华丽，但只要她一到公司或餐馆，那些店员、侍者对她总是格外有礼。也不知婆婆什么时候学会了使小费，每次上餐馆吃餐后，她都给小费，出手大方，从不吝惜。这些作风，后来我也慢慢学上了。

婆婆很喜欢吃西餐，她说香港这地方，别的看来不怎么样，只是西餐馆比上海好。她常常吩咐大嫂："今晚不用做饭了，大家都去吃西餐吧。"婆婆之所以对西餐甚感兴趣，说是西餐干净利索，每人一份，各人吃各人的，不用推推让让，特别请客时省去许多麻烦，用具也卫生，大家不用在一个菜盆里夹菜。慢慢我也喜欢吃西餐了。

我从小拿不好筷子，常常在吃饭时扶不好筷子，夹不起菜，被母亲打手，故觉得吃西餐不用拿筷子，倒是一件痛快的事。

话说西餐

说起吃西餐，最初是在上海，我还出过一些洋相呢。记得第一次公婆带我和幼邻去西餐馆，虽然在家早听讲过吃西餐是怎么回事，但第一次尝试总怕给人笑话。

西餐馆的摆设与中餐馆大不一样，一律是用的长方桌，两旁一式靠背椅子。落座之后，便有侍者过来，鞠躬问候，送上菜目，请客人点菜。公公问我们要吃什么，大家正奇怪，婆婆说："就随便点吧，还耐烦一个一个问，他们也不知道有什么菜色。"

公公写好菜单，侍者拿去，不到半个钟头，菜便一道一道地送来了。那菜全是用碟子盛，吃完一餐饭，没见有个碗。先来碟通心粉汤，跟着一碟牛排，一碟炸乳鸽，一碟炸子鸡，一碟叫“多士”的，后来我才知道是烘面包。这几样吃完了，跟着还来一杯咖啡牛奶。按照我的想法，总该吃点饭吧，后来公公告诉我们：“西洋人不吃米饭，他们的面包就是我们的饭。他们每餐吃的也以面包为主，我以前去做华工时，每餐都是吃粗面包，哪有现时的面包好吃。”

菜送来之前，早在每个座位面前，摆着用碟子盛着的雪亮的刀、叉、匙等餐具，就是没有筷子。我怕自己会出丑，便学着婆婆行事，只是那些刀呀叉的，在我手上不听使唤，刀也不锋利，用来切那牛排和烧鸽子很是费力，常常用错了手，还碰得碟子叮当响，吃汤时倒还轻松。我头一次吃西餐是出了点洋相的，只是还没闹出笑话来。以后使惯了刀、叉，就觉西餐也有许多好处了，正如婆婆所说，西餐好处在于各人吃各人的，干净、卫生，请客不用客气让菜。以后，我凡到一处地方，请客或上餐馆，都是选择吃西餐的多。

打牌趣谈

在香港，婆婆偶然也打麻将，也是在上海住时学会的，不过她只是逢场作戏，并不入迷。她说，她打麻将牌不是赌钱，在乎娱乐娱乐，同时可以比比心思。她在家中定下规矩：只准打四圈，输赢都要收手，不准扯住不放，更不准在牌桌上争吵，谁犯了规矩罚她请吃西餐。这样，牌桌上便文明多了，很少见有脸红脖子粗的。大家都觉好，只有十七嫂不痛快，她打牌的牌风不好，赢了想收手，输了扯住别人不放，还说别人有意扣她的牌。婆婆定的规矩，其实是有意针对十七嫂的。

只有王太她们到来时，这麻将牌才打得有声有色，轰轰烈烈，婆婆的章程也可暂时通融。这时，十七嫂和季林姨婶就大可尽兴了。

我对打牌不感兴趣，只在不够角的时候才来凑个数，四圈不到便不耐烦了。

第二年放寒假，嘉球侄和松林弟回到香港，在天津读大学的三弟文卿也于此时回香港，准备与十五嫂一齐去俄国留学。房子住不下，季林叔一家只好另觅屋住，文卿夫妇住后进平房。

三弟夫妻

文卿与妻子感情似乎不甚融洽，其性格也不相同，只有一点共同之处，就是两人都爱看书，其中十五嫂尤其入迷。不过文卿的习惯不同人，白天睡眠，晚上则整晚活动，看书，洗凉，吃夜宵……对此，十五嫂很是烦恼。她对我说过多次："文卿这样颠倒，我和他怎么合得来？"颇有悔意。不久，德邻来电，促他夫妻出国，不过，只去了一年，就提前回国。

文卿留学归来，旧习依然不改。十五嫂见他萎靡不振，胸无大志，何况生活习惯迥然不同，终于在两人归国之后不久，分道扬镳。十五嫂自奔前程去了，文卿毫无留恋之意。婆婆眼看年轻一对离异，心中感慨万分，婆婆同我们说："文卿小时聪明，勤奋读书，从不逃学，满以为李家出了一个武将，还可出得一个文官。谁知他读了十多年书，不思上进，还连个妻子也守不住。人到了三十岁，已不是做母亲的再能教诲的了。"

文卿的毛病，也不知是因何而起。有人说他越读越糊涂，婆婆则说是环境造成。她说："人在富贵时最容易变。当初李家贫穷时，德邻跟着我，为衣食登门告贷，饱受世态炎凉，我勉励他'将相本无种，男儿当自强'。他也注意奋发图强，才有今天。但凡人在贫穷之时容易上进，安逸时便好逸恶劳。文卿若是甘心一辈子靠兄长，坐享其成，祖宗面上不光彩，旁人也会看不起的。"

婆婆在香港住腻了，遂由文卿陪送回乡。回乡不久，文卿便与我同村龙翰林之女结婚，精神有所振作，旧习也改了过来，还真用心做了几年事。可惜正当他有所作为之时，却不幸病故了。

婆婆回乡之后，四弟德辉也从法国回来。因染了一场大病，在香港医治经年不愈，又转到广州，已病入膏肓，回生无求，先三弟四十日去世，是为李家之大不幸。

不速之客

民国十八年（1929 年）初夏，德邻突然来到香港，我事先全不知道。记得那天傍晚，门铃急响，大嫂开门，看见来人是德邻，因他已变得又黑又瘦，大嫂几乎认不出来，连忙叫我下楼，我听得见德邻说话声："不用，不用，我上楼去。"话音未落，人已在眼前。接着说："想不到吧？来得这么突然。咳，想不到北伐胜利了，内战仍然不断。南京方面也太欺人了，竟然对我们广西军明压暗除，欲使我们无立足之地。我这一来是避避风，免遭暗算。"听他说话略带暗哑，神情沮丧，我从没见过他这般消沉意气的，莫非有大难临头？心中顿时着慌起来，急得张口结舌。大嫂问："总司令吃饭了么？"德邻摆手说："吃过了。"转脸又说："德洁也来了，我们住在罗便臣道，人家的屋子，随来的人很多。"说话间幼邻洗了凉出来，看见儿子，德邻脸上霎时开朗，笑嘻嘻地拉了幼邻抚摸着，问幼邻："香港好不好住？学校教师好不好？割扁桃体时哭不哭，痛不痛？"还看了幼邻的喉咙。听幼邻回答："香港好！奶奶在这里住常带我们去吃西餐，我还跟三叔去看跑马哩！你还骑马么？几时带我去坐马嘛。"德邻同儿子说："以后一定带你去吃西餐，去坐马，只是现在不行。爸爸有事。"时已万家灯火。德邻说："我这次来香港，行动不便公开，以后时局好转，再来看你们，我得走了。"幼邻听说父亲要走，睁大双眼，不说话了。德邻遂拉幼邻下楼，我和幼邻眼看他上车，绝尘而去，心中感到一阵怅惘。

我转身上楼，刚才的见面，好似梦中，但是余音还在，言犹在耳。丈夫的面容憔悴多了，又黑又瘦，脸颊上的伤疤也明显起来。丈夫十数年来风尘仆仆，戎马倥偬，身不由己，战争没个完时，他何日才得坐下来歇一歇？眼前还怕遭人暗算。这样的军人生活，不如一个平民老百姓舒心。越往下想，越不放心。只是我又能怎么样呢？但愿上苍保佑丈夫平安无事，再见有日！我不大信神，也少烧香，此时倒想要拜拜菩萨了。

几个月过去，虽则德邻常常来家与我们同聚吃饭，陪伴婆婆去逛九龙、元朗，

李秀文和李幼邻

去青山吃斋菜，还带幼邻去跑马地看赛马，但是，我总觉得他是强作欢笑的，他并不快乐。我知他身处逆境，少不了常日为之担忧，怕有什么变故，婆婆也略有觉察，只是她很坦然，说是人无千日好，花无百日红，人总不能没有个三灾六难。如今，德邻在此养息一下倒没什么不好之处，大家不必惊扰。

又是一个风雨黄昏。德邻仓促到来，我们正吃晚饭，他见桌上摆有稀饭，遂端起碗来，连说好久没有吃上这样味道的稀饭了。我见他有点异常，问他什么事这么匆忙。德邻一口气喝了碗稀饭才说："南京方面怕我在香港与冯玉祥联合起来对付中央，要求香港总督逼我出境，不走恐吃眼前亏，决定与韦云淞、叶琪等一行四人，更名易姓，先到安南的西贡再说。"他还说我的一切费用自有王逊志照料，也不必担心他在外面，不会有危险的，有许多人帮助他。德邻坐不到半个钟头，临走时给我留下三千元港币，嘱我带好幼邻。这次分手，我们都似乎有点凄然，还是幼邻说声"爸爸再见"，他才微笑，点头上车。

谁知道德邻此去西贡，备受法籍移民官员的苛刻，差点坐黑房，幸得当地一位富商帮助，才免去一场无妄之灾，后来大家都说他是“吉人天相”。

在西贡住下之后，南京政府说德邻与共产党有勾结，命令中国驻巴黎公使馆同法国交涉，要求驱逐德邻出境，但法国政府认为德邻与共产党无关，相反的怕南京政府加害于他，遂派了一大批便衣前去保护。德邻反觉行动不便，故只住了二十多天，便折返越北海防。不久，广西各军及各民众团体纷纷派代表到海防，请德邻回广西主持军政大计，德邻等才遄返南宁。

德邻离开香港，出走西贡，我既担心又恐惧。过去德邻经过无数次出生入死，我虽担心，但没这次害怕，怕的是明枪易躲，暗箭难防。幸而，丈夫平安回到南宁之后，托王逊志来香港之便，将他到西贡这段遭遇以及处处化险为夷的情况告知，我才得以安枕。

从香港回到广州

我挈幼邻在香港一住数年，幼邻小学毕业后，德邻叫我迁回广州，以便幼邻在广州念中学。为我们租住庙前西街一侨眷家。房东李太太人极和气，她的儿子叫北业，与幼邻年纪不相上下，是中学时的同窗好友。及至幼邻出国留学，工作时又与北业重逢，时常见面。北业为人豪爽，喜活动。我到了美国，他常来伴我出街入市，游览观光。他太太是美籍混血黑人，生得很清秀。北业常带她来我家做客，彼此友好往来。我回国后，北业曾两次专程到桂林看望我，他太太也特地参加旅行团来桂林旅游，她来看我时已学会讲几句中国话，十分天真有趣。她是我唯一的黑人朋友。

不久德邻也到广州了，他与郭德洁住东山马棚岗。我和德邻自从在香港一别又是两年，我们的关系虽然仍是夫妻，但生活上已不共同居处了。在广州重逢时，正好是星期天，幼邻吵着要我带他去吃西餐，忽然听得楼下汽车声戛然而止，婢女梅兰跑得上气不接下气，还来不及说话，就见德邻满面春风，快步入屋。他一把拉过幼邻说：“好呀，你们都好呀！幼邻长大了，就是瘦了点，扁桃腺不再发炎了吧？”然后转脸向着我，笑呵呵地说：“这几年过得还可以吧？你在香港住了几年，也大不相同了，长胖了，哦？你那头痛病该是好了吧！那医生是很有名的呀！”随着问了幼邻在香港读书的情况。我总没个插嘴的机会，还是大嫂出来说：“总司令来想吃什么菜？我买去。”德邻摆手说：“今天不在家吃饭。”转又问幼邻：“听说你们很喜欢吃西餐，在香港我没太多时间同你们去，今天我请你们吃广州最有名的西餐怎么样，幼邻？”听说吃西餐，幼邻立时高兴起来。随即我们到了西堤大酒家，吃了一餐十分丰盛的西餐，才一起回来。

丈夫的隐衷

德邻拉着幼邻说：“到爸爸那边玩玩怎样？”幼邻望着我，我不作声，德邻说：“我安排你们住东山，原是方便幼邻念书。再者这地方比较清静，出入市内方便。我们住的地方，离城远，再说我现在的环境，仍然是那么多人来人往，应酬繁忙，你们适应不了，又不宜于幼邻读书。你认为怎么样？”我说：“我原也不打算和你们住在一块了，你放心吧！”话虽如此，但却咽下了不少酸楚之情。我们也曾经是恩爱夫妻啊！眼前的丈夫仍然那样安详，那样和和气气，只不过是多娶了一个女人嘛！也不值得大惊小怪，更不值得夫妻翻脸。再说多年来他都是风尘仆仆，戎马倥偬，不曾过得几天安然日子，何必令他为难呢？就这样，我们和和气气的，两宅分居。有时他驱车到来匆匆坐下，询问一些家常，呷口茶便走；有时则安然坐下，说要吃餐大嫂的拿手菜。每逢此时，德邻总有点感慨地说：“吃上一顿安然饭不容易啊！”看他来去匆匆，面容消瘦，可知他军务在身，不由自己，我便一切都不去计较了，倒觉得有点可怜他。有时德邻想幼邻，便派车来接他去，及至幼邻长大上高中，学会开车，就每隔一两个星期自己去看望父亲。德邻酷爱儿子，一见幼邻似乎什么都忘了。郭德洁没生孩子，见德邻这么疼爱儿子，自己也应该欢迎才对，所以每逢见到幼邻，总是拿出许多好吃的东西让他吃。只是不知怎的，幼邻始终跟她亲近不起来，每次见面，只是点点头，打过招呼，不多言语。

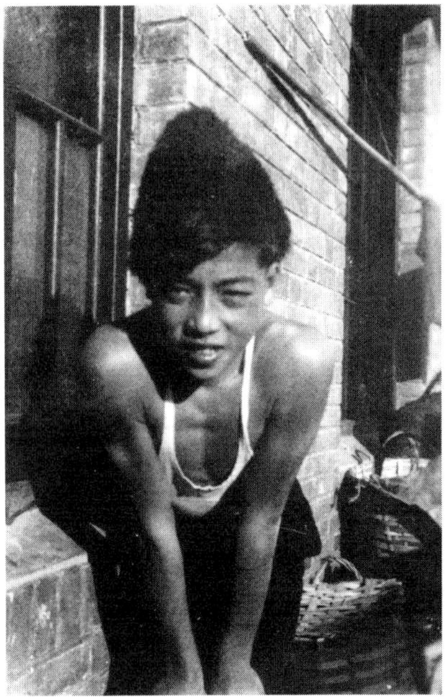

少年时代在广州就读的李幼邻

幼邻入学

在广州安居下来，幼邻入学是个大问题，他父亲先时主张他到省立学校，说是政府办的学校好，培养出来的青年有爱国思想。但幼邻一心想到教会学校去念书，说是教会学校英文好，能为将来出国留学打好基础。再说那时住在东山一带的多是华侨，或少数达官贵人，富商巨贾，其子女几乎全到培正（男校）或培道（女校）去就读。当时这两间学校收费特高，约比省立中学高出两倍多，人称之为贵族学校，一般人家是负担不起学费的。故渐渐形成一种风气，只要是培正、培道念书的，人家必然另眼对待，考大学留学都较容易。因此凡是官家子弟，是非读教会学校不可的，除非考不上。经过一番商讨，结果还是幼邻称了愿，遂到培正中学念书。

幼邻生性执着，少年时少交游，与同学较少来往，他不愿让人知道他是李宗仁的儿子。那时我得到广西驻粤办事处分配的一辆小轿车，幼邻上高中二年级学会开车，一时高兴，开车上学，给同学取笑他贵族少爷，以后便不愿意开车上学了。衣着也不要求时髦，冬天只穿一件格子西装，里面一件毛线衣，我叫他穿大衣，他说同学很少穿大衣的，人家都不怕冷，他也绝不示弱。因此，他宁可冷得缩手缩脚，也不愿意穿大衣。他不喜欢交际，那时男女学校兴举行联欢会，跳交际舞，演话剧等，他极少参加，一下课便径自回家。

有时高兴，开车去看看住在马棚岗的父亲。德邻一见他去就笑得合不拢嘴，拉他出去打网球，去游泳，这是幼邻喜欢的运动，父子俩玩得津津有味。但是这样的生活是不常有的，因为德邻总是来去匆匆，住广州的时间并不多。

木屐声脆

我在广州住下不久，家中亲戚们亦纷纷送子女来跟我，以便读书。其中男孩子们居多，分别就读于小学、初中、高中，如德明大伯的大儿子秋芬、刘家四姑的儿子仁生、朱家五姑的儿子邕生、表侄刘水保、玉森叔祖之子李任堂、敬修表弟之女琼英、同乡李镇业等。年长一点的则由德邻供给他们寄宿在学校，其余的多数跟我住。来了这一群少年儿童，家里可热闹了，每餐吃饭总有十个人以上，坐不下宁愿在背后站着，在背后伸筷子是不好夹菜的，便想出一个办法来，轮流着站，也要图个喜欢凑个热闹。到了学校放寒暑假就更不得了，都搬到我家。住不下，男孩子们便上楼顶晒台打地铺。那时广州人时兴穿木板鞋，那木板鞋有个好处，夏天穿起来凉快极了，走起路来，踢踢踏踏，响得有好听之处，也有聒耳之时。比如你出到大街，听见那些家庭主妇以及来自顺德的自梳女（她们除了隆冬腊月，其余时间大都是木板鞋不离脚的），走在那石块地，水泥路上，满街响起踢踢踏踏之声，很有节奏，也特别有趣。若在雨过天晴，泥土不扬时，更觉悦耳。有人说这是羊城一景。我初去时不习惯，后来也慢慢学会穿了，但平时我还是不穿的，只是在洗澡时穿它特别好。家中孩子们也人手一双，在晒台上来往追逐，把个屋顶都踢翻了。那就不但聒耳，简直叫人头痛了。每逢这个时候，我只好一声断喝。这班孩子才又一个个脱去木鞋，蹑手蹑脚地不敢出声，缩头缩脑地吐舌头，朝我做鬼脸，让你奈何不得。幼邻则说：“妈，你这么恶，谁都怕死你了。”我说：“怕才好，不怕，你们会闹翻天。”说来也怪，这班孩子平时在家称王称霸，父母讲不听，就听我的。只要我一出声，他们便服服帖帖，规规矩矩了。我平常是不作兴骂人的，就连婢女我也不打不骂。只是在她十分不听话时才骂她，甚至也打个巴掌。记得有一次我打了梅兰，她非但不哭，还笑。我问她："打你不哭倒笑？"她说："大夫人，你打得一点不疼，我哭什么呀！"尽管我很少责骂人，但人人又都怕我，大嫂对我说："这是大夫人有威风，镇得住；不然的话，这个家便变成孙悟空大闹天宫了！"

那时我家生活并不奢侈，大小十多个人吃饭，每餐只不过五六个菜，早餐一贯是各人自理，我自己不吃早点。人家说我节约，我只是没有这个习惯罢了。仍然是大嫂管饭弄菜，她自从在南宁跟了我，一直得到我的信任，我并不把她看作用人，我把她同亲人一样看待。有了大嫂这个好管家，我一切都不用操心，每月把钱交给她，由她去经营开支，从来没和她算过账。大嫂弄的饭菜不但可口，且常常更换菜色。手脚麻利，不慌不忙地按时开饭，从没误过孩子们去上学。晚上还教婢女及我的一个外甥女认字，给她们讲典故，讲社会见闻，真是难为她了。可惜到广州的第四年，她忽然一病不起，死时才四十出头。

我在广州，一切生活费用都是由驻粤办事处供给，广西驻粤办事处主任是王逊志（即王象明）。

那时在广州有白姑太（白崇禧将军的姐姐），她带领着一群孩子在广州念书。我们之间虽有来往，但极少互请吃饭，一方面因白姑太是教门人，不吃猪肉，到别人家吃饭很不习惯；二来我们又都经管着一群孩子，一出门总不免一大伙跟着，也就不轻易到人家做客了。

还有漆道微太太、王逊志太太、黄季文太太等，她们也是为送子女到广州就读而来客居的。常常是她们来看我，邀我去逛公司买东西，去观光广州名胜，如中山纪念堂、黄花岗七十二烈士墓园，去白云山烧香拜佛，去荔枝湾吃艇仔粥。其中有两件事是我记忆最深的，一是年三十晚游花市，二是到城隍庙看相。

花市拾趣

广州的迎春花市，可谓羊城传统胜景之一，每年农历十二月三十晚之前举行。没逛过花市的人，想象不出有多热闹、多有趣。我在几位太太的怂恿下，也去观光过一次。

同行的有漆太、王太、李太、十七嫂，还有梅兰（侍女），一行六人。我们先坐小轿车到永汉路口下车，然后步行。那时人群已如潮涌，从财厅前往双门底行进。我们本打算漫步细看，谁知一下卷入人流，便由不得你漫步了，也由不得你细看不细看了。

花市真可谓人山人海，只好一个挨着一个，也由不得你行或不行，只能随着人流向前拥去。不少人被踩落了鞋跟也不能弯腰提起，只好等拥到花棚边趁买花之际才能勉强把鞋穿好。

只见马路中间，一溜排着用竹棚搭成的花棚，里面摆满了各种各样的应时鲜花，一簇簇、一丛丛、一盆盆、一束束，最多的要算菊花了，其次是红梅和蜡梅。那菊花，平时在家盆栽，只不过看得到三几种，花市的菊花，可是五颜六色，千姿百态，但见那白的、紫的、嫩黄的、褐黄的，蟹爪菊、大丽菊，其大如碗口，每株三几朵，索价一至二元东毫（银圆），花略小的每株十数朵，索价五六角，一般的矢车菊也十分好看，一株数十朵，娇态可掬，索价平平，只二三角一株。最名贵的要算牡丹了，颜色有红、黄、黑三种，每株一二朵，可索价五六元。其次就是芍药、玫瑰，也有红、黄、白三种。牡丹乃花中之王，又名富贵花，讨其吉利，便有人争着买，故牡丹最抢手。我也赶快买了一株红牡丹，花了五元东毫，漆太、王太各买了一株芍药，李太喜欢玫瑰，十七嫂选了一大簇蟹爪菊，各种颜色都有，梅兰也不肯空手，买了最便宜娇小的矢车菊。

至于各个花棚中，精心摆设的就是水仙花了，水仙花是广州春节的即景花，家家必有一两盆，以大年初一开花最吉利。市民们大多数在年底之前就买好了花的芽苞，掌握好它需要几天开花，每日观察，务求大年初一开花。故此在花市中买水仙花的不多，只作摆看点缀。

最令本地人欣赏的要算寿星橘和吊钟花，也是家家必要有的，它象征福禄寿禧，谁不买呢？寿星橘一盆有结果数十，甚至数百的，视其结果多少讨价。市民们早已买好摆在屋里，花棚里主要也是作为摆设给人观赏而已。

那吊钟花是取其满堂红的意思，市民们多数在年初一插上一两株，与爆竹竞相热闹，满屋红彤彤的，倍觉吉利、喜庆。

花多人也多，花和人相映成趣，人的颜色也不逊多少，真的是“人面桃花相映红”呀！这样拥挤的场所，便有一些下流的男人挤在人群中，乘机在女人中挤挤碰碰，致使妇女们又是兴奋又是惊慌，幸而众目睽睽之下，再大胆的男人也不敢怎么放肆，只有时不时听到的斥责声和嬉笑声。

人们边看边品评，边讲价钱。有人一去就买的，大多数人看够了才买。早买的价钱高，迟买的就便宜得多，但说不定有珍贵的鲜花被人以先得为快。一般早买花的人是比较阔气的，但求买到最名贵花，钱不在于多少，最好又少又贵，买到的人便似中了彩票一般，满脸得意之色。岂知其中也有奥妙，那花农是有意将珍贵的花卖了一株再拿一株出来的。本地内行的人买花不贪早，同样的花，早买要花多一两倍的钱，若等到花市阑珊的时候，便一降而只有三分之一的价钱。

花市从下午六七点钟成市，十二点钟后收市，一连三晚，以年三十晚为最高潮。到了最后一晚午夜过后，一声炮响，花棚即行罢市，把剩下的花纷纷平卖或送给最后散去的人。游人从四面八方汇来，又向四面八方散去。一年的花市就结束了。到了年初一清早，所有花棚全都拆除，街市扫得干干净净，一连三晚的花市盛景宣告结束，迎来新春快乐的爆竹和焰火。

我们是第一晚去逛花市的，虽则好玩，但也双脚都累麻了。我觉得这样的场合不宜多去。

果然，第二天，王太说王象明怪她不应邀我去游花市，说人这么多，我们都是有身份的人，万一有个闪失怎么好，再说还有那些下流男人混杂其中！我自己也觉得有点造次，此后再也不游花市了。

城隍庙看相

但记忆最深刻的是去城隍庙看相一事。记得四弟媳到广州后不久，曾邀我去城隍庙看相，说是那里有一位看相的先生十分灵验，百看百中。她想去卜算一下自己的祸福，也验证一下这位先生是否果真百看百中。我本是不想去的，但经不起她的蛮缠，便请房东李太带路，并约王象明王太一起去。

我们去到城隍庙那地方，才知道那里并不是一间庙宇，而是广州一处热闹场所，其各种行业买卖都应有尽有，还有医、卜、星、相的摊子，我们要找的那位先生，他又自不同些。他有爿小小的店面，招牌是麻衣相法，里面摆设一张桌子，几条长凳。我们到时看相的人正多，只好排坐在条凳上等，约莫等了半个时辰才轮到我们。先看李太，说得一派好话："这位太太一世衣食不尽，无灾无难，平安过世，善始善终，是有福之人，可是你只有财无官，不过这样的命也是上好的了。"其次看王象明王太，说她面慈心软，乐善好施。还说："你本是千金小姐，却先做小星，虽是委屈，但也是命中注定。好在你广行善事，故不久扶正，日后旺夫益子，富贵双全。"随即看到我，这先生左看右看，端详了好一会，还请我垂手站立，然后他笑吟吟地向我直拱手说："这太太的相，是万里挑一，我看了这么多的女相，少有你这份福命的，不但贵为夫人，而且福禄寿禧一应俱全。你丈夫是一人之下，万人之上。我看你眉长、耳长、人中长、手长，你若是男人，是一国之君，若在女人，则贵为一品夫人了。只不过也略有欠缺，就是夫妻不能白头偕老。"李太忍不住笑出声，我忙止住她，说："你这位看相的先生不灵了，这两位太太的男人都当了官，我的男人是她们男人的部下，你把相看偏了。"看相的仍然笑吟吟地说："人人都说看相是凭一把口食饭，我是凭相书吃饭的，相书说如何，我就如何说，说准了给钱，不准不要钱，就你这位太太的命，给我十倍钱你也值得。但话又有得讲，看相也不能全准，相只决定得一半，心决定一半，相好还要多做善事，心善自然灵，有些欠缺，也可挽回。”最后看四弟媳，她正不耐烦，谁知看相的只看她一眼，便皱了眉头，请她伸出手来，也只看一眼，便放下说：“太太你莫怪我直言，我是论相不论人，你这相是入了破格……”我四弟媳不等他说完便骂他江湖骗子，乱放屁。“看我不拆你的招牌。”看相的先生也不动气，只说：“你不生气还好，我是替相书直言。你的相既克丈夫，自己又不得善终，好得贵人扶持，过得半生富贵。但相书有云，多积善可解危，你要放大量些，多积阴德，或许能多享几年儿女福。几位太太的相看过了，是否应验日后自有分晓，前头两位各收一元，你这位大贵的，我可要收四块东毫，最后那位太太，我就不收你的钱了。”四弟媳乘兴而来，败兴而返，一路上还在骂看相的，说这死人头才不得好死呢，难道我大伯做了总司令，我还会挨打靶死不成……我们也各有议论，看相的不管怎样，都是凭的嘴巴吃饭，至于灵与不灵，一般是不全可靠的。只是我们之中，又有给他说准之处。后来我把此事说给德邻听，他取笑我说：“你也信看相？其实把它当游戏倒可以，不可当真，当了真，就好的变坏，坏的更坏。你看四弟媳嘛，也许是她出言不逊，招恼了看相的，就信口胡言，作为报复也未可知。不过四弟媳随便出口伤人的习惯倒应该改改才好，否则招恼别人也招恼自己。”

儿　子

我的儿子逐渐长大，德邻非常关心幼邻的学业和前途，多方诱导他进入政界，在政治舞台中干一番惊天动地的事业，以便后继有人。可是儿子生就一股倔强脾气，不肯附庸权贵，只求自食其力，甚至连父亲他也不作兴求告。他一生不想入仕途，武官更非所愿，故虽经父亲多方勉励，亦无意参与政治，以求飞黄腾达，高官厚禄。

记得有一次蒋介石到广州来，他知我带儿子在广州读书，专派一秘书到我寓所问候，并声言要见见李司令的儿子。当时幼邻不愿去，是我却不过情面嘱他去见一面即回，并嘱他带一纪念册去让蒋签字留念，以示尊敬之意。幼邻单身随那秘书到黄埔军校见蒋，蒋当时亲自出来迎接，幼邻称呼蒋为委员长，蒋笑嘻嘻叫幼邻称他为蒋伯伯，说是“我和你父亲是结拜兄弟的嘛”。遂拉手问长问短，并问幼邻有什么要求，尽管开口，还问他长大志愿做什么。幼邻答读书之后，自食其力。蒋一面点头称赞：“好，好，好，不是纨绔子弟习气。”然后携幼邻进餐。幼邻出示纪念册请蒋签字，蒋即执笔书写“克俭克勤，兢兢业业”八个字，以示勉励，并赠送照片一张，作为纪念。只此一次，幼邻就不再与达官贵人接触了。据他说是见到做官的一身不自在。我说：“你父亲也做大官，你见他也不自在吗？”他说：“也不自在。当老百姓的好，只要有能力，不必求人讨生活。”这就是幼邻的志趣。以后出美留学选读经济管理，获硕士学位后即从商经营企业。

一九四七年幼邻曾携妻女回国，当时德邻身为北平行辕主任，要儿子做个官易如反掌，但幼邻却不愿做官，后来南京政府安排他在上海一外贸机关（进出口管理委员会）做个专员，他每日上班总觉无事可做，眼见那班纨绔子弟，拿的高薪厚禄，而又饱食终日，无所事事，那些有权势的，利用职权，私自做了不可告人的勾当，诸如套取外汇，哪能让你外来人知道内幕，故宁可虚设其位，请你闲坐。幼邻看出其中秘密，心想中国这样腐败，如何能够富强起来。后来他向父亲抗议，说不该在这种机关供职。他父亲说：“我亦感我国政府的腐败，一心想来一次变革，但当今国人不团结，个人亦无能力挽狂澜，你见过西洋发达的科学，可以通过亲自的目睹，找出改革的措施。既然你不感兴趣，那么不好勉强，随你志愿吧！”正好那时我儿媳妇不能适应中国生活，故住上海不到两年（其中还到北平住了几个月），就此告别祖国，携妻女先去香港营生，后去美国，使其父亲大失所望。

出国前奏

七七事变之后不久，我几经考虑，也几经和德邻商议，才决定送儿子到美国去。当时交通尚不方便，要把唯一的儿子送到万里之外的太平洋彼岸去，且不说他平时从未离开过我，到了人生地不熟的异国如何生活得惯！就是我一旦离开儿子，也不知如何度日的，但我唯一的希望是寄托在儿子身上，希望他快快长大，希望他成为栋梁之材，又怎能捆住他在身边？那时哪个有志青年不想到外国深造呢，德邻也是早有这个打算的，但自日本侵华后，他来去匆匆，我们见面时间不多。一九三七年九月，广州天河机场被炸。广州许多华侨眷属纷纷出走，我们则准备回桂林，只等幼邻出国事定下来才能动身。但幼邻出国迟迟未决，有一次我竟至于对德邻发火了。我说："幼邻去美国留学的事你管不管？如果你不管，我可以出面去管。"德邻连声说："哪有不管之理，我是想等一位合适的人同他一道去，不然的话你我都不放心，幼邻还不到二十岁嘛。至于钱，我李德邻送个儿子留学也没本事，岂不笑话?！你不要急，如果没有合适的人送去，就让他和王逊志的大儿子同去，就看你放不放心了。"王逊志是当时广西驻广州办事处主任，他的儿子王庄年轻有大志，我看着他长大，十分喜欢，有他做伴，我很放心。就此决定了幼邻出国之事，他一起程，我也带领一群少年子弟取道回桂林，从此在桂林居住一段较长的时间。

三弟和四弟

不但幼邻的志愿和事业使德邻大失所望，就是他的两个弟弟，也同样令他失望。三、四两弟原本都聪明好学。当我到香港时，德邻本安排这两个弟弟去法国留学，因三弟倾向俄国文学，志愿到俄国留学，其时三弟媳韦志端亦要求同去，德邻同意了。谁知三弟留俄回国后，终日唉声叹气，白天睡眠，饭也懒得起来吃，及至夜间又睡不着。德邻为他谋职，他既不愿入仕途，又不愿执教，从此荒废事业。弟媳因与三弟志趣不同，意见分歧，眼见三弟不能成才，遂与三弟分道扬镳。以后，三弟续娶我同村龙家翰林公之女，精神才逐渐振作起来，开始外出做事。我在广州住下以后，他夫妻亦来到广州，租住东山启明二马路。三弟在广东省某机关任职。生活事业正有转机，谁知身染疾病，初时脸色发黄，说是急性黄疸。在当时来说是比较难治的，到香港求医，亦不奏效，时已周身发黄，只好取道梧州、平乐回家乡养病。在平乐旅舍病危，送到医院，医生束手无策。时德明大伯和褚家二姑丈请了一位名医一同赶到平乐，连夜坐救护车直奔桂林，半夜二时到达荔浦，已回生无术，遂客死荔浦，终年不到四十岁。德邻接到电报，立即急电嘱千万不要给母亲知道，只好在桂林治丧。龙氏弟媳婚后还不曾生男育女，年仅三十多岁，就做了寡妇。听说她至今还在，怕都有八十出头了。可惜我归国多年，尚未见过一面。

四弟在三弟留俄的同时，亦去法国留学，回来后一事无成，且他为人不知洁身自爱，花天酒地，终日玩乐，染上恶疾，从此萎靡不振。病毒日深，与四弟媳来广州住院医病，四弟媳住在我家。但因病毒已至后期，人力不能挽回，亦殁于桂林，时年仅三十五岁。

三、四两弟先后病死（四弟先殁四十天），一家都受到极大的震动，其两人的棺木，四弟用的是母亲的棺木，三弟则用上屋伯母的棺木，这真是人间最悲痛之事。慢慢地婆婆也知道了，虽然她很伤心，但却不是伤心恸哭，而是慨叹自己对儿子不能善于教育，使其勇于进取耻于求人，以致他们在兄长高官之后，逐渐滋长依赖思想，误了他们的一生。所以，婆婆常说贫穷未始不是福，富贵也绝非没有祸。婆婆为人是独具慧眼的。我的一生，受到她的潜移默化，逐渐形成宽宏大量、少去计较个人恩怨得失的品性。

羊角山之游

一九三七年十月，我送幼邻出国后，抗日烽火遍及全国，各大城市已不能安居，不少达官贵人都纷纷离开广州。德邻决定让我先回桂林，桂林遍布天然的防空洞。我离乡六年，思母心切，也归心似箭。跟我在广州读书的一群少儿，都已相继长大，各家父母亦多次敦促其子女回到身边，以便随时照应。我们一行多人遂分头乘车回去。

我与嘉球的未婚妻，以及一个外甥、一个侄儿同乘我的卧车，路经柳州，下榻乐群社。那时我的侄子嘉球在柳州羊角山广西农业试验场工作，知我们一行到此，忙赶来相见，并邀我们到羊角山参观。说是那儿风景很好，加之有四时鲜果，到此一游，大可以赏心悦目。

1937 年李嘉球与谭明在柳州羊角山广西农业试验场

羊角山坐落在柳州西郊约十里，我们车行不远，已是一片郁郁葱葱。公路两旁，一排排小叶灰桉散发出特有的清香，沁人心脾，顿觉头脑清爽，耳目一新。我忙说：“吴贵，快把车停下，步行看风景吧！”

步行不久，眼前便是一大片果树林。其中有沙田柚、新会橙、温州蜜柑等，都已果实累累，只是还未成熟。此外还有桃、李、梨等各种果树，可惜果事已了。嘉球说我们到迟了一步，如今可以尝到的只有西瓜和葡萄。

在这连亘数十亩地的果树中，相隔不远即有一两间竹篱茅舍，以及三两头牛羊，相映成趣。这景色不禁使我想到家乡的田野，怎么这里大似农村呢？我问嘉球：“你们这儿是干什么的呀，你也做农夫吗，也拿锄头，岂不是大学毕业还要种田跟牛屁股？”嘉球笑了，说：“我学的是农，做的工与农夫差不多，一年四季就是专门栽培侍弄果树。这些果树结果多不多，味道好不好，全靠我们和工人一起努力，你以为读了书就不用拿锄头吗？我们照样拿锄头的呢！”

回想当年他从上海回来，德邻见他身体健壮，认为他学航空最好，叫他投考空军。幸好他对空军没兴趣，才到广西大学学农，如今看来，似乎还是在地面上工作好一些。

说话间，走尽了果林，便是葡萄地。那一排排像篱笆一样的葡萄架，已挂满沉甸甸的熟透了的葡萄。正有人用剪子采收。这一串串晶莹清澈、青翠欲滴的葡萄，在广州不说吃不上，见也少见，在香港我也只吃过数次。因为贵得出奇，不是一般人家吃得起的，我则舍不得花那个钱。想不到这里竟然遍地皆是，简直叫人看呆了。一位采收工人给我送来一小筐，说是难得你老人家看见收果，此时吃味道特别不同，就尝个鲜吧！我真也觉得馋涎欲滴了，连忙道谢，叫嘉球付钱，几个人便大吃起来。这葡萄的鲜美无与伦比，在香港买的既没这个新鲜，也没这般清香和多汁，我是有生以来第一次在地里尝鲜葡萄，这风味至今还不曾忘记。直到抗日胜利后，嘉球调回桂林工作，与我同住桂花街（即今叠彩路 1 号），他亲手栽了一棚架水晶葡萄，我可以在自家庭院亲手采摘，那是另一番滋味啦。

正边行边吃，已到宿舍前面。在一片绿树掩映中，有两幢西式楼房，一幢是宿舍，一幢是办公楼。门前种的白兰树香气袭人，左右各有专工修剪的冬青绿篱，还有几处花圃，虽不大，但其中繁花似锦，芬芳馥郁，蜂蝶成群，特别是花圃中间的凤眼草，珍贵罕见，还有那绛红色的铁树，虽说难得开花，但别具风格。这里仿佛是以花为主，果树在这里是看不到了。

几株白兰，还有几株凤凰，足够浓荫蔽地。其时正是末伏天，但是到此暑气全消，若不是几声蝉鸣，真忘记这是夏日炎炎呢。

进入宿舍大楼，一派宁静，大概是上工时候吧，静悄悄的。入到嘉球住房，只见窗外树影婆娑，清风徐来，我已来不及细看，便落在一张藤椅上，休息一会，酣然入梦了。

也不知过了多长时间，耳边只听得脚步声、人语声，睁眼看是嘉球和两个工人正送西瓜进来。我说：“怕是吃晚饭了吧？”大家都笑了，此时正午还不到。

吃西瓜也是一次难得的享受。我看看送来的一大筐西瓜，其中各种形状并不一样。嘉球说这些瓜各有各的色、香、味，都是引进外国种子试验的。我们每种瓜都尝到了（有日本的太和瓜，有台湾的马铃瓜，武鸣的大红瓜……），有的味清，有的味醇，有的色黄，有的色红……这样的口福，我是只有这一次了。这地方风景优美，令人心旷神怡，暑气全消，若不是要赶着回桂林与德邻见面，我真愿意小憩几天才走。

第四章　抗战的离乱

回返桂林

当天下午，嘉球及他未婚妻与我同到乐群社住一宿。翌日，我们一齐回桂林。他是要让祖母（我的母亲）亲眼看看将要过门的孙媳妇，因为我母亲最疼爱嘉球，也最担心他的婚事，怕讨来个只知吃喝玩乐的女人，一世不得安然，她一定要亲眼看过才放心。

这次回桂林，自己已有一所像样的房子了，在外十多年，都是客居，总打算有一天要回桂林安居的，因此早托玉森叔祖（亦称八公）买下一间面积颇大的老式房子，一共为五进三开间，在我回来之前，已将后进建成两层楼房。我回到新居，看见屋中设备一应俱全，我大哥已从乡下来住下，等着我们了。

此时的桂林，与我初来乍到时已经大不相同。电灯、自来水全都有了。记得我们住大公馆时还是点煤油灯，雇人挑河水吃，一毛钱五担，还要下河洗衣服。那时我觉得城里除了天天可以吃到鱼肉之外，哪样也不比乡下好。所以每次路过，只住三五天，从不多逗留。

我们刚住下三四天，德邻也赶回来了。这时德明大伯、德辅八哥、玉森叔公等各亲，都聚集在大公馆，为德邻接风洗尘。一时亲戚云集，盛况空前。我偕同嘉球及其未婚妻到来时，各亲正在等候入席。德邻也离座相见，知嘉球带了未婚妻来，遂问此女何处人氏，八公代答是桂平县谭翔云公之四女。德邻与翔云公曾经在桂平

本书执笔人谭明（1936 年）

相识，是留日同盟会会员。他对这门亲事表示满意，连声说不错不错。

这次家宴是最热闹的一次了，共有八席。虽不是什么喜庆事，但难得德邻回来一次，因此，大家也当作喜事一桩，预祝德邻抗日出师胜利。

第二天一早，德邻到义学巷新居，那时我宿酒未醒，正睡眼蒙眬，耳边听得车子声响，随后听田嫂说话声："总司令早啊！大夫人还未起床哩，要不要我去喊醒她？"跟着听德邻说："莫喊，莫喊，让她多睡一会，昨晚她喝酒多了点，起早她会头晕的。"

我连忙起来梳洗，到院子只见德邻正在看金鱼呢，他聚精会神地把那团鸡蛋面捏碎，撒在水中，看那十多尾金鱼争上水面，唼喋吞食，竟然不知我已来到身边。

我不禁好笑："大清早过来做什么，难得有几天休假。"他回头看我，笑说："做军人的起早惯了，没福睡懒觉，怎比得你！看你样子，酒还未醒得透吧？"我未答话，他随着又说开了："哦，这屋子很不错嘛，谁规划的？这假山、金鱼池，还种下了夹竹桃、湘妃竹，够雅致的了！屋子设计还不怎么样，但在桂林是不多见的，比起大公馆那古老大屋好多啦。听说德明要起一间大楼做生意，是不是？等几时我才能过这清闲日子，倒是你有福气啊！”随后，楼上楼下到处观看一番。

这屋子，楼上一间客厅，可坐二三十人，一间大卧室我住，三间小卧室，大哥住一间，嘉球住一间，未婚侄媳住一间。楼下左面一间大厅，右边两间住房，大厅后面一小房。当时只有田嫂一人住楼下，后来月波侄女、刘家四姑、褚家二姑的女儿上城读书，都住这里。松林五弟留学时娶了一位德国太太，回来也住过此屋。抗战期间，这屋子还真热闹呢。

德邻在楼上客厅坐下吃茶，闲话家常，谈到幼邻在美国读书，德邻叫我只管放心，一切费用由他负责汇寄，叮嘱我要按月写信，不可间断，这是最要紧的事。随后交了一笔钱给我，说是今后他在抗日前线，不知何日才能重返家园，嘱我把钱留着，以防不时之需，生活费每月仍由省府支给。……话还未完，各亲友知德邻在此，便又陆续到来聚会，多半是昨天不曾在大公馆见面的女亲。我问德邻："要弄饭吃么？"他说："人太多，聚会一下就好了，饭不吃也罢。"大家谈话半个时辰，陆续辞退，只玉森叔公留下扯家常。

玉森叔公是族中最老一辈，为人主持公道，深得公公倚重，德邻对他也格外尊重，凡事多与他商量。公公在上海临终时交了一万银圆，托八公务必交到我手上。八公随柩回到家乡治丧，事后同婆婆商量，此款如何发落，婆婆说："这笔钱应该交给九嫂，德邻带老郭在外，九嫂独自守个儿子，如今幼邻出国，要用很多钱，再说，这是幼邻爷爷的遗愿，不用商量什么了，只有九嫂应该收受。"因此我手头上才有了这笔在当时来说算"巨款"的钱。有了这笔钱，我才得以在桂林陆续置下一些房产。

八公提说到买房子的前前后后，德邻说："其实房子也不必多买，多了反而麻烦。不过，再起一间西式的，等幼邻他日回来住也是好的。"八公说："其实，德邻你也应该有间私邸才好，地位不小了，每次回到桂林，都借住别人的房子，总不大好吧？自己没一间像样的私邸怎么待客、应酬呢？大公馆这地方实在破旧不堪了。何况那是如玺（我的公公）置下的，不算你个人所有嘛！"德邻笑笑说："哈！我这辈子四海为家，到哪里都没置过房子，还不是照样有地方住，我还不曾想过要在哪里起房子呢。这次回来，系筹划全省动员抗战，一有头绪，当即北上抗日。在此抗战时期，更顾不得许多，等赶走敌人，国家安定，那时再说吧，说不定我会解甲归田做农民呢！一辈子在外，老家还是在农村好嘛。”八公说：“榔头的房子，倒是造得相当气派，只是中间一溜新屋却空下来，大家不想搬出来住，你母亲守着老屋不愿搬，七嫂、十五嫂、十七嫂等都不想搬，这一溜新屋就拿来养鸽子。人走过，鸽子咕咕咕的，既冷落，又吓人，明天你回去看就知道了。看来还是你出声请你母亲带同大家搬出新房子住，把老房木楼修一修才是道理。”德邻点头说：“母亲不曾上来，我是必须回去的。”

省　亲

翌日，德邻偕同德明大伯、德辅八哥、八公等一行，回榔头老家省亲。我们女的有我、二姑、四姑、五姑、十五嫂、十七嫂等多人随行。我看过婆婆，要回村头看我母亲。

我婆婆刘太夫人，年轻时饱经生活窘境，中年以后，才算得享儿福。她生性豁达恬淡一如既往，虽已不用她操劳家计，但她富贵不忘贫穷时，除雇一两个长工外，家中劳作，必躬亲带领我大姆，或多或少，尽力而为。其时家中大小事务，都交给大伯大姆经管，大姆为人，勤劳是本色，婆婆则勉励各人要勤俭持家，富贵不骄，贫穷不馁，如今德邻发迹，更不可为富不仁，李家一向积善，此时更须广施德行。故五乡四邻，更多受益。

德邻回家省亲，与婆婆母子相见，至为愉快。德邻视察一下老家的新规模，亦颇有空屋太多之感，经他建议，与其空着，不如给长工住下。用新屋养鸽，实在是个极大的浪费，屋子损失也大。对婆婆不愿搬出居住，并不进言。而大姆及弟媳等，当然应当跟随婆婆在一起的，就是我，以后来往城乡之间，也是居于老屋楼房。大家都不愿离开老屋，也不知何故。

第二天，婆婆吩咐去上祖坟。德邻在公公坟前伫立良久，神情黯然，婆婆反而温言相慰说：“人生自古谁无死，你父亲总算亲眼看到你成得人物，也享了几年清福，这就不枉他对你的教育与勉励了。”德邻说他一生在戎马中度过，对父母则责未略尽，先父又过早弃养，心中难免有愧。但愿大哥多多承欢母亲。

婆婆知德邻这次回乡不能久留，并无多言挽留，只说：“做了军人，身不由己，何况身为长官，更应作表率。”德邻连声称是，刚才的不快，一扫而光。

翌日上午，德邻与我同回娘家看望母亲。顺便接她上桂林，享几日清福，也好看看未过门的孙媳妇。我们一行，回到家中，只见母亲倚门而坐，眼巴巴地在张望。

我母亲年已古稀，一生劳累，早已弯腰弓背，身体比我婆婆差多了。回想我出嫁时，母亲已然憔悴不堪，我在广州客居，也曾接她去住过，一心让她安逸安逸，但她总惦着家乡，说是放心不下，城里住不惯……我也奈何不得。

这次回来，我见母亲更憔悴了，腰背佝偻，步履艰难，目光呆滞，禁不住一阵心酸。幸而母亲知道嘉球带了未婚妻到桂林，遂二话不说，回身入房，说是打点衣服，要跟我们进城看未过门的孙媳妇去。

随着母亲入屋，似乎觉得少了点什么。往时入屋，总看见我嫂嫂的身影在忙来忙去，如今却见不着了。她是两年前去世的，听说是害了个不治之症，足足卧床两年，受尽折磨才死去。有人说她在生时，对婆婆小姑刻薄，故该得此病。当时我也颇以为然，及后一想，又觉得这是无稽之谈。我嫂嫂为人器量是小，讲话也刻薄些，但她有话总是说在明处，从不使心计，不挑唆我们兄妹不和，我大哥对我们姐妹始终是爱护的。再说，一家重活，都落在她身上，又岂能没有些怨气？说些气话是在所难免的。我出嫁之后，跟婆婆相处几年，颇受到婆婆的家教陶冶。婆婆常说：“为人处世除了多做好事，还要有宽宏大量之胸怀，不计人之短，但要记人之长，将人之长，度己之短，这样就不会惹是生非，引起争端，以至于家庭失和，邻里不安了。”婆婆秉性宽厚，从不与人计较利害得失，宁可自己吃点亏，也不愿意损害他人。也从不与人口角，轻启事端，因此家中安然，邻里和睦。我在婆婆跟前，相处日久，耳濡目染，觉得自己年轻时跟嫂嫂赌气斗嘴，多有不对。实在也是我从小心高气傲不服输，听不得半句气头话，而不是嫂嫂有甚厌恶我。自己总想有朝一日，能与嫂嫂好好地谈谈心，赔个不是，谁知她已过早辞世，如今归来，但见屋在人亡，嫂嫂音容宛在，而我的歉疚已无法再以弥补了！

我和大哥谈说到嫂嫂之死，大家正自唏嘘，忽见德邻在院子里与启明弟说话，想起今天应该高兴才是，连忙走拢去一同看启明弟卸马。他刚赶圩回来，那马热得直喘气。

德邻最爱马，站在一旁教我弟如何驭马、养马，还要爱护马，说那马鞍太硬不行，底下一定要垫块棉毡，以免擦伤马背，还说："我送你一副马鞍吧，怎么样？"我弟当然欢喜不尽，连声答应。

这时，一位身体结实的中年妇女走了过来，大哥忙招呼说："这是去年续娶的继室，因见家下乏人料理，也是迫不得已。"我心想大哥也忒小心了，娶个继室还有什么迫不得已的？家中是应该有个当家的嘛！

这新嫂子是外地人，挺大方的。前来和我们一一见过，然后请大家到堂屋坐。走进堂屋，只见已摆好桌子，准备吃饭。仍然是方桌子，四面一式长条板凳。我笑说："小心啊！谁不要跌倒才好！"原来农村吃饭还是老规矩，八人坐一桌，两人共坐一条长板凳，那长板凳长而窄，谁要是站起来，就得招呼同坐的坐好，否则可会有一人起来，一人跌倒的笑话。经我提说，大嫂赶忙把家里唯一的一把木椅子端出来，请德邻坐。德邻笑笑："别听她说，坐惯了的，谁也不会跌倒。我和启明合坐吧！来呀，启明！"

启明问："喝什么酒？买的桂林三花呢，还是家中的甜酒？"德邻说："天气热，不喝酒了。这几天喝得太多，嗓子都发燥了，再说还要赶路呢！哦！怎么弄这样多菜呀！又不是做客。"

桌子上摆的的确比较丰盛，菜色也新鲜，这是章氏嫂嫂的好手艺。一大海碗炖母鸡，一大盘五柳鱼，一大盘炒田鸡，一碟五彩皮蛋，一碟炒花生米，还有一大海碗金针粉丝汤。这些菜，在城里不稀奇，在乡里是很费一番张罗的。好在都不是油腻东西，特别是炒田鸡，又辣又嫩又鲜，德邻连连称赞说："好呀！这是难得吃到的，城里酒席上都没有这一味。是启明去弄来的吧？"启明说："是昨晚知道你们回来，才赶去田里弄了一小篓，你爱吃，余下的就带上桂林去吃吧。"我说："桂林也有卖的，只不过酒席上不兴这一味。我家田嫂炒得也挺不错的。"

说起田嫂，她是我的一个得力的用人。她是渡头乡人，因为与丈夫不和，出来帮我。做事手脚麻利，大小家务都理得妥帖，也弄得一手好菜。家中常常十多人吃饭，田嫂也可以不慌不忙地弄出菜来。大家都说我有福气，总请得这么能干的用人。只是她不识字，但是记性特别好。她是在大嫂死后我还在广州时就来跟我的，直到一九五二年我去古巴，她不能跟我，才不得已留在香港。一九七三年我从美国归来，她在香港又忙着回来，要跟我住一块，说是一辈子要跟着我。只是她年事已高，我不忍再令她操劳了。她前年死在香港，死时还念念不忘说，一生多亏我提挈她，没有大夫人便没有她田嫂。死后也要傍着大夫人，要把她的骨灰送回老家。我真后悔，不该让她再去香港，致使她不能了其夙愿，死了要陪在我的坟边。啊！想起田嫂，使我感到恻然不忍。

边吃饭边说笑，这次是德邻在我家吃得最愉快的一餐，也是他和我同回娘家的最后一次，以后，他再没有机会与我同回娘家吃饭了。

席间，德邻对母亲说："妈，你老人家和我们一起到桂林好不好？也该去享享福了。这次秀文在桂林住定下来，你们母女见面容易，随时都可以来去，只要敌人不来空袭，住在桂林是蛮舒服的哩！"母亲说："好！好！就怕你们没有禾草垫床，那是再好我也住不惯。"大家不禁哄然大笑。

原来我们农村，很少有用棉胎做床褥的。每年入冬，家家户户便把禾草打点干净，铺在床上，既暖和，又松软，比之睡弹簧床垫还要舒服，只是要常常更换。那时连我回到乡下，也要在床上铺上几把干净的禾草。桂林也兴禾草做褥，但不同于乡下，是用禾草编成垫子，俗叫草帘子。使用方便，但睡起来就没那么软和，得加一张棉胎在上面。桂林人很喜欢用草帘子做床垫。直到我从国外归来，听说还有卖。因我的床铺已由政府安排妥当，一张厚厚的弹簧床垫，几乎有四张草帘子厚，这就再不用那草帘子了。不过每到冬天，我都还会想起它的好处。

谈谈笑笑，不觉日已偏西。德邻时间有限，不能在家多留，遂别过哥嫂弟弟，与母亲一同步行回到榔头。

婆婆知我母亲同行到来，早已在家摆好酒菜。这一席酒菜，既是款待亲家，也是为儿子饯行。

久别重逢，婆婆固然欢喜，但小聚又离，她亦处之泰然。临行，德邻尚觉依依惜别，婆婆却无甚恋色，只叮嘱儿子以国事为重，不必挂念家中老母，说是："国家兴亡，匹夫有责。何况你身为大将，只望你多打胜仗，赶走鬼子，我就欢喜不尽了。"大家遂高高兴兴，道别上车。回到桂林，已经是万家灯火。

车到义学巷我家，嘉球和谭姑娘早在门外等候。母亲入屋坐定，即一把拉住谭姑娘的手左瞧右瞧，使谭姑娘十分不好意思。半天母亲对我说："好是好，人也秀气，就是单薄些，手脚瘦小，不像个有福气的。就怕没生养，我家人丁少，若是不能生养，可不行啊！"这些是用乡里土话说的，那谭姑娘听不懂，否则，人家真不知有多难为情。

可怜的母亲，一直为家中人丁不旺，巴望要看嘉球成家，多抱几个重孙，她要亲眼见到重孙出世，四世同堂，才觉心满意足。

她担心谭姑娘没生养，谁知结婚后，一连生了几个小孩。怀头一个孩子时，母亲尚然在世，她知道快要抱重孙了，高兴得眉开眼笑，连说祖宗有灵！吩咐家中多多养鸡，要叫孙媳妇回家生小孩，让她亲自抱抱重孙子。并拿出两条旧裤子拆洗干净，说是给小孩做抱裙，招吉利。

可惜，重孙出世，她却见不着了。那时日本飞机已到我省各城市轰炸。嘉球因公出差到三江、龙胜、河池、南丹等地做农业指导，顾不上送妻子回家。母亲得知外面不太平，又忧又急，禁不住老病复发，等不到亲眼看看重孙，便溘然长逝。

奔丧遇险

嘉球得知祖母去世，急忙赶回奔丧。他妻子在娘家坐月子，不能同返。丧事完结，我和嘉球同上桂林，因为连日来为母亲办丧事，大家都疲惫不堪，坐在小车上，都觉得昏昏欲睡。那天晴空万里，吴贵司机说："这么好天色，莫要碰上空袭才好哩！"我说："管他呢，至少在路上可以睡上一觉。"嘉球则已经呼呼睡着了。我说："反正天色还好还早，慢点开车吧！"

从椒头到桂林，小卧车慢行两个钟头，我也真的放心睡着了。谁知快到家时，警报突然长鸣，按照往常，这是预备警报，嘉球说先回家休息，或许敌机不向桂林来。话音未落，紧急警报便拉开了。吴贵赶忙把车子掉头，直向郊外驶去，一气冲到将军桥头，敌机已在头上低飞盘旋，低得简直可以看到机上那驾驶员狞笑的样子，那副脸孔，我至今还记得清清楚楚。

我和嘉球刚来得及躲到桥底，四面的炸弹已铺天盖地而下，不少落在桥的四周，一下子地动山摇，喊声哭声，令人心胆撕裂。历半小时，我和嘉球幸免于难。走出桥底一看，好不吓人，遍地都是伤的死的。我们看不见吴司机，还以为他已遭难了。嘉球找了好久，才见他脸色煞白满身是泥走了过来，他说："吓死人了，我躲在树林里，炸弹偏偏对准有树的地方投，还有机关枪直扫，我还以为是死定了的。"看着吴司机那狼狈相，我不禁又见好笑。嘉球说："姑妈胆还真大，我们躲在桥底下，也是够险的了，看我们这一身！"这时才看到各人身上脸上也都是泥土。再看一路上的惨状，那呼儿唤女、哭爹喊娘的，伏在死尸上号啕大哭的，受伤不死在呼救的……我一下子只觉天昏地暗，日月无光。

只是也怪，我们的小卧车竟然未被炸着。吴贵喜出望外，连忙发动。我们上车，进得城来，只见田嫂惊慌失措，眼泪汪汪，心急如焚地站在门口张望，嘴里还不断地念佛。听见车子戛然，直奔过来，看我平安无事，竟哭出声来："大夫人啊！真是天保佑呀！回乡下去住吧，城里住不得了！"听得我和嘉球又是可怜又是好笑。

这次桂林受到敌机的恶性轰炸，死伤惨重，除了城中亲友互相问讯之外，消息传出，外地亲友也纷纷打来电话电报问讯。第二天接到嘉球妻子来电，她在桂平娘家，听说桂林这次被炸死炸伤几千人，急得两天茶饭不思，连连打电话不通，才又打电报。这次真不知有多少人死在敌人的狂轰滥炸之下，有多少人从此见不到亲人了呢！

桂林初时防空设备不够齐全，几乎是警报发出，敌机已临头，人们往往避之不及，便被炸死炸伤。经过几次血的惨剧，政府才加紧预防设备。

桂林本身就是个天然防空洞，城里城外处处有山，有山必有洞。除了山洞，各大机关还在屋内修建地下室，以备急时走避。我义学巷住宅隔壁的广西银行，就修建了一个地下室，有时我也就近去躲避。

由于桂林山洞多，一经开辟管理，便是最好的防空之地。同时政府又设立了防空司令部，加强防空设施，在几处高山顶上挂起红灯笼。敌机向我方起飞，挂一个灯笼，鸣预备警报；敌机离我方已近，挂两个灯笼，鸣空袭警报；敌机迫近上空，挂第三个灯笼，鸣紧急警报；敌机离开，灯笼放下，鸣解除警报。

我家离独秀峰较近，独秀峰开辟了一个容得下千人的防空洞，只要挂一个灯笼，我们就步行走去，已习以为常，有时碰上敌机真的来袭，有时也只是虚惊一场。就因为有时鸣了警报，敌机不来，或来而不炸，往往就有大胆的人，不是在洞外观望，就是进进出出，或是坐在山旁，等敌机飞到头上，才急得往里钻。一次，我们都躲进洞里去了，不久就一阵地动山摇，肯定炸弹就落在近处。响过解除警报，我们走出洞外，只见一个不大的山洞旁边，竟然炸中几个人，有伤有死。其中一个被炸掉下半截，人没死，却断了双脚；另一个被炸中腹部，肠都露了出来，真是惨不忍睹。此后我便真依了田嫂的劝告，回家暂避。

提起那时走警报，真是令人肝胆俱裂。家家户户，有老有小的，宁愿备些干粮，白天往郊外乡村跑，乡村有亲友的到亲友家去，没有亲友的只好在树林里隐蔽到傍晚，才拖儿带女，扶老携幼回家。只要跑到乡村郊外安全，晚上又可以回家，那就再辛苦也不怕。

可是后来，乡村、郊外也不安全了。敌机知道居民疏散出来，便也飞到乡村、郊外。初时只是示威恐吓，以后竟然也用机枪朝树林扫射，投放炸弹。晚上也飞来城市窥伺，野性发作，也投放炸弹。于是，老百姓便连夜间的生活也保不住安稳了。只好日夜提心吊胆，看着灯笼吃饭、做事。家中有老有小的，只好想办法疏散到山村亲戚家去住。

不过老百姓总是不愿意离开他们的坛坛罐罐的，所以还是早出晚归的多。

好在敌机再猖獗，夜间出动轰炸毕竟还是少数。这样，一到日落，市内便又喧嚣起来，好多人吃完晚饭，便又会把一天的疲劳暂时放在一边，漫步大街小巷，看戏的，凑热闹摆龙门阵的，打牌的，恢复了平时的夜间生活。

桂林的家

那几年我一直住在义学巷。

我的这座五进三开间的房子是够宽大的，最前面临街一进租给人家做布店，中间三进租给人家做寓所，后面一进我自己住。

我不论到哪一处地方，总不会孤孤单单自己过日子的，从广州回到桂林更不寂寞，不断地有亲戚来同我住，便于上学读书。那些在广州跟我一起住的孩子都已长大，此时都已考上大学。现在跟我的又是另一帮孩子了，其中有二姑的两个女儿，玉琼、小琼，四姑的三个女儿大妹和老干，侄女月波；还有春凯堂叔结婚后，有了职业，因无住处，亦携妻女在我房子住下。

我侄儿嘉球，已从柳州调回桂林省府，任农业督导员，他时常到各县去工作，侄媳带了孩子，跟我在一起生活。

有这么多人在身边，生活倒也过得很愉快，也有不少趣事，最有趣的就是松林五弟和他的外国太太了。

五弟松林从德国留学回来，带了一个德籍太太，先住香港，一九四一年一同回桂林，也住义学巷我家，久不久也回乡下住一段时间，五弟是有意让他太太尝尝乡

抗战时期李宗仁（左）与蒋介石、白崇禧（右）合影（1938年3月24日）

下风味。

说起五弟妻子，有趣极了。我们同一桌子吃饭，她拿筷子夹菜，一夹就是一大把。她看我们一小夹一小夹地夹菜，自己也好笑，连连说："嗦利（sorry)。"一次，她同五弟下乡几天，两人带了三只鸡，两只公的，一只母的，兴高采烈地回到桂林，因为五弟喜欢斗鸡，还喜欢斗蟋蟀。

斗鸡，不但是少爷公子们最感兴趣的娱乐，甚至妇女也喜欢看，小孩子们呢就更不用说了，因此一到斗鸡时，便大家围观，当作极大的享受。

一次，两只公鸡斗得难解难分的时候，我那外国小婶子却把那大母鸡抱了过来，说是也要它加入去斗，谁知母鸡一来，两只公鸡便停止了战斗，一齐追赶那母鸡去了。气得松林直瞪眼，旁边的人哄然大笑，田嫂竟笑到肚子抽筋。那外国小婶则瞠目结舌，不知其所以然。后来，松林用德语告诉她："公鸡是不会同母鸡打架的，你这个大傻瓜！"也难怪，外国人不作兴斗鸡，何况她连公鸡和母鸡都分不清。

也许是生活不习惯吧，又是抗日时期，时常有空袭，不过松林和他太太从来不跑警报，警报来了，他们索性去睡觉。真把田嫂急死了，只好把大门锁上，随他们去。有时敌机轰炸频繁，松林夫妇只好回乡下转一转，这对于外国人是太不舒服了。

另外，那位太太与松林性格合不来，嗜好更为不同。松林终日不思活动，彼此渐渐有分歧，常常争吵。松林无奈，只好送她去香港，不久她便转回德国，此后便杳如黄鹤，再也没有音讯了，也没办过什么离婚手续。

翌年，由朋友介绍同乡廖某之小女与松林结婚。婚后与松林居住乡下。

新中国成立后不久，松林去香港。一住数年，无一正当职业，身边银钱用光，靠侄儿们接济。我回国经过香港，时间匆促，来不及见到各亲，后听秋芬侄来信说，五叔已于前年病故。

松林死在各兄弟之最后，从此家中德邻一辈，兄弟五人，姐妹三人，都已离开人世。妯娌中大姆病故在香港，十七嫂解放后不久死在家乡。听说文卿三婶在南宁跟其娘家弟弟生活，我虽念妯娌之情，但她年事已高，身体有残疾，欲见一面亦不容易了。

前辈虽已安息，后辈仍然繁衍，我的儿子幼邻为长兄，德明大伯共有六子三女，其长子秋芬在香港，次子元生十年前空难，三子在台湾，听说前几年去世。现一子月亭在美国，最小的孖仔志强、志彦在加拿大。各侄都在外成家立业。秋芬暨志彦夫妇，曾一连归国省亲扫墓两次，足慰老人在天之灵。

抗日时期的桂林

一九三七年的桂林，抗日战争虽已全面动员，但敌人尚未侵犯到广西，桂林仍然是平静的。不过因广西省政府从南宁迁至桂林，许多机关也跟着纷纷迁来。从而文化教育事业蓬勃发展，尤其是学校的扩充。汉民中学、逸仙中学、松坡中学，以及后来的德智中学，都是抗日时期兴办起来的。

随后，工商各业，娱乐场所，茶楼酒馆，都如雨后春笋，一天比一天增多，使这宁静的山城，一下子人口大增，百业兴旺。

虽说国难当头，但老百姓暂时还未尝到战火烧身的滋味，觉得眼前这一派繁荣的景象，是桂林前所未有的，倒可以给人平添一番喜色和乐事，似乎是生机勃勃。至少大街小巷都在变，变得活跃起来，繁荣起来，颇有大都市的风光了。

及至上海、南京、广州相继沦陷，武汉吃紧，长沙大火，各地人口疏散，如潮水般涌到桂林来。桂林便成了全国文人荟萃之地，成为抗战中期西南的文化中心。文化文艺宣传活跃，抗日情绪热火朝天，宣传的方式多种多样，尤以大街上的捐献台至为感人。来往行人，真的是有多捐多，有少捐少，人人争先恐后，都想为抗战出点力，认为这才是光荣，才是爱国。捐献台两旁，一边写着“有力出力”，一边写着“有钱出钱”，每日川流不息，多的捐金戒指金银饰物，少的捐几角几分，都出于一片爱国之心，人人都饱含热泪，虔虔敬敬。我和王象明太太走过捐献台，也毫不犹豫地把手上金戒指抹下来捐出去，那工作人员要为我们在本本上登记名字，我们两人都报了个假名字。

还有就是由学生或妇女团体组织起来，到每家每户劝捐，那是一定要按住户姓名登记，不得“作假”的。

我是有来必捐。想起前方打仗的士兵，后方妻儿在家心惊肉跳，我惦念着德邻在前方作战，那是捐多少也是情愿的。

桂林花絮

桂林暂时还是抗日后方，不但人口密集，机关也密集，那些生意人就更活跃了，茶楼酒家、饭店旅馆都应运而生，五步一茶座，十步一酒楼，外地的有北方酒家、南方酒家、广州酒家、四川菜馆、湖南湘菜馆，本地的有桂林酒家、西湖酒家，等等，家家都是那么拥挤。一则是民以食为天的本性，二则是疏散来的人多，往茶楼酒馆

台儿庄大捷后，李宗仁自题：“台儿庄督战胜利时拍影。”身后为津浦线铁路（1938 年）

一坐，既得饱腹，又可减少家里因人口多的拥挤。这当然是指手头较为宽裕的人了。

至于摆杂食的，如烧饼油条、臭豆腐、烤白薯、甜酒汤圆、糖炒爆栗子，本地的马蹄糕、米粉担子，更是大街小巷，举目皆是。这些做小生意的，白天警报不来，生意兴隆，警报一来，随手挑起担子跑进防空洞，生意照样供不应求，于是这些人倒更喜欢此时的桂林。那茶楼酒馆呢，就只能在下午，一般敌机不来空袭的时间，才繁忙起来。一到华灯初上，便处处热气腾腾，人声鼎沸，街上的行人犹如过江之鲫，如同广州的花市，一个个接踵而行，这种繁华景象，在桂林可以说是盛况空前。

国难时期，街上行人这么多，一半是家中太挤，不如到外面溜达溜达，一半则是上茶楼酒馆吃食饮酒，以及到戏院剧场看桂戏话剧的。还有本地人，从来未看过这么繁华的景象，吃罢晚饭便到大街上看热闹去的。总之，当时山城五光十色，使人眼花缭乱。

还有一种市场吸引行人，尤其是本地人最感兴趣，那便是故衣摊了。外地疏散来的，有富裕人家、中等人家、贫苦人家。摆卖故衣，先是贫苦人家，他们身边所带无几，为生活所迫，哪怕是用得着的也被迫卖了出去。一般人家稍有多余的也卖出去，以便身边多几个钱。后来中等以上的人家，住下日子长了，有出无入，只好也把多余衣物换了钱，以便轻装再作退一步准备。及至桂林吃紧，故衣市场更成为闹市，其中以体育场一带最为热闹。到后来，桂林也要疏散，那些富裕人家要跟着转移，好东西也拿出来贱卖，便有不少本地人从中买到质地好、讨价低廉的衣物。但是，城市已陷入一片恐慌忙乱之中，买了东西等于多个包袱，故衣摊便又如秋后扇无人过问，市面上一下子变成秋风扫落叶那般萧条。

到了一九四四年七月，广西实行焦土抗战，政府机关团体已着手疏散，随机关走的，跑到家乡去的，都在翻箱倒柜收拾细软。外地人呢，有办法的就再退一步随着大流逃难，没有办法的只好待在当地听天由命。

此时，过路难民再大量拥入桂林，一到晚间，马路两旁的骑楼底，几乎睡满了外地难民。他们沿途遭受无数次的空袭，幸存下来，到了桂林已吃尽卖光，有亲友的投靠亲友，无亲友的，政府收容不下，只好把骑楼底作栖身之地。夜深人静，灯光昏暗，走夜路的往往会被他们绊倒，或是大吃一惊，或为之勾起一片恻隐之心，解囊施赠。

我每次行街，看见那些情景，便觉心酸，大概是自家有人在抗日前方吧，总是特别留心街头难民，更多的是同情和施赠，往往把钱包都掏空了还不断有难民儿童尾随求乞。为了不忍目睹，我以后干脆不常行街。

一次（一九四二年），有个从广州疏散来的妇人，闻知我弟有意娶个侧室，便托人到我家求告收留她的养女，随后把那女孩子带来给我相看。我看那女孩子年纪还不到十六七岁，要嫁个三十多岁的男人岂不作孽？但若不收留她，她的命运更不堪设想，因此我叫启明弟亲自决定。启明弟从乡下上来，一看便中意了，就此定下，接回乡下成亲，给了她的养母一笔钱。逃难来的女人，便又再往贵州亲戚家投奔。

台儿庄捷报

一九三八年，德邻正任第五战区司令长官，在前线指挥作战。我恐战心理与日俱增，常觉得心惊肉跳，茶饭无味，一度足不出户，在家织麻搓线。众多好友都来劝我不要这么消沉，说德公吉人天相，保你平安无事。你在这边愁眉苦脸，或者他在那边打个大胜仗呢！谁知道果然应了他们的话。一九三八年约为四月中旬，德邻在台儿庄果然指挥得力，打了一个大胜仗。

台儿庄捷报传到桂林，全城欢欣若狂，燃放爆竹，游行庆祝，兴奋之情景，一扫过去悲观情绪，人们对抗日必胜充满希望。

那一天，我家也来客盈门，太太们都来为我庆贺，为我家燃放爆竹。说德公真是个福将，若是再打几个胜仗，把日本鬼子赶出国土，老百姓不用流离失所，那就谢天谢地了！

好一段时间，我也兴高采烈起来。

此后将近半年，桂林都沉浸在一派乐观气氛之中，丈夫在前线作战的军官太太

台儿庄大捷，民众团体慰劳、赠匾

们一直悬着的心，得到暂时的安定。有的人便迷信起来，天天烧香保佑前方打胜仗，把日本鬼赶走。我从小本来不信鬼神，此时不知怎的，每逢初一十五也烧起香来，不过往往是田嫂烧的多。

谁知暂时的好景一倏即过，转眼到了十一月间，武汉已弃守，继而长沙大火，难民便潮水般涌到桂林，桂林一时便成为暂时避难的后方。

购房产

随着各大城市如广州、南京等地的人疏散来桂林，房屋住宅便告吃紧。一些富商巨绅，纷纷购买房屋地皮，一般逃难之人，只能租赁民房，民房住满，便只好在市郊空地搭起临时木板屋或竹篱茅舍，东至花桥以外一带，南至将军桥，都有人满之患，市内就更不必说了。

外地来的人，把地皮炒贵了，本地的人也一下子警惕起来，怕以后地皮更贵，有钱人家，特别是政府官员眷属，争相购置房产地皮。王太给我做参谋，在义井头买了她隔壁的一座三进老式房子，地点很好。光复回来义学巷房子被炸毁，我把义井头房子的中进建造一间简便的二层楼房，住过一段时间。除此，还在依仁路买下两间铺面出租。

黄旭初夫人因图走警报方便，在木龙洞靠山边建了两间小楼房，有时我坐上小车子到她那房子躲空袭。看他们住得颇安逸，不须为走警报着急，敌机来到头上，就朝屋旁的山洞一坐，管你来炸多久，照样可以吃饭睡觉。黄夫人劝我也在此建一间避警报。我是有点动心，不过觉得山边居住不是长久之计，倒是卢象荣家有一块地皮要卖，当时因为是个旱塘，人家多不愿要，价钱又贵，我想这地方清静，干脆建一间别致点的楼房，目前方便走警报，他日幼邻回国也可以居住。我狠狠心，便花了一笔不少的钱，请省府一位设计师帮我设计，由广州建筑工匠施工。这间房子建成之后，可以说是当时桂林首屈一指的住宅了，就是德邻和德洁看见此屋，也称羡不已。那时德邻和德洁在桂林还是借住别人的房子呢。德邻是居无定处，没有心思造房子。德洁于一九四〇年回桂林办德智中学，自置校舍，并在桃花江边建了一幢美丽的别墅。一九四八年德邻被选为副总统，便又在文明路建了一座官邸，但他们在桂林住的时间每次都不长久，正如德邻所说，他是四海为家惯了的。后来他在美国做寓公，还是德洁拿主意买了一所别墅，一住十多年。他于一九六五年回国，结束他一生戎马生涯，虽然略酬他爱国素愿，可惜为时不久，中国又经历了一场惊天动地的事，而德邻未曾为国为民做点有益的事，于一九六九年，因病逝于北京。德洁则早他两年先逝。他们的房产，也如过眼烟云，没有留下德邻多少足迹。

桂林的社交生活

抗战十四年，除了随省府眷属疏散到凌云一年之外，我一直居住在桂林和乡间。这些年之中，我的生活大有改变，不再是深居简出，而随着一帮夫人太太们交游应酬了。那时与我来往密切的是黄旭初夫人、李济深夫人、漆渔波（即漆道微）太太、吕竟存太太、白团九太太、孙仁林太太、王象明太太等。本来我这人不喜欢交游，人人背后笑话我老实。王太常常对我说："大夫人呀！你莫老实过头了嘛，往时在广州、香港你少应酬，那是在别处客居，如今在桂林自己的地方，你还是老待在家，再不出去走走，别人会把你忘得一干二净的。你再不走动，我们几个（吕竟存吕太、白团九白太等）就来抬也要把你抬出去。"就这样一来二去的，我也不常待在家了。

那时太太们几乎是天天有人请酒，今天是儿子尾巴，明天是千金满月，老爷生日。还有认干女儿的、拜干娘的、结拜姐妹的……总是没完没了，借此饮酒作乐，大家痛快。而她们每逢请客，又必请我，久而久之，我也不好不回敬一二。不过我是观音请罗汉，一次过，一年难逢几回我请的。

说起那时请客，真是极大的花费。女人请酒与男人请酒大不相同，男人请酒，大吃大喝，女人则不在于吃喝，一见面就只顾说呀笑呀，至于那满桌菜肴，却正眼也不瞧，似乎胃口全无，只挑些蘑菇青菜之类尝尝，好似个个一样，厌食鸡鸭鱼肉。

不过酒倒是要喝的，有的太太们酒量可与男人相当，甚至胜过男人。半斤白兰地喝下去不当一回事。我的酒量也不小，三杯下去脸不红，心不跳，只是不爱喝罢了。

有人说太太们是神仙肚，不作兴吃荤腥的。饭店老板，可在太太们请客头上赚双倍钱，意思是往往一桌酒菜，只不过略动一动，有些连动也不动，就端走了。这一桌菜肴，经过厨师调弄一下，老板们便又可作一次买卖了。

我想起乡村人家请酒，也是名目繁多，但一家请酒，各家人人都得吃，一桌酒菜，吃得干干净净。

原来是乡下人做客之前，都准备好了包鱼肉的菜叶子。在席面上，主人举筷说请，就人人举筷，把碗上的鸡鸭鱼肉夹到自己面前的菜叶里。一碗肉菜，大概作两三次举筷便算完结。碗底下的垫菜（农村酒席碗里不全是鱼肉，总得有豆腐蔬菜之类垫在底下）才是随意吃的。席散，各人把所夹的鱼肉包好，然后回家与家人分享。这是人人如此，谁也不会笑话谁的。我在家乡，也同样打包。不打包倒让人笑你不知尊老疼小。

城里请一桌酒，花的钱比农村不知多多少倍。但是白白地摆满一桌不吃，我初时很觉可惜，久而久之也习惯了，甚至连自己也跟着说不想吃，或吃腻了。其实，常常我们赴宴之前，都要在家先吃些点心，一则免得空肚子喝酒易醉，二则吃饱了，看见满桌子菜也不想吃啦，以免人家说你小家子相。当然，常常宴会，即使珍馐美味也会使人厌食的。

农村和城市请酒时客人都同样不吃鸡鸭鱼肉，但旨意全不一样。

戏院风波

太太们除了宴饮娱乐，就是打牌看戏。打牌我是极少参加的，看戏也不怎么有兴趣，只不过偶尔也去桂戏院走走，那是因为我也是桂戏院股东之一。也是王太撺掇我投资的，说是出钱不多，既有便宜戏看，又可赚几个小钱。好多太太都入了股，叫我也做一份。我算是随大流，认了一股。看了几次便宜戏，倒没赚过几分钱，有一次却险些给吓死。

那天晚上，说是看什么好戏，我们股东规定坐楼上厢房，戏看到一半，忽然喧闹起来，还未来得及弄清是什么事，楼上就有人把椅子板凳往楼下观众中间掷下，霎时间，哭叫声、咒骂声混成一片，观众立时大乱。有人说快走呀，是伤兵打架了。大家一听是伤兵撒野，更是慌乱，争先恐后向出口处跑，便有挤倒老人的，踩着儿童的，一片哭喊之声，十分吓人。我和王太赶忙奔出去，大门已被警察封锁住了。说是调了一连人来镇压伤兵捣乱。我们一口气跑回家中，心中犹自扑腾直跳。事后，有人告知是伤兵硬要看霸王戏，院方不准，遂致闹出这样一番事情，掷伤观众多人。经警方来镇压，伤兵大骂说："老子前方打鬼子，流血负伤，在这看出戏也不给。你们成日价吃喝玩乐，是老子用性命给你们换来的，老子今天打，明天还要打！"事后，院方怕伤兵再闹事，便在戏院划出若干座位给他们，才算太平下来。不过我从此再也不敢去这些场所了。

但是我和桂戏艺人倒有过一段交情。

王象明太太人缘好，社会名流喜欢与她来往，富商大贾也常来往，至于当时所谓下九流唱戏的，她也与之交情甚好，人们都说王太是桂林女界的干妈。

我们做了邻居，常去她家摆龙门阵、吃便饭，久而久之也结识了其中几个桂戏中的人物，如露凝香、天辣椒、小飞燕等，她们见我朴素老实、平等待人，便也不时到我家来，说是高攀我大夫人。有时她们向我借钱应急，我则有求必应，也不向她们讨还。不过她们这几位唱戏女子，倒是十分守信的，从不拖欠。一次露凝香同我借钱，我说："钱不多，拿去用算了，还不还无所谓。"露凝香说："能得到大夫人赏脸借钱就是我们的造化，哪能不还？常言道：'有借有还，再借不难。'我们还有下次的呢！"说着，笑嘻嘻地同我打躬作揖。她是唱小生的，动作温文尔雅，逗得大家都乐了。

同唱戏的来往久了，她们也同我讲出心里话，说出各自的苦情。我从中知道了人世间有许多辛酸事，有的台上演的，其中就是她们可怜的身世啊！

露凝香对我说过："大夫人，别看我们在台上打情骂俏，潇洒风流；下台回家，多数是为了柴米油盐愁眉苦脸的，有几个是开心的呢？唱红了多拿几个血汗钱，要买行头服装、桌围、椅披、门帘，这些几乎花光我们的收入。红艺人若是自己没有服装，那一世也别想出头。但是在社会上，我们卑微低贱，看得起我们的有几个？富贵人家请客，要我们去唱堂会，或者客串，或者陪酒，呼来喊去，还不都是把我们当作粉头看待！像王太和大夫人你们富贵人家，把我们当人看待的又能有几个？我们这号人，往往又是男人的玩物，逗得他们喜欢时，捧你几场，但要陪他们饮酒作乐，长相好的，要强迫去做姨太太。我面貌不俊，总算逃得过男人的作践。有的嫁了丈夫还在唱戏的，又多受家中男人的棍棒，好教你不得行差踏错。有的想清清白白地找个正经男人，家中又要她多摇几个钱。……我们艺人的苦水，真是倒也倒不完啊！”说到心酸，王太和我都陪着抹泪。

也学着做生意

抗战那几年，太太们除了看戏、打牌、玩乐，还作兴做起生意，有囤积棉纱、布匹、大米、食油的，有搭伙开茶楼酒馆或其他商店的。不外是对付物价的飞涨、钞票的贬值而已。有些神通广大的则伙同银行中人，搭起伙来，那就可以大发所谓国难财了。听说这些人专炒黄金、白钱，或公开向银行贷款——有熟人大开方便之门。或则银行同伙，挪用公款，大笔大笔地到外国兑买黄金白银，走几转，用不到多少时间，只需以十分之一的利息，还清借款，其余就大饱私囊。这些做无本生意的，立时可以变成暴富。

对于做生意，我是一窍不通，也无心过问，又是王太出于一片好心，从中促成。她一再指点：“大夫人呀，人家大小太太都拿出私房钱去做点生意，不讲发财，只求不吃物价的亏罢啦。眼看市面物价的波动，不说穷人家，就是我们这些本分人，虽说有人朝上做官，也觉物价涨到我们头上来。你守着那些纸票，怕将来糊墙壁都嫌它多，不如也学她们买点实物存放起来，到人家大伙出手时你也放出去。这样多少还有实物在手，强似收那一天比一天不值钱的纸票呀。我这是为你着想，你独个儿是没主意的。”我说：“前些时幼邻他爹回来说过，对奸商囤积居奇，投机倒把，捣乱市场要严行惩处，我们也去搞囤积，岂不是明知故犯么？”王太笑到捧腹：“哎哟，就凭你大夫人那几个钱能够扰乱得了市场呀！给那些大腹贾还不够他扎牙齿哩！人家大把大把炒黄金，大把大把地垄断市场，那才是扰乱！我们拿几个多余下来的钱买点东西存放，不过为的是防物价上涨，等于不吃纸票贬值的亏罢啦。做不做由你，做呢，我帮你找头路，免得你没人帮手。”还说：“眼前我们正凑股开间丝绸店，你也加入一股吧，多少可有点活钱使。”

经王太再三劝告，我的心思也活动起来，先是与同乡凑合股份，开了一间丝绸店——就是十字街的丽丽商店，请我大哥做经理。谁知这丝绸店不但没赚钱，还在大疏散时将货物转移山区，给鬼子临撤退时一把火烧得精光，算是蚀了大本。

倒是买些棉纱、布匹、生油合算，虽不曾赚钱用，但赚得油吃，赚得衣服穿倒是一举两得。

及至抗战胜利后，大家主张开旅馆，我便真的开了建新旅馆，交我外甥龙起潜做经理。这就是我在抗战期间也随大流去做的生意。

说起随大流，这大流真是来势汹汹。有钱人做买卖，没钱的也要做买卖，小商小贩不说，就说那公教人员吧，也被迫跑市场，看行情，一是抢早买下油盐柴米，一是打听行情粜米。原来那时纸票不值钱，机关学校公教人员的薪水，有的可能拿到光洋，有的发不起光洋，则以大米代替薪水，一般穷苦教职员，一月拿到三两担大米，养家糊口，故此要勤跑市场，待价而沽，那抗战的年月，真的是上有敌机轰炸，下有物价轰炸啊！

不过，苦的是老百姓和一般公教人员，我们这些官家太太则是水涨船高，所谓随大流，趁闹热而已！

及至抗战胜利之后，照理是可以歌舞升平了，谁知物价更是扶摇直上，钞票更是一落千丈，从前的“湿柴”，真的已不值一文，正如王太所讲，拿作糊墙纸也嫌它小而费事了。这其中什么道理，我一直弄不明白。

婆婆的丧事

一九四二年，德邻在重庆开会结束后，请假十天回桂省亲。婆婆年高体弱，德邻不忍离开，但假期已满，不得已又回桂林，等飞机回重庆。谁知天气关系，飞机迟迟不到，德邻遂又折回乡间。此时母亲突然病重，德邻再不忍离开，终日陪侍在床前。一晚半夜，婆婆溘然长逝，享年七十六岁。德邻悲不自胜，频频说道："身为儿子，少小外出，戎马半生，未得奉孝母亲，遽然弃养。回忆母亲教言，训我以国事为重，言犹在耳，本意做一番事业之后，引退还乡，侍奉老母，谁知道子欲孝而亲不在！"他悲痛之极，遂急电中央续假十日，在家遵旧制成殓，守灵开吊。

婆婆丧事之隆重，实为空前盛况。

德明大伯说，母亲一生含辛茹苦，生时有福留给后人，如今百年归天，岂能节省。便放手大办丧事，德邻亦不忍劝止。其实，当时我家已非一般，欲罢也不能。中央已派人来为之成立治丧委员会（蒋介石亲自来电托李济深代表他做治丧委员会主任）。随着，上自中央，下至地方机关团体，亦都派专人来设祭凭吊。蒋介石以及各政府大员都纷纷来电致唁。

各界知名人士数百多人送献的挽联多副，只记得部分，其中：

蒋中正的是：

大地遍干戈正倚贤郎同扫荡

寸心怀饥溺遥瞻慈范更低徊

于右任的是：

墨径从戎攘夷勋业称微管

蒋氏夫妇 1939 年在李宗仁榔头故居大门前留影

蓼莪增痛告庙文章足报列

冯玉祥的是：

羡哲嗣之大才纬武经文督师歼寇奇勋著

痛慈母兮隔世丸熊封鲊教子精忠懿范垂

李宗仁母亲刘太夫人葬礼场面（1942 年）

李济深的是：

举世说奇勋百战归来暂息征尘悲陟屺

懿徽闻令母八旬寿考徒瞻遗像怅登堂

蔡廷锴的是：

仁爱仰慈晖登七十古稀瑶岛递归真漓水长流心倍惋

故交钦哲嗣立百战勋绩精忠垂母教北堂归侍痛宜深

李四光的是：

奇功何让灭匈奴百战艰辛养老乐余年慈训有方宜受福

懿范岂惟封鱼鲊一生纯朴淳风敦薄俗母仪奕叶水流芳

徐悲鸿的是：

福寿全归富有龙韬看哲嗣

云山远隔难随鹤驾献生刍

田汉有挽诗一首：

徐州转战迄今兹，上将归来鬓半丝，
带甲慈帏犹戏彩，一时千载未为迟。
几回敌溃不成军，孰致将军不世勋，
雄师尽扫倭氛日，家祭应先告太君。

当时，家中至亲、五服之外，凡属附近乡亲，都一律出动，着手治丧。先是开堂设灵，一连三日，除政府官员祭奠外，方圆数十里，不论男女老幼，人手一炷香一吊纸，都来跪拜，有频频拭泪、默默哀伤的，更有痛哭失声的，都是平日受过婆婆恩惠的。就是平时不曾受到好处的，也趁机会来赶闹热，当作百年难逢一次的盛会。

这三天，照例大开筵席，来人如潮，开筵亦如潮。村中男人都来帮厨，杀猪不计其数，只好把打谷桶都抬来盛猪肉，那盛况我也是事后才知道。因为我们做孝子孝妇，成日跪跪拜拜，谢祭哭灵，连日来灯火通宵达旦，我们已不知甚白昼黑夜了，有时张眼一看，只见个个眼红鼻肿，好似失了魂魄。

乡中老人高寿逝世，凡有来吊纸的，吃罢酒饭，必例行发给寿碗。我婆婆属福寿双全，富贵命归，更自不同些，按人头发寿碗。乡间有些人，有的出于悼念之心，天天来凭吊，有些人则是趁此多得一顿饱餐，因为每席都有几大碗肉。于是有人便传为美谈，说榔头老夫人生时积福，百年升天，还照顾我们穷人家，一个月不需买菜买肉。其意思是，只需一炷香烛，便可获一家饱餐，一连几天“打包”（乡中凡是做客吃酒，都兴“打包”——把肉菜包回去），岂不是有许多肉食了。有人竟然用水桶一边挑肉一边挑碗回去。我家是一概听便，来者招待。此时用钱真如流水，一切都如流水啊！

还有做孝服，五服之内，姑舅表亲的全做孝服，上下乡亲则发白带围腰，还处处帐挂孝幔，光是白布就用去几百匹以上。

德邻眼看太铺张了，便说：“国难期间，一切从简为宜。”但是德明大伯说：“你在外面做你的官，管你的百万官兵；但是在家里，可得由我做主，无论如何，我要把娘的丧事办得要怎么好看就怎么好看，只要对得起老人家，卖田都不在乎。何况中央还派了这么多官员来主持丧事。”德邻也奈何不得，只好由他。

灵堂也要设男女两大厅，女人们举哀是号啕大哭，男人们则是眼泪涟涟。一连三四日，人人已疲惫不堪。可是每次开奠，无一人不到，否则便是不孝。小孩们也一律由大人领着跪拜。

德洁随德邻回来奔丧，按照我家规矩，每次开堂祭奠，她都和我同在一起。有一次跪拜的时候，她本在我后面，因要跪到我的前头，她的手几次把我的头发撩拨得飞痛，我一时性起，把她的手挡开，并对她瞪了一眼说：“你放规矩点！”她脸立时飞红，说我打了她。以后德明大伯便叫她随着男人那边去拜奠，谁也不敢多言。德邻也不怎么样。

外面传说我打了她，其实，并非如此。只不过在婆婆丧事之时，我居然对她训斥，对她来说，也够不体面了。

与家中开奠的同时，桂林也开奠三天，是在东镇路德邻寓所举行的，全由治丧委员会主持，便于中央及地方来人，因交通车辆关系不能个个下乡尽礼，每日也是车水马龙，三天之后，还来人不断。

治丧会收到的挽联、挽词、唁电、唁函、祭文、诔文等，总计不下千数，从厨房、侧屋一直挂到大门外。

出殡那天,更是人山人海。灵柩由数十亲丁抬起稳步而行,所有孝子、孝妇、孙男、孙女、侄男、侄女,以及姑舅表亲等,一律按亲疏随灵,举哀尽礼,妇女则放声痛哭,家中女亲众多,一时哭声震天,乡亲想起婆婆生前好处,亦为之泣下和叹息。

送葬的人多,观光的人更多,公路两旁,分列两行接成一里多长的人墙,人人腰围白布,目送灵柩至坟地还不散。灵柩前面,有成百军乐队和本乡村的几十名吹鼓手吹奏。至于燃放爆竹、撒纸钱,则由十数乡亲专管。葬礼之盛,传为一时之最。

丧事过后,一连多日,家中还忙乱不堪。我胃痛发作,只好卧床休息,而德邻于婆婆入土之后,就要匆匆赶回重庆。这个家,顿时冷落下来,只剩得一片凄凉,空屋中的鸽子咕咕咕,叫得人心酸。

那年我住在乡间的时间最长,直到桂花街的新楼落成,我才上桂林迁入新屋。

德邻临走前,踱入我房中,嘱我好生调理身体,说胃痛之病不是一下子好得了的,问我服什么药。我说:“没什么药治得了,一痛便炒生盐烫揉。”他说:“我近年也胃痛,医生说是胃溃疡,只有开刀切除一部分才能好得,但当今日敌压境,怎能安得下心去住医院?有人从香港带来一种药,我服后略见好些,等回去托人带来给你。除此之外,你饮食要小心,切忌饮酒吃辣椒。”随后交给我港币三万元,并说:“幼邻快要结婚了,汇些钱给他,一半你就留着吧,我马上就要回重庆了,这次十天假也是好不容易得来的。”说话间外面一迭声催促,他即匆匆而去。我看着桌上一沓钞票,禁不住泪流满面。他这一去不知何时才能再见啊!

年底,我离开榔头,上桂林迁入新居。

桂花街的新居,比义学巷好多了,确实如德邻所说在当时的桂林找不到第二间这么讲究的洋房。

新屋坐西向东,有宽阔的庭院,楼上楼下都有宽敞的阳台、花台,楼下一客厅、一饭厅、一书房,楼上则三间卧室、一间书房,各房的格式都不相同,一律纱窗壁橱,大门朝东,正中装上铁门,两旁一间是车库,一间是司机住房。厨房在正屋之外。

李秀文故居，后面是漓江

一切看来都够满意的，只是保姆住的房太小了点，不够用，只好让田嫂和春燕挤住在一起；而我们则一人一间。那时，大哥及起潜陪我住，嘉球夫妻已去柳州。义学巷房子则是五弟松林夫妇以及刘、褚两家甥女们住，还有春凯叔夫妻也住那里。

我住桂花街新居后，警报一来，可以漫步行到黄夫人家旁边的山洞去躲避。

我的邻居好友倒不少，除了黄夫人，隔壁是卢象荣太太，右邻是孙仁林太太，再过去是苏希询太太、许高扬太太、梁 ×× 太太等，还有何若真先生，她是妇女中的佼佼者。

她年轻守寡，带了一个女儿，在省政府做妇女工作。李任仁对她十分器重，特在漓江边腾了一间房屋，让她母女居住。

何先生是我的朋友，又是我的老师，她学问好，人品好，好多有儿女的太太都请她教导，真是一位不可多得的女性。我出国的时候，她为我送行，依依惜别。我从美国回来，听说她还健在，解放后深得共产党器重，很做了一番工作，没有辜负她的平生抱负。她女儿曾亲来看过我，说是母亲已步履不便，不能再出远门，从此我们便再见不着面了。听说她前年已做了古人。

在桂花街住，开始虽时常和一些友好邻居往来消遣，但是我不爱打牌，日子久了，便又恢复我那恬静的生活，恢复我的老习惯，农家妇女的手工，搓麻织线，觉得这样好打发日子。田嫂则笑话我说："大夫人有福放着不去享，还去搓麻线！那是乡下女人的活路，你不怕人家笑话吗！"我说："有手不做事人家才笑话呢，你有你的活路，我有我的活路，谁都不应该游手好闲过日子。做工还分它乡下城里，连你们总司令都不敢看不起乡下人，你却来笑话乡下人。没有乡下人，城里人吃什么，穿什么？"

是的，我真有点不识享福，人家一天三四餐，我却只吃两餐，习以为常，那是早养成的习惯。也不作兴吃零食，逢年过节人家送来许多吃的，我都由家中人吃去，田嫂拣些留在我房里，也是放到发霉都想不起吃。家中各人见我习惯俭朴，早上只好背着我到外面吃米粉。田嫂她们则在厨房炒冷饭吃，放些葱花鸡蛋，有时我闻到好香，也动了食欲，只是仍撑着不吃。田嫂忍不住又说开了，说我悭吝钱，说人家黄夫人和黄主席大大到街口米粉店吃米粉，大夫人不想出去，我去买回来你吃嘛！只是我不管她怎么说，还是坚持不吃早点。这个习惯直到幼邻和珍妮回国，在上海、北平住，我才随着他们吃早点——牛奶鸡蛋，天天如此，直到我去美国、古巴。二十多年后回国，也是天天早上吃牛奶鸡蛋。

近几年来，食欲倍增，除牛奶鸡蛋外，还要加面包蛋糕，可谓愈老愈嘴馋了。

田嫂一九七五年从香港回来，看见我如此开胃，既高兴又奇怪，说大夫人出国回来，脾气改多了，不但舍得吃早餐，而且也爱吃零食，过去月饼放到发霉都不吃，如今一次可以吃得一个。

在桂花街住的这两年，我还变得很迷信，尤其当我看到外面难民满街，马路旁边睡满骨瘦如柴的老人孩子，还有断手折足的伤兵，我会蓦然想起丈夫。自从婆婆去世以后未见过面，如今他在老河口五战区任司令，他打起仗来，身先士卒，台儿庄一役虽说打得鬼子惨败，但以后又会怎样呢，保得住战火中平安无事吗？因此常叫侄媳陪我到伏波山、叠彩山去烧香拜菩萨，保佑我在抗日前线的丈夫和远涉重洋的儿子平平安安。这两年，自己虽住得舒服，但无时不是忧心忡忡，生怕大难临头。

逃难的日子

我忧心的日子终于来临，一九四四年七月前后，全市骚动，老百姓再也不能安居，纷纷向乡村或山区疏散。到了八月中，整个城市已是人心惶惶，人人惊慌失措，满街车轮滚滚，向城外奔去。亲友见面，只顾得问声“你们走哪里呀？那里安全不安全？广西会不会沦陷呀”，便又急匆匆地走了。

战火笼罩着桂林，那一片热气腾腾的繁华景象已随风而去，白日商店既怕警报，又要疏散物资，生意顿时萧条下来，晚间虽还有电影可看，但大难当头，谁还有心去娱乐，去听宣传呀！

那时，仍有人抱着幻想，希望广西能再打个胜仗把鬼子赶走，但是谈何容易！大片国土已沦陷殆尽，就剩下一些边陲之地了。

随着政府机关着手转移物资到百色，疏散空气弥漫，官家眷属立时骚动起来。

当时的黄旭初省主席因病到重庆治疗，黄夫人随行，其他夫人太太们多有跟丈夫疏散到重庆去的，也有和儿女一起转移，只有我不知何去何从。丈夫在前线抗日，无暇顾及，儿子远在万里之外，难以照顾，侄儿嘉球一家在柳州，一时不能回来顾及，这时我真感到进退两难。

我家大伯以下，所有亲属都疏散回家，准备一吃紧便进大山沟去，我大哥进城来问我要不要回乡去。我一时委决不下，只好把家中衣服什物先行打点，给他运回家乡。我打算再等一下，希望德邻有个安排之计。

黄夫人临去重庆前来问我去不去。我是不愿跑到那地方去的，心想你跑重庆是同丈夫一起，我去跟谁呢？于是我说：“我回乡下去算了。”黄夫人说：“别人回乡下跑山沟可以，你是这样身份的人，即使敌人不来，那山沟中土匪若是趁乱洗劫，你受惊受辱怎么办？你如果不想去重庆，就随省府眷属到百色去吧！”

到八月中旬，整个桂林疏散的人群已如大河奔流，一发不收。

黄夫人临飞前又来对我说：“我要跟主席到重庆去了，大夫人你同我家人一道去，千万要走呀！你不走将来德公问起，我们主席不好交代啊！”

正当其时，德邻托人带来口信，叫我随同政府疏散，一切有政府照顾。此时黄夫人家属已整装待发，催我急行，我只好收拾随身行李铺盖等物，匆匆上路，家中由我大哥留守。

田嫂一直嚷着要跟我走，说是不放心我出这么远门，何况是走难，万一有个好歹怎么办？想想路上肩挑手提的，没个有力的人确也不成，最后只好带我的厨师族叔六五同行，还带一个十五六岁的侍女春燕，以便随身呼唤。田嫂则暂时在家和大哥看守房子，等到紧急时才下乡去，帮我管管谷子。

我们是分乘几辆汽车走的，一路上只见公路两旁难民如蚁，有的坐大卡车，有的推木板车，有的坐牛车，多数是步行，一个个惊慌失措，面容憔悴，肩挑手提，拖儿带女。越走越艰难，只好边走边忍痛将所带行李丢弃。由于饥饿，小儿女哭到声嘶力竭，有些人眼看小孩活活饿死，也顾不上掩埋尸体，只能用衣服匆匆一裹放在路旁，又仓皇上道。一片哭泣声、诅咒声，生离死别的惨状，令人心酸泪下，目不忍睹。

车经雒容桥，眼看一列火车经过，上面人山人海，但见车厢里、车顶上、车底下都是黑压压一片。火车飞驰着，一路上惨剧不断发生。听说那车顶上的人因坐不稳爬不牢被颠下来摔死摔伤的，车底下因车身摇晃抓不牢跌下压死压伤的都不计其数。这哪能说是坐火车呢，简直是拿命去拼。还说是上得火车就算够幸运的。

再说留在车站搭不上车的人更是人山人海，加上行李物资堆积如山，便又成为日寇轰炸的目标。被敌机狂轰滥炸，机枪扫射，死伤之状，惨绝人寰。

受此深重灾难，老百姓对日寇恨之入骨。听说有一次在桂平某村上空打落敌机数架，老百姓一拥而出，人人手握菜刀锄头，只要看见敌机人员，不管是死的伤的，一律千刀万锄。

一路上所见所闻，更使人心焦如焚，心想与其在路上碰到什么不测，倒不如死在家中的好，心中一直后悔不该出来。

车经柳州，因有二三日逗留，我便到嘉球的机关去，一心要同他商量一下，我去百色是否妥当。其时嘉球的机关亦正着手疏散，一片忙乱。侄媳怀孕九个月，正在进退为难。本想叫她坐上我的小车跟我走，但她已是经不起长途跋涉的人了，何况还有两个孩子，只能随机关坐民船去象县一带，那里有大山可退，甚至准备必要时，男人拿起武器去打游击。

嘉球主张我还是跟随政府走的好，他们机关小，经费不足，保不定什么时候来个解散。若是机关解散，他打算携妻女到好友李焯岗家乡去避难，而我的身份与一般不同，怕招来不便，所以还是随政府行动为好。他说的与黄夫人大致相同，我便不再犹豫，决心跟定省府疏散了。

际此紧急时刻，我不禁心酸起来，眼看一些夫人太太们，有的跟随丈夫，远走高飞到重庆，有的儿女家人一大群，早已打点到安全的地方去了。只有我在这战火离乱中，似乎走投无路，难免埋怨起丈夫来，怪他毫不把我放在心上，让我孤苦伶仃地东奔西闯。但是想到丈夫身在前线，自身性命尚朝不保夕，怎么顾得上妻小？设使他在战场上死去，我又如何呢？再说，我自己又不愿到重庆去，如今跟随政府疏散，一切有人照应，与老百姓相比，天上地下了，何必还再怨天尤人呢！这样一想，满胸怨恨也就烟消云散。

与嘉球分手后，在柳州乐群社住了两天，继续赶路。辗转到过宜山、都安，才来到南宁。

那时我们坐在车中，任随政府叫去哪里就到哪里，叫走就走，叫停就停，主意全无。既已出来只好听天由命了。

记得到了宜山，说是暂时歇下，我们在宜山中学住了二十天左右，刚刚过了中秋节，宜山也不平静，便又经由都安到南宁。南宁是不能久留的，那里早已一片混乱，只在乐群社住了两天，便向百色转移。

政府在百色驻下，决定眷属再向凌云转移，经过几昼夜崎岖山路，我们风尘仆仆到得凌云，人疲马乏，个个都已累得筋疲力尽，再也走不动了。若是敌人连这弹丸之地都不放过，到时只好以身殉难了。

同来凌云的眷属都安排住民房，我住的房舍比较好，政府还派了一名勤务兵保护我这临时的家，这便有两个壮男和一个侍女在身边了。心中虽说略安，但是逃难在外，怎能睡得安枕？何况传闻越来越多，令人不寒而栗。有说日本鬼子见人就杀，见屋就烧，奸淫掳掠，无所不用其极。我们这些眷属一个个提心吊胆，不知何日大祸临头，也有身边藏把利刀，到时宁可玉碎，不求瓦全的。

黄旭初主席因病去重庆，广西省主席由陈良佐代。陈良佐到百色之后，曾亲来看我，备极安慰，说是李司令长官交代，好好照应大夫人。叫我万事放心，只要政府在，绝不使大夫人为难。听他这一番话，感到德邻虽远在千里，尚关注到我的安全，可以说是仁至义尽，我对他有过的几分怨气，也就一笔勾销。

落脚凌云

在凌云住下，大家很少外出，不知外面是什么样子，只有六五和勤务兵挑水、买菜、做饭；春燕也不敢随便乱走。

这地方交通闭塞，邮递不便，文化落后，医药缺乏，碰上有病，真是束手无策。苏厅长的儿子，因患肺病，竟至不治而死，苏太太一家悲痛万分，我们只有一掬同情之泪。逃难到此，人人都有朝不保夕之感。

我天天叫勤务兵到外面探听消息，想知道点前方打仗的情况。不久，听说敌人只到过隆安、平果一带，没有再向百色侵入，才略为安定，晚上也才睡得贴枕，长期以来一直揪着的心才放松下来。有时便也出去领略一下那里的乡土风光。

凌云虽说是县城，但镇内只有街道一条，无所谓马路，不过那街道是用大块大块青石板铺的路面，因人久行，又光又滑，倒别有风味。平时，大街小巷但闻犬吠鸡啼之声，却少见有几个行人，六日才一圩。只有到了圩日，这弹丸之地，才熙熙攘攘起来。

凌云地属山区，为少数民族聚居之地，除汉族外，有壮、瑶、仫佬等族，通行壮语。这壮语我们住了近十个月还总听不懂，只知道开门叫“关道”，老鼠叫作“恼”，食饭叫“吉艾”，出街叫“背噢”，我们外来人很想学几句，但总是笨嘴拙舌地讲不顺口，好在城镇居民，多数会讲官话，才不至于言语不通。

这地方生活虽清苦，但河水特别清甜，饮之口舌生津。更喜的是当地农民多种香粳米，这是城市人难以尝到的，此时我们可以天天食粳米饭，倒觉得是逃难中最好的享受。记得在南宁时和德邻只吃过一餐粳米饭，他吃得那么津津有味，故宁愿回乡做农夫。

本地百姓生活虽苦，少肉食，但个个体格健壮，脸色红润，步履矫健，大概是香粳米特别养人吧。这些生长在山区的老乡，一个个翻山越岭，步履如飞。

六日才有集市，到了圩日，乡民便汇集到来，那时所有猪、鸡、鸭、鱼、山货等也相当丰富。我们疏散到来的人，总是一次买下几天的肉食。

后来，镇上商家见疏散来的人多了，便陆续开起各种各样的店铺，卖油盐杂货的，卖日用百货的、布匹的，一下子也就热闹起来。并打破了老规矩，不到圩日，也杀猪宰牛应市。

我的厨师六五，因见长日无聊，便与勤务兵合计，去做杀猪卖肉的买卖，说是既可赚点钱，又可方便自家吃食。我笑他说：“五叔，杀猪卖肉，既吃得好又有钱赚，你攒得钱想讨个凌云老婆吗？只是你不怕人笑话，说大夫人的家人出来卖猪肉？”六五说：“大夫人不是说过不劳动者不得食吗？你搓麻织线都不怕人笑，我们卖猪肉有什么可笑的，又不是去偷去抢。一天闲着，睡到后枕都出老茧了。”我只好一笑而罢，乐得天天吃上新鲜的猪肝瘦肉。

我们到了凌云不久，就是隆冬十月，山区苦寒，朔风刺骨，人人看守个火盆，不敢出门，也有烧起木柴的。整个冬天，靠的烤火御寒，日子郁闷不堪。

幸好这地方的柴炭丰足，不愁过冬。

有趣的是这地方的乡民卖柴，不是用肩挑手提，而是用额头来承担，成百斤的柴火，用绳索捆好，再用一根宽阔的皮块，勒在额头，一用力，柴火便靠在背上，稳稳扎扎地，走起路来，似乎毫不吃力。一个壮汉，可以挑起百把斤。这种负重的劳动，与我们汉族大不相同，初看时很觉新鲜有趣。

六五卖肉做生意，也想学着用额头挑猪肉。但额头老使不出力气，大家看他颈脖都涨粗了，却是背不起，最后还是用背背，不禁哈哈大笑。六五说："学不得，学不得，怕不把颈骨给折断才怪呢！"

还有一件趣事，是这地方养猪不兴关着养而是随它到外面找食。猪和狗同样喜吃人粪。那里又不兴设厕所，当地人多数走出屋外空地或树木底下大便，于是便往往有猪、狗跟在后面等食。因此，人们每逢大便，必须人手一根棍棒，以便赶猪。我们初见很不明白，随后知道了，真是想笑又怕人恼，只好闷在肚里笑。

我们疏散去到各家的眷属，都在住户中改善了一下卫生设备。

第五章　胜利之后

返回家园

好不容易才盼到抗战胜利。日本鬼子无条件投降这个消息传来，人人欣喜若狂，奔走相告。病在床上的，也一跃而起。便有人放起鞭炮来。一时之间，凌云鞭炮销售一空。商家们专门赶到百色去运鞭炮，但是，百色更是供不应求。

苦难的日子终于熬过来了。走难到来的除了欢天喜地、互相报喜庆贺外，跟着便迫不及待地打点行李、收拾细软，把笨重的东西通通留下，恨不得插翼飞回家乡去。有些一家人分作几处逃难的，更是忙得不可开交，又是寄信的，又是拍发电报的。凌云那个小小邮局，一下子挤得水泄不通。

所有疏散到来的人都在大街上奔忙起来，只有我，虽则欢喜，却不知给谁寄信、拍电报。丈夫此时不知身在何处，儿子又远隔重洋，侄儿外甥杳无音信……还是六五说："写个信回村头给大哥吧，就说你快要回去。"这时，我才兴冲冲地去找黄太，商量写信。黄太正好来到门外，说："黄秘书已经拍电报给李长官啦，电文是：'大夫人平安无事，准备返乡。'"

大家便天天打听动身日期。

这日子终于到来了。我由黄秘书及他太太陪同返桂。一路上备受山路颠簸之苦。但是大家都不觉其累，宁愿三天并作两天行。到百色，仅小歇三天，便遄返南宁。百色到南宁，一路平坦，这时悬着的一颗心，才放得下来。

到达南宁，仍然下榻于乐群社。同住乐群社的还有好几家眷属，大家正自谈笑风生，谁知发生了一件极不愉快的事，把快乐气氛冲淡。原来是有人发现我随身携带的小皮箱被扔在厕所，并把这小皮箱送回给我。我不禁大吃一惊，看那皮箱仍然锁得好好的，打开一看，里面除了一些房田契据之外，其余银圆、钞票已不翼而飞。心知其中有鬼，幸好我的金首饰放在身上，否则损失更为惨重。想不到走难一年，未遭不测，此刻胜利归来，反而被人暗算。

随后有人来告密，说是某某太太大有嫌疑。只要严加查检，自然水落石出。我怕事情闹大，心想钱财身外之物，何必伤了和气，情愿不再追究。但见此人成日心神不定，我便装聋作哑，一场名誉破产的大事，遂烟消云散。别人说我不应姑息养奸，我说这样倒好，否则难免逼虎跳墙。一人作恶，连累一家没有脸做人。宁愿我吃点亏，以后自己小心便是。

这是我一生中仅有一次被盗，而作盗者竟是亲近的朋友。

三日后取道柳州返桂，到柳州当天，嘉球的好友李焯岗得知我已回抵此间，立即来见我。告知嘉球家小，亦已从象县返抵柳州的拉堡圩住下，等候返桂。我立即叫焯岗送信给嘉球，叫他们赶快到柳州，与我同返桂林。

第二天，嘉球夫妇及一双儿女，同来旅社相见。大家劫后重逢，悲喜交集，高兴不尽。

当天一行共有十人，在饭店吃了一餐最丰富的晚餐。一年来的苦难，已一去不复返了。

我们到柳州那阵子，正碰上霍乱流行。死亡数字惊人，路上行人稀少，似乎都给瘟疫吓倒了。老百姓害怕之余，遂兴起迷信之风：烧油锅送瘟神。我下榻旅舍所在的那条街，也烧起一个大油锅。虽说是迷信之举，但可见瘟疫流行之可怕程度。不但柳州，桂林也一样流行疫症，死人亦不少。回家后听说我的桂花街住宅大门外就倒毙了两人，无人收尸。

返桂途中，我们还历了一次险。当时公路已被敌机炸得毁坏不堪，尚来不及修

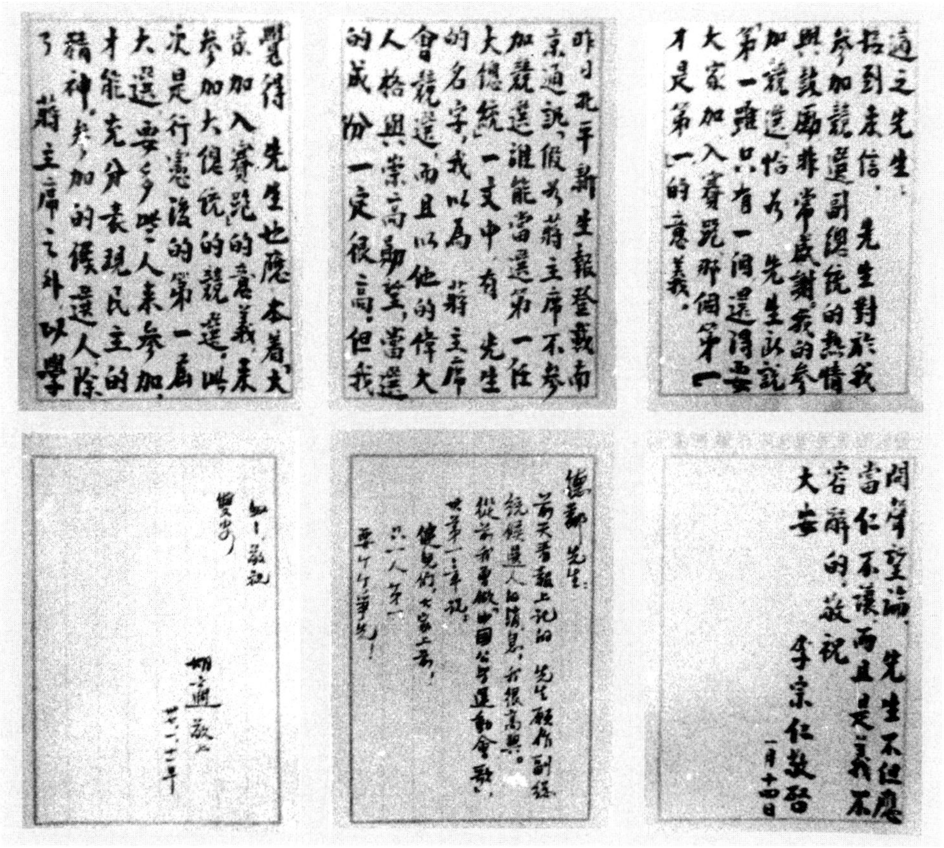

適之先生：
接到來信，先生對於我
參加競選副總統的熱情
興奮，非常感謝。我的參
加競選，恰如先生所說，要
"第一"雖只有一個，選得"第一"
大家加入賽跑那個"第一"
才是第一的意義。

昨日北平新生報登載南
京通訊，假如蔣主席不參
加競選，誰能當選第一任
大總統？一文中，有先生
的名字，我以為蔣主席
會競選，而且以他的偉大
人格與崇高勳望，當選
的成分一定很高。但我

覺得先生也應本着"大
家加入賽跑"的意義，來
參加大總統的競選，此
次是行憲後的第一屆
大選，要多些人來參加，
才能充分表現民主的
精神。參加的候選人除
了蔣主席之外，以學

問聲望論，先生不但應
當仁不讓，而且是義不
容辭的。敬祝
大安
李宗仁敬啓
一月十四日

德鄰先生：
前天看報上記的先生願作副總
統候選人的消息，我很高興。
從前我曾做中國公學運動會歌，
有一句話：
健兒們，大家上前！
只有一人第一，
個個要爭先！

如上，敬祝
雙安
胡適 敬上
卅七，一，十二

李宗仁与胡适之通信手迹（1948年）

复。有些便桥还是摇摇晃晃的，只能勉强通车。我们过雒容时经过一座便桥，司机见那桥面的木板松动，还有几处歪歪斜斜，怕有危险，叫我们先步行过桥，他试着行驶。我们才行过对河，就听得汽车马达声和桥板折裂声，随之不少木板掉在河里。靠岸时搭板已歪倒一边，车也歪了，险些翻下河去。幸得司机把得稳，总算冲得上岸。只是棉被等物已经落水，我们心惊肉跳，都出了一身冷汗。司机更是大汗淋漓，说是几多飞机炸弹都躲过了，也没碰上日本鬼子，总算造化的。如果回来遇上翻车，才不值得呢！这桥自我们过后便交通中断，真是万分侥幸啊！

黄昏时分，才抵桂林。虽说重返家园，天大之喜，但入城后只见一片废墟，大街小巷瓦砾满地，路人疏落，胜利的欢乐顿时被淹没了大半。感到战后的惨状，也不比战时差得多少。再看那十字街的房屋，有大半都被日敌烧的烧，炸的炸，完好的建筑已难见到。何况又是瘟疫过后，一片荒凉！

车到桂花街一看，房子已全部烧毁了，只剩得一个空架子。只好调转车头回义学巷，谁知也是炸的炸，烧的烧。幸好我外甥龙起潜先我回来，已雇木工把中间一进房舍修起几个房间作为临时住处，门尚未安装，我们一行已经回到。外甥二话不说，首先告知家人平安，但疏散回乡的大小笼箱都已被日敌洗劫一空。我只听得前一句，后面一句觉得不关重要，也不加细问。

我们就在这废墟上的临时木屋中住了下来。

光复后的桂林，水电供应尚未恢复。入夜灯火暗淡，街头冷冷清清，又经过一场瘟疫，行人都心有余悸，无事不随便出户。

马路两旁，骑楼底下，尽是些有家可归而又一时回不去的异乡人。有的被炸得断手跛足，有的双目失明，有些是孤儿寡母。人人面前写一张乞讨文字。这战后景象，触目悚然。

但是抗战十四年，胜利毕竟带来了太平的喜悦呀。赶走了日寇，不再受兵燹之灾。只要国土仍在，就可重建家园。尽管有的已家破人亡，眼前有许多困难，但比起背井离乡，东奔西逃的苦日子，这些困难又算得了什么呢！所有的人都被胜利的喜悦、家人团聚的欢乐，以及如何打点起百倍精神，去收拾、去重整家园占满了心思。

十天之后，我和侄儿媳一齐回乡，看看劫后的家园。

槲头村损失不大。村头家中却被日寇临撤退时，打开夹墙，将家中所有收藏的衣服箱笼，全部洗劫一空（其中包括我的）。我哥见到我，虽然欢喜，但又担心我为失去财物心疼，故戚戚然有歉意。我说：“只要人平安，东西算不了什么，我一点不心疼。”他见我不放心上，便讲起这一段经过。

夹墙是在日本鬼子撤退头一天被发觉的。那天，鬼子要抓鸡杀。鸡偏偏飞到夹墙上，鬼子追了上去，便发现了下面藏的许多东西，这才把夹墙打开，把东西一件件翻了出来，挑了一些西装、大衣，其余衣被之类，随手撕烂，扔出墙外，便也有大胆的乡亲，偷着出来搂了回去的。大哥说现时还有不少乡亲捡得我家东西的，问我怎么办，我说："又不是人家偷的，若然鬼子放一把火，连房子都烧了，你又问谁去讨呢，倒不如给乡亲们的好。"

乡亲们因为拾捡过我家的东西，怕我回来算账，一个个不敢露面。直到我同大哥说的话传了出去，他们听见，才放心、欢喜，都走拢来问我逃难情况。我把走难时经历的艰苦困难，对他们述说，大家都说我有福，不曾碰上鬼子，还说起了鬼子入村的惨事："妇女跑到茅地去躲，鬼子放狼犬到茅地乱吠乱咬，还把妇女拖了出来，更有被狗咬伤的，被鬼子强奸的……"

家园重建

桂花街那幢美丽的小楼房，被日寇撤退时一把火烧了，但所有砖墙因建筑上乘，故未倒塌，要重新修复此屋，也不太难，但一年半载是修不起来的。而义学巷的屋子亦已毁了。义井头的老屋更破败零落，以至于我在桂林无一住处。遂与嘉球、起潜合计一下，大家认为干脆把义学巷建为旅馆，以便日后有所收入，亦是开源节流之计。于是由起潜着手规划建造此屋，将以前我住的后进仍建为适用于旅客住的二层楼，前面三进则一律以木板建成五十余间客房。竣工后由起潜经营，名为建新旅馆。听说一九五二年，起潜到广西化工研究所工作，才把旅馆移交给政府代管。此旅馆至今仍在营业。

与此同时，把义井头的老屋中进，建为一简单的二层楼房，作为临时住处，一俟桂花街的房子重新修复，再作搬迁。义井头这简单楼房，不到半年竣工。我在乡间，惦着桂花街的房子，怕房子施工马虎，遂先到桂林，住入义井头新居。此屋简单朴素，但亦颇舒服，战后得此，已是不错，我名之为"秀庐"。

与我在一起的是嘉球一家大小，侄女月波，褚、刘两家甥女，以及嘉球好友焯岗的儿子。仍然是六五煮食，春燕听使唤。

住在秀庐正好与王太紧邻，有事没事，天天见面。王太为人随和、善交际，常常拉我到处寻亲访友。我一日都少不了她，每日饭后，不是她过来，便是我过去。不过都是我过去的多。她那个家，经常是一两桌麻将，还有人坐背后补缺的。那些太太们真可谓和地和天了，只顾嘻嘻哈哈，牌桌上坐得腰酸背胀后，便又拉起娘子军去逛街，去裁缝店，上戏院。大家都说国难已过去了，何不多寻开心。

因此，每逢风和日丽，便联袂出游。坐厌了车，索性漫步而行。所到之处，笑声一串。路人往往摇头叹息，说这般人不知居家过日子。也有点头哈腰称羡道好的，说我们前世烧得高香，今世有享不完的福。

游到哪里，吃到哪里。花桥的酸菜，月牙楼的斋面，百食不厌。特别是花桥一带的酸菜，吸引着来往行人。别看它摊子小，都是围满食客，三分五分钱一小碟，一毛的一大碟，又酸又脆又辣，是游花桥者非一尝不可的。

那时游七星岩已比抗战前方便得多了，因抗日时七星岩是躲警报最好的防空洞，为此，里面已装有电灯照明，光复后电灯便留了下来方便游客。故此可以随便出入，不过里面还是暗幽幽的，要看岩顶的景象，还必须有电筒，否则看不清楚。但比起从前要请人点着火把带路要好得多了。可也有人说，打火把游七星岩特别有趣呢！

及至我一九七三年从美国回来，政府招待我和幼邻饱览桂林风景，重游七星岩时，不禁令我瞠目结舌。想不到从前黑洞洞的七星岩，如今里面电灯一开，金碧辉煌，呈现出各种景物、人像、田园风光。走进洞内，真似漫游仙境，踱步龙宫。那些以前我们看到的嶙峋怪石，如今都变为栩栩如生的人物了。难怪吸引了全世界的游客，令人叹为观止！

还有三月的尧山也是我们每年必须去应一下景的。其实看来看去，不过是山顶那几块天子田、菩萨坛前的香烟缭绕和求签问卜的一点满足。这些早看够了，看不够的倒是沿途那漫山遍野怒放的杜鹃花，以及如醉如痴的游人，真可谓人如流水花如潮，人面杜鹃相映红。故三月清明前几天，游尧山便成为桂林人的一种传统。既是踏青扫墓，又可尽情享受郊游的乐趣。人人游罢归来，总采回一束火红的杜鹃花，以示游过尧山了。

不过我们游尧山，却给游人煞风景，因为我们不愿走这么远的路，总要坐车到山腰，才下来步行。但路上行人却如过江之鲫，断乎不能开快车的，只好一边响喇叭，一边慢慢滑行。与其说是坐车，倒不如说像给路上游人拥着走。他们见这些贵妇们，一个个涂脂抹粉，花枝招展，不少人投来厌恶的目光。我身在车中，却巴不得行路才好，免得看到那些不悦的面孔以及听到那嗤之以鼻的声音。回想我初出家乡到新会县时，也看不惯那些满身金玉的女人，难道如今我也给人这样的印象了吗？

尽管如此，尧山盛会，还是乘兴而来满载而归的。当然满载的是杜鹃花了。

总之抗战胜利后这几年，是我最为快乐的几年。春暖踏青时，采花撷草；夏日小院纳凉，浮瓜沉李；秋日重阳，登高览胜；冬日围炉，取暖聊天。真不知天下还有忧心事啊！可是，老百姓的忧心事正一步步接踵而来。那便是物价飞涨，钞票贬值，人人怨声载道，欲哭无泪。

老百姓的苦难

物价飞涨，与太太们关系不大，自有政府去支撑；老百姓呢，就要天天为柴米油盐发愁。一般的公教人员，家中老小嗷嗷待哺，眼巴巴盼到薪水发下来，市场上票值已一落千丈。早上五万元一担米，下午便要七万，所谓早晚时价不同，便是此时的写照。

老百姓逐渐不相信钞票了，管它叫作湿柴，意思是点火点不燃，但又非它不可。

记得我从北平回来之时，金圆券已被叫作湿柴。我每月所得生活费，要用一个麻袋装了送来，我还必须叫人到银行去换成硬币，否则我这个家也是不容易支撑的。不过比起老百姓，我们好得多，银行为我们开方便之门。老百姓可就难了，在银行大门外排长龙，半夜去站队。排不上队的望洋兴叹，怨声载道。遂有黑市应运而生。有人出钱请人代站队，有人半夜去排队。换得了银圆，便即刻到市场搞黑市买卖。

黑市也好，老百姓只要换得硬币，宁愿忍痛多出几成。于是，渐渐地黑市遍地开花，还要争先恐后，否则也换不到。那时只要去市场走走，随时可见到黑市交易，如嗡嗡蜂窝。连黑市也换不到银圆的，只好赶快去买米。或者去买点什么囤着，日后好换米。

对于物价的飞涨，纸票的贬值，搞得人心惶惶，不可终日。

我临近去香港之时，金圆券已等于废纸，市场上无法通用，政府只好改发银圆券。但是老百姓对滥发的纸币已毫无信心，自发抵制银圆券，直接要银圆。甚至当时的公益事业如邮电、交通等部门的营业收入，都公开拒收银圆券。对于公教人员微薄的收入，政府只好发给光洋。

我的记忆，从抗战初期到解放前不久，这十年多的岁月中，国民党政府发行纸票从法币到关金，到金圆券、银圆券，都如过眼云烟，一纸不值，老百姓不信任，政府也无力收拾。

到上海

在义井头住了一年多，桂花街房子还未落成，接到幼邻来信说，父亲写信给他，要他此时带珍妮和孙女回国团聚。我得到这个消息，便再也无心去看新屋施工了。那时德邻任北平行辕主任，表弟黄敬修任行辕军法处长，他女儿琼英、儿子杏生要去北平，我们正好同行，由外甥起潜伴送。时幼邻家小尚未起程，只是我急着母子团圆，早一个多星期便来到上海住下。

到上海时，有德邻的故友杨先生的儿子杨春曦夫妇同来迎接。德邻事先已说好，借住他家一幢花园小洋房。此屋位于海格路，那里大多数是有钱人家的别墅，因而环境幽雅，绿树成荫，空气清新。幼邻虽未回到，有琼英姐弟陪伴，亦不寂寞。日中或步行南京路观光，或游国际饭店，或到黄浦江边漫步散心。人逢喜事精神爽，觉得眼前一切都是令人赏心悦目的。

儿媳回来，需要较好的摆设，因此，每天除了去观光十里洋场的上海，还花许多时间去商店买东西，还觉得不齐全。

正当我盘算不定，德邻看我来了。

一天晚上，七八点钟，德邻一个人驱车到海格路，正好春曦妻子秀春看见，陪他进来。秀春沏了一杯龙井，递上香烟，笑嘻嘻说："干爹好久不见大妈妈了，怎不早来呢？来了大家吃饭热闹，我这就去热桂圆给你们吃，二老好好说话吧。"

德邻听我叙说路上事情，看我摆了一屋子东西，得知都是为幼邻他们回来准备的，忙说："快别操这份心，他们带的东西多着呢，连雪柜都运了回来，还说汽车也运回来呢，不信上海连福特车都没有。"

还谈了一下德洁，德邻说："德洁也越来越不像话了嘛，她自己来回桂林，跑来跑去的我都不管。办学校是好事，可是我要到哪里，她倒要管七管八，真岂有此理。"

我一向秉承闺教，无违夫子，在丈夫面前，我不违拗半句，对丈夫的事情，也从不过问。德洁是新女性，样样讲平等，当然要想管丈夫了。但是管得太宽了，肯定也会有反感。无怪乎后来我们到北平，听春曦说，德洁半夜十一点打电话给他父亲，请他帮忙劝德邻回家，说是德邻生气，一人跑到中南海怀仁堂去了，德洁打电话请他回来。德邻在电话中斥怪了德洁一顿，结果，是春曦父亲去怀仁堂婉言相劝，德邻才气冲冲回到南长街官邸。

五月中旬，幼邻携珍妮和女儿玛茜、莱丝琳才到达上海，我和琼英姐弟同到黄浦码头接船。

幼邻从一九三七年出国至一九四七年回国，我们母子分别了整整十年之久。这十年里我望眼欲穿，没说回国还好，一说归期，我便觉得度日如年，好不容易才盼到今天。

出国时儿子稚气未消，此时站在眼前的却是一位英气勃勃的半美式青年。他一看见我，立即飞奔过来，拥抱着我，频频呼唤妈妈，眼泪盈眶。我一时间觉得十年间尝尽了酸甜苦辣，心里犹如打翻了五味碟，不免也泪下衫襟。码头上行人看我们母子相依情景，也觉动情而驻足观望。有知我们母子情况的，均为之啧啧感叹。

还是琼英表侄女过来说："表伯娘，快看看你的媳妇和孙女吧，她们过来啦。"

幼邻才放开我的手，赶忙去把莱丝琳抱起，挽着珍妮和玛茜来到我跟前，对珍妮说：“这就是我亲爱的妈妈，也是你亲爱的妈妈！”珍妮学会几句简单的中国话，遂同我拥抱说：“妈妈，你好！”孙女玛茜约四岁，小鸟般跳过来，我一手抱起，听她叫我奶奶好！啊，多么幸福美好的时刻啊！我如入梦境。我想，要是德邻也在一起，就更为满足了。

珍妮虽说是做过妈妈的人了，仍然如少女一般腼腆，婀娜多姿，既温柔又彬彬有礼。儿子成家立业，媳妇温柔可爱，孙女天真活泼，我觉得幸福注满了心田。

全家团圆，当晚厨师六五做了一桌好菜，给幼邻和珍妮接风。

珍　妮

珍妮是个混血女子，生长在美国，习惯一如美国人，与幼邻婚后，幼邻略为告知我国生活和语言习惯。在美国还带她去唐人街吃过中国饭菜，接触过一些中国朋友，使她对中国有所认识，也略懂一些中国话。她对中国饭菜十分喜爱，进餐时我看她用筷子比我还妥帖，不禁惊奇。我自己是中国人，却拿不好筷子，常常因举起一个食指被母亲责骂，此时看着珍妮吃饭，忽然想起我年轻时的往事，忍不住笑了起来。珍妮以为是笑她，问幼邻：“妈妈笑我？”幼邻问我笑什么，我说：“我拿筷子比不上珍妮，因此好笑。”幼邻对珍妮说了以后，她也高兴地笑了起来。玛茜则一迭声地说：“奶奶，我拿筷子最好啦，爸爸都说我本来就是中国姑娘嘛！”大家热烈碰杯。

珍妮带来的用具很多，我在上海买的许多东西似乎都不合用，特别是小孩子用具。他们真的带回一部崭新的福特小卧车，窗帘帷幔之类应有尽有，衣服笼箱几十件，光是鞋子就装满两个箱子。

珍妮这人最讲究穿着，特别是鞋子，天天所穿不同，一般些的鞋子穿一两次就不要了。她喜欢自己做衣服，带了一台电动手摇两用衣车，小巧轻便，日中无事，便裁缝大人小孩衣裳。

李秀文 1947 年在北平与儿子李幼邻、媳妇珍妮和孙女合影

幼邻初回上海，社交不多，他们天天坐车逛马路，逛公司，上饭店，起初还蛮有兴致，日子久了便觉无味。珍妮有时也入厨弄弄西餐，做布丁、牛排、茄汁牛肉之类的西菜。他们喜吃番茄、洋葱、马铃薯，天天吃不厌。我们吃了几餐便腻味了，更喜欢吃的是南方各种时令鲜菜，天天换口味。幼邻一去十年口味也变了，他已忘记在广州时喜欢吃的凉拌鸡、醉鸡，更忘记了童年时吃的萝卜干丁丁。我和琼英常笑说："你们吃你们的外国茄汁牛排、马铃薯、洋葱，我们吃凉拌鸡、醉鸡，看谁的味道好。"结果是我们胜了，连珍妮也喜欢用手撕着醉鸡吃。

六五自从来跟我，也向田嫂学会煮一手好菜，那也是大嫂的传统手艺，什么凉拌鸡、盐焗鸡、醉鸡、纸包鸡，还有在桂林跟四川厨师学的麻辣鸡，等等，比之大嫂、田嫂又更进一步，无怪人家说厨师总是男人当的。后来，田嫂也承认她不如六五煮菜好。

珍妮带回来一个大雪柜（冰箱）。冰箱是外国家庭中必不可缺的家用电器，不论天气冷热，一年四季，都要用冰箱贮存食物。

此外，还有雪糕机、蛋糕机、电烤炉等，这也是珍妮居家常用的东西。她带了各种各样的配料，做出来的雪糕什么味道都有，有橙味、香蕉、牛奶、椰子……比之我们在广州吃的雪糕式样还多些。除了做雪糕，还做西点，但是品种就不多了，只能做些蛋糕和多士。珍妮她不善于烹饪。

我们在上海，吃的可以说是中西合璧，丰富多彩，正如我们这家人一样，生活也是丰富多彩的。

珍妮本来是个舞蹈家，一次饭后余兴，幼邻逗杏生："杏生，珍妮跳踢踏舞可好哩，你去请她跳舞给大家看嘛。"杏生果然去请，珍妮听不懂，幼邻说："请你跳踢踏舞，可以吗？"珍妮听后，提起了她的兴致，便高高兴兴地去换了鞋子，跳起舞来。

这样的舞，我从未听说过，我只看过人家跳交际舞，觉得没味道。此时看珍妮跳舞，只见她双脚不停地在地板上踢得踢踢踏踏，声音清脆而有节奏。大家看得兴高采烈，我却不感到什么好看，只不过见大家高兴，我也高兴罢了。琼英则一等珍妮跳完后，便要求幼邻让珍妮教她。幼邻说："这种舞蹈不比交际舞，不容易学，还要有专用的鞋子，否则既不好跳，也不好听，就失去踢踏舞的意义了。"

孙女玛茜也和她妈妈一样，喜欢跳舞。幼邻回到上海不久，便送玛茜到附近幼儿园，说是让她多学点中国语言，好和奶奶对话，小孩学话快，不到一个月，不但会说中国话还会唱中文歌，跳中国舞。放学回来，就叫我看她表演白兔妈妈。有一次，我笑："玛茜，你才四岁，就做妈妈，羞羞刮刮。"玛茜着急说："人家表演的嘛，奶奶不懂，奶奶不懂。"一家人都被逗得哈哈大笑。

一屋子的笑声，一屋子的快乐，我感到无比的甜蜜，无比的满足。我想，此时德邻若也在一起，那就十足了。

不过，人哪有十足的呢？德邻虽说带兵带将成了个大人物，但他成日为国事为军事忧心忡忡，谈不上安逸。而几十年跟随丈夫的郭氏德洁，虽前呼后拥，她又何尝算得十足？她也有说不出的苦衷。因她未有生育，也自有她的烦恼。

到北平

在上海，虽然住得舒适，快乐，但因邻近有间殡仪馆，终日哀乐之声不绝于耳，使人有点扫兴，大家都感到美中不足。幼邻同我说要另找房子，正好德邻来信，叫我们去北平团聚。

德邻在北平为我们安排了一间华丽的住宅（是外交部官员颜惠庆的宅邸），德邻也是急于与儿媳孙女团聚的，我们到车站时，他亲自来接。父子俩已阔别十年，德邻满脸高兴，激动得频频说："好呀！你们回来了，回来了！……"幼邻上前与父亲彬彬有礼地握手问好，珍妮抱着莱丝琳，幼邻介绍与父亲见面问好，德邻欢喜不尽。看我拉着玛茜走在后面，赶忙过来把玛茜抱起。一家三代，团聚一起，这一天是一九四七年六月八日。

德邻领我们回到住宅之后，立即同到北京饭店，吃了一顿丰盛的晚餐。

有德邻在一起，三代同堂，共吃团圆饭，还有什么比这更幸福，更高兴的事呢！这是我盼了多少年的啊！做爷爷的更是兴致勃勃，频频举杯，频频逗小孙女玛茜干杯。玛茜不能喝酒，只喝汽水，我们都喝白兰地。这一餐，直吃到八点钟，才返住宅。

我们的住宅在东总布胡同，是一幢古老式的庭院宅邸，内有花园，园中树木葱茏，绿荫遍地，鸟鸣声声，一片清爽幽静。在上海，耳边听烦了殡仪馆的哀乐，此时耳目一新，心旷神怡。大家入屋休息，屋内布置很是舒适，大概是疼爱儿媳吧，德邻是经过一番琢磨的。还专门调了一部防弹汽车给珍妮用，对珍妮可谓是特别垂爱了。

这段时间，德邻政务较闲，常常和我们一起吃饭、谈心，逗弄两个小孙女，同享天伦之乐。还带我们去过他的行辕所在地——中南海，在怀仁堂歇息、喝茶，品尝北平著名的宫廷八大件。也带我们去吃北京烤鸭。

夏天的北平是快意的，没有南方的酷暑蒸人，五、六月季节，云淡风轻，凉爽宜人。我们一家加上琼英姐弟，趁此大好辰光，畅游名胜古迹，所到颐和园、北海、天安门、故宫、天坛等处，处处都留下我们欢乐的笑声，留下我们的留影以作纪念。可惜我一九四九年去香港之时，不曾带在身边，放在箱子运回家乡，一九七三年我从美国归来，已不可复得。

有时，德邻也与我们一起游览，记得游故宫那一次，琼英这女孩子调皮，特意坐上慈禧太后的宝座，要人给她照相，说是也要学学慈禧太后那么神气。她正在神气俨然，被德邻过来看见，连忙喝止。说这里明明写着游客止步，岂可胡来。还对我说："这女孩子给敬修娇惯了，你带在身边，可得管着点，不许乱来。不然的话，人家不说她，而会谈我们倚仗权势，为所欲为。"经此一训，琼英说："以后游风景，最好莫跟表伯在一起，免得扫兴。"

在北平三个月，时间匆匆过去，许多亲戚朋友都请我们吃饭，看京戏，也来我家做客。只是，德洁却一直不在我跟前露过面。德邻说她回桂林办学校、办保育院，忙得不可开交，几乎离不开桂林，德智中学、儿童教养院……都是她开办的，还兼了个什么委员，抗战前至抗战胜利，一心致力于教育与儿童福利事业，在社会上更加声名煊赫了。但是，幼邻对她仍然保持沉默。在北平也曾带珍妮和孙女去父亲官邸，与德洁见过面，除点头问好之外，并不多言。

德洁对幼邻倒是挺殷勤的。这次见到珍妮，为了表示亲切，送了好几件首饰给她。珍妮很重礼貌，不怎么明白我们家庭之间的关系和规矩。她同幼邻说："德洁夫人很好。"还把德洁送给她的一块钻石坠子系在我给她的金链上佩戴。德邻看见，笑呵呵连声道好。

我们在北平前后三个月，德邻虽说常常过来同享天伦之乐，但我见他总还是那么来去匆匆，心神不定。我知他为政事牵心，随他自来自去，从不多问。

一家人高高兴兴地过了三个月。直到九月初，我们又回到上海去。那是德邻要想幼邻回到中国做事，讲好了在上海什么进出入口管理委员会任职（专员），故此只好离开古色古香的北平，离开那座绿树成荫的庭园式宅院，住入上海的新居。

在北平我们已谈论过海格路杨家的那幢小洋房好是好，只是隔邻的殡仪馆扫兴。

德邻说："可以另买一间嘛，在杨家长住也不是办法。"因此，决定着人买下海格路另一个里弄的一幢小巧玲珑的西式楼房。这幢小楼房里面一切按西方人习惯，特别是卫生设备。外国人与我们中国人不同，最讲究的是卫生间和浴室，夫妻两人都不共用一个浴室和卫生间的，宁愿卧室简朴些，也不愿卫生间设备不舒服。还有厨房，也是最重要的，说是主妇每日在厨房的时间占去大半，厨房里面，空气要流通，光线要充足，炊具要洁净，杯盘碗碟都抹拭得一点油腻都不给沾。外国人对浴室、卫生间、厨房如此讲究，这是我们中国人不可理解的。但是我跟儿媳相处日子久了，便觉得其讲究的重要性了。

搬到新居，珍妮很称心，便一切按照她们西洋习惯去收拾，布置。这间小楼房一共只有卧室四间，浴室和卫生间倒有三套，一间宽爽的厨房。六五说这样的厨房真少见，房间还没有这么讲究。饭厅是很简单的，客厅也不华丽，这就是我所见到的外国式家庭。而我也是生活在其中，奇怪的是我们多半是吃中国饭菜。总的来说，我们这一家，一切都是中西合璧的。大家的心思也有点中西合璧。

珍妮很会带孩子，但她带孩子与我们中国人大不相同。我们的孩子小时总睡在娘身边，珍妮却从不与孩子同睡在一起。给两个孩子自睡一房，各人一铺床，宁可早、晚、半夜起来照看，生病就送医院。我看孩子这么小，不忍心她两个自睡一房，要抱过来与我同住，珍妮却直摆手说："不好，不好。"

孩子有其玩乐的一间房，里面有各式各样的玩具：木马呀、小钢琴呀、积木呀、图画呀，其中尤以布娃娃多，有好几个。会眨眼睛的，会叫妈妈的，还有许多漂亮的衣服。这些娃娃衣服都是珍妮空闲时间给缝制的，制作的精工和真娃娃的无异。珍妮做衣服可以说是独具匠心的。她把缝衣服当作最大的娱乐。我觉得奇怪，为何连布娃娃的衣服也这么多，做得这么认真，而又这么高兴去做。幼邻告诉我，缝衣服不但是珍妮的爱好，而且是她工作的目的。她要创造最新的服装，她天天裁缝衣服是设计新款式。我才明白，难怪后来珍妮当上纽约一间时装店的设计师。

珍妮的爱好，除了服装，就是鞋子。她的鞋子款式之多也是出奇的，幼邻说凡是新出的鞋子她都是一见就买，有些买了穿不上一两次便又换新的。衣着是她最大的花费，饮食则花费不大。买鞋子的钱要比饮食的钱多得多。

珍妮对于饮食不讲究，甚至可以说是朴素的。她不大爱吃肉和蛋，最好吃的肉类她也少吃。我觉得不解，看她体形苗条，怕她是有病。问幼邻，幼邻笑说："珍妮少吃肉是怕肥，你以为肥好吗？外国人为了减肥，每天绝对不能多吃，肉类固然不多吃，淀粉也不能多吃，以免发胖。女人一胖，就失去女人的美。但是这只是指年轻女子而言，到了中年以后，她们便可随意吃喝，不怕增肥了。"

哦，原来如此，我们中国人说吃得是福，看人胖肥，就说发福了，瘦人则往往被看作没福气。

一九四八年四月，珍妮在上海生下第三个女儿，那时正好是德邻当选为副总统，得知三孙女出世，特别高兴，说这孙女有福气，要好好养育，并给珍妮送来五百元光洋。

小温蒂出世之后，这个家更加闹热了。珍妮育儿非常细心，月子里她做很多事情。

我们中国，富贵人家坐月子，是坐足一个月才下地活动，月子内绝对不能多走动，怕的是养息不好，伤了身子。珍妮就不同了，她从医院回来，除了保持必要的休息，其余时间，全花在照料孩子上，特别是婴儿，从饮食到尿布的消毒，多半自己动手。

但是珍妮仍然不同婴儿睡在一起，婴儿自己睡一小床，晚上不喂奶。婴儿习惯了也不哭。婴儿的睡法也出奇，珍妮她给小温蒂俯着睡，还要用布条把小床捆得结实，不让翻身，说是这样好，吐奶不湿衣服，尿了也不至于湿一大片。除了喂奶及喂开水和果汁时抱起来，从不抱玩耍。我看那小家伙成天俯着睡，心里怪疼的，想抱一下吧，珍妮总是摇手不迭地说："抱，不好，不好！"只有在喂开水、果汁或换尿布时，才许我动一下。

晚上不喂奶，不抱婴儿玩耍，这样的养儿法，起初我觉得奇怪，后来倒又见到好处。我们中国妇女，成晚喂奶，做母亲的不得好睡。至于抱小孩嘛，更成为习惯，除了小孩子睡着，否则不是抱便是背，哪有醒了还给睡在床上的？这样，做母亲的便一刻不得安然。富人家抱了个孩子当好玩，穷人家则要背着孩子去做工。这样的习惯我看也得改一改。

孙女出生的日子

说起德邻竞选总统那时，正值珍妮在医院待产。

四月二十九日，竞选进入高潮，我们几个人坐在收音机旁听唱票……李宗仁、孙科，李宗仁、孙科，孙科、李宗仁……收音机不断地更迭唱着。也不知过了多少时间，我一心惦挂着珍妮，但幼邻又交代我不用去医院，只好呆坐在收音机旁。听久了，便感到不耐烦，我说："听它呢，做不做总统无所谓。官大了，越发一时不空，看他那操心劲，一辈子不做官还好！"

因为等候珍妮分娩的消息，大家都无心做其他事，只有坐在收音机旁等着。收音机仍在唱票不停，我正想起来看钟，正是上午九时，幼邻兴冲冲回来说，珍妮平安生下了个女孩。我便忙着到医院去看。直到第二天才知道孙女出世之时，爷爷当选上副总统。

当天，便有亲友赶来道喜，都说珍妮赶上此时生孩子，双喜临门。还说三千金最好福气，满屋子的欢声笑语。

上海那地方，对李宗仁当了副总统反应不大，桂林可不同啦！我侄儿来信说，收音机传来德邻当选副总统话音刚落，便满街鞭炮齐鸣，锣鼓喧天。桂林地方出了个副总统，本地人当然值得大大庆贺一番了。

还不到农历四月，便筹备龙舟竞赛。龙舟竞赛本是民间传统风俗，于五月端午节举行，由地方分区出龙。听说这次龙舟竞赛，比往年闹热得多，总共七条母龙，还有好多子龙，竞渡漓江，我们桂花街属伏波庙组织，则特别卖力起劲。一连五六日，全市轰动，万人空巷，传为一时佳话。那时我不在桂林，未得亲眼看此盛况。

左：竞选副总统时，李宗仁在投票（1948 年）
下：1948年5月正副总统就职。前排中为蒋介石，右二为李宗仁，左一为郭德洁，左二为宋美龄

儿子的心愿

德邻一心想儿子回国来有所作为，儿子干的是实业，当时正提实业救国，德邻希望儿子能以实业振兴中国。谁知幼邻无意在国内做事。他说："外面传说很多，说中国官吏不少贪污腐化，玩弄职权，贿赂成风。我如果回来做官，岂不是与他们同流合污？有损人格的事，我决不干。"他父亲说："我不是要你去做官，是要你到实际去观察一下，哪些地方有弊病，求得解决的办法。我现在身居要职，要你为国家做点事也不能，怎么说服他人呢？"幼邻见父亲说得恳切，遂答应先在上海某进出口管理委员会工作一段时间，观察观察再说。

谁知幼邻不去工作犹好，一去倒促使他提前离开中国。

据幼邻说，所谓工作，不过是坐坐办公室，有些职员坐着只管抽烟、喝茶、看报纸、闲聊天。虽也有一些例行公文，但多数人无实事可干，上班等下班；有些则贪污腐化，胡作非为。坐了两个月，觉得无意义，看清当时中国政府机关确实人浮于事，浪费时间，浪费金钱，个人能力不能挽救得来，决意辞职不干。他父亲亦有同感，遂再不勉强。

幼邻返国前，早在纽约与友人合作筹办一电器公司。因他父亲叫他带珍妮携孙女回国团聚，故将该公司交托友人代理。一年多的时间，公司业务大有进展，生产日光灯部件，畅销香港市场，电促幼邻到任香港经理。

一则幼邻不惯于无所事事，二则珍妮在上海久居厌倦，三则玛茜已属入学年龄，必须到香港就读，打好英语基础。因此不顾他父亲挽留，决定到香港经营电器业。后来这工厂的电器部件，不但畅销香港及东南亚市场，在纽约也销路甚广。

于是我们决计一起到香港定居。幼邻于一九四八年十一月初与珍妮携三个女儿同行，我在他们动身之前先回桂林，等把财产家务料理清楚，然后幼邻再回桂林接我。

我回桂林正好又和琼英同行。

回到桂林，时值数九寒冬，北风呼啸，在上海室内温暖如春，乍一回来，颇感

身着戎装大礼服的国民政府副总统李宗仁与夫人郭德洁（1948 年）

不便。在桂林小事休息，遂即回老家榔头处理家事，打算春暖后幼邻回来接我。

我的女仆田嫂在乡下得知我回到榔头，立即跑来，哭跪在地，喊起冤来："大夫人呀，你走难那时不带我去，打发我回榔头管谷子，谁知鬼子入村，不知哪些没良心的把谷子偷了一大半，还栽赃说是我偷回外家。七大人（我大伯）把我关起来，足足半年才查得清楚。虽说放了出来，但是名声已经不好，今后怎么做人，求大夫人做主啊！"

我看田嫂哭得可怜，想起她跟我多年，为人并不贪心，我的金器随手放在梳妆台上，从不有失，钞票、银圆都放心交给她，如果她不老实，早从我身上做起。我本来就相信她的，此时见她恓惶，更勾起一片恻隐之心，便安慰她说："还跪着做什么，我不怪你，这回我去香港跟少爷，带你同六五一起去。你回外家收拾收拾，先同我上桂林。七大人那边，我同他讲就是。"

田嫂千恩万谢。之后，她便仍然在我身边，直到我去古巴，她留在香港。

离乡远行之前

在桂林时间不多了。许多亲友知道我不久将要远行，从二月底开始，便不断有人请酒为我饯行。直到四月初，幼邻从香港专程回来接我，同行的有他的好友关先生。

幼邻离开桂林十多年，他对桂林是陌生的，对家乡椒头也没有多少印象。打算只有五六天时间逗留。几天时间又觉其太短，我要幼邻回乡下看看祖屋，看看家中亲人，还要回村头看大舅一家。关先生也一道去，在乡下只一天时间。

我们家乡，虽说没什么好风景，可是，林中山雀成群，路旁草莓遍地，倒引起关先生的兴致，说草莓这东西，在美国是最受欢迎的，也很贵，想不到这里遍地都是。可惜还不到成熟，否则可以大饱口福。还说可惜不带鸟枪，否则今晚可以吃到油炸雀肉松。

回到桂林，一连几天，幼邻陪关先生去游月牙山、七星岩、象鼻山等桂林名胜。其中，一个晚上去看桂剧。

看桂剧不算什么新鲜有趣的事，我是桂剧院股东之一，却不曾看过几次，觉得剧院场地太旧，座位不舒适，招待关先生未必好。但是经不起大家怂恿，说桂剧是经过名剧作家欧阳予倩先生的改革扶植，其中的几个艺人，又是马君武为之赞赏过的，如小飞燕、小金凤，都是桂剧界红人，名噪一时，非看不可。幼邻和关先生不表示反对。这样，大家便兴致勃勃起来。讨论要提前点好剧目，经过内行人的推荐，点了小金凤的《拾玉镯》，小飞燕的《哑子背疯》，天辣椒的《武家坡》。

外面早有耳报神，传说李代总统的儿子从美国回来，要看桂剧哩，今晚准有好

1949 年 1 月 24 日，李宗仁（左三）就任代总统，与总统府职员及部分驻华外国使节合影

戏看了。因此门票销售一空，还加了许多座位。

大家来看戏，更想看看李代总统的儿子。我们一到戏院，观众便不约而同目光从四座向幼邻和关先生投过来。不少人窃窃私语：“这两个谁是代总统的儿子呀？”“肯定是左边的那个，你不见他的相貌像李老总，也像大夫人吗？”弄得幼邻和关先生都莫名其妙起来。直到开场了，还嘤嘤嗡嗡的。幼邻说早知道这样，不必多此一举。

艺人们都很卖力演出她们的拿手好戏，观众喝彩不绝。我特别喜欢看小飞燕的《哑子背疯》。幼邻也说这戏好看，还说管弦拉得很好。

演戏结束了，艺人谢幕，便有人把预先打好的红包送上台，说是李公子奖的，每位主角五块大洋，另外十块给其他艺人，这更招来许多不同的眼光。其实不是幼邻所做，是一些亲戚从中凑趣，说是李公子既然点了戏，不能不特别给奖。幼邻说

1949年11月，李宗仁携眷及随员离桂由香港赴美。在桂林期间他曾接受李任仁等广西高层人士上呈的《和平意见书》，表示："仗不能再打了，再打广西要糜烂了。"

这是旧官僚作风，但已来不及收回。

在桂林最后一天，大哥、起潜、嘉球等设家宴为我们饯行。晚上我着意把家事交代一番：建新旅馆事交起潜经理，桂林房屋由嘉球管，还有几十年积聚的金镯子、金钱、金叶等共计二十多两给侄媳代收，等以后慢慢托人带给我。那时海关有规定，每人只能带二两黄金出去，幼邻不肯违反海关规定，我也怕出岔子。因此，我只带一副镯子，幼邻带一条金链，就此出去。到香港有人笑我："大夫人真太老实了，人家几百条黄金带出来，而你们只各带二两。"这二十多两黄金，直到我一九七三年归国时问起，嘉球说，国内"三反"运动时已把它归公了。我一向把钱财当身外之物，便不再多问。

一九四九年四月上旬，我告别桂林，告别大哥，一行两部车子开往机场。起潜、嘉球夫妇及侄孙们，琼英，还有王太都到机场送行。

这一别，谁料到彼此都历尽风霜，整整二十四个寒暑之后，我才得以重返家园。但许多人已再见不着。琼英远去台湾，大哥做了古人，起潜亦已病故，只有嘉球一家安然无恙，得以团聚。

嘉球夫妇自结婚以来，多半时间与我相处在一起，特别是幼邻出国之后，有他们待着；几个儿女，伴随在我身边，承欢照顾，犹如母子婆媳。而我在暮年之时，又得团聚，同享天伦之乐，这是后话。

第六章 天涯海角

分 离

幼邻在香港跑马地附近联合道典了一间颇为舒适的小洋房。我到后不久，田嫂和六五也搭火车经广州到来。我已做好长久之计，满以为这次可以在香港安居，颐养天年了。

那时共产党已节节胜利，大陆起了天翻地覆的变化。

十一月底，德邻一行十多人也来到香港。德邻一到便住入养和医院，通知幼邻赶忙去看。原来是胃出血，旧病发作，病情险恶，要幼邻准备好陪他去美国治病。

我和珍妮都到医院看望。我见德邻形容憔悴，脸色蜡黄，饮食不进，精神忧郁。见到我们，勉强露出点笑容。我不禁心中凄然，想他戎马一生，从未过得几天安宁日子，而且饮食失调，早已种下病根。回想家中婆婆、大伯都因胃病而死，真怕德邻此时客死他乡啊。

在此危急情况下，我也赞成幼邻陪他父亲去美国治病。

十二月初，幼邻陪德邻一行乘飞机去了。临行前幼邻匆匆作了安排，嘱咐珍妮为我办手续，与珍妮一同携四女乘轮船去美国定居。

但是，厄运终于来临。珍妮和四女都是美国籍，回美手续一个星期办好。而我去美国属于华人探亲，香港领事馆迟迟不肯签证。珍妮回美签证拿到之后，便不能再留香港，所以只好携同四个孙女先我而行。她们走后，留下我孤零零的，分离的

李秀文（1955 年）

痛苦真是一言难尽。但是，更苦的还在后头呢！

幼邻知我不能与珍妮同行往美国，只好来信托好友郭琳骧夫妇继续为我办理去美手续，并请我宽心等待。这时，我明知好景不长，也无所谓宽不宽心了。幸好家族中许多人都来到香港，每日都有许多事要我安排，倒把我离愁别绪分去了一半。

幼邻陪他父亲和珍妮相继离开香港之后，我家大姆、四姑、松林五弟以及几个侄子外甥等都先后来到。我大姆和四姑一人夹着一床丝绵被入屋喘息不定，看那副狼狈模样，可笑又可怜，只好安慰她们安心住下再说。那时秋芬侄和他的几个弟妹早已来了，德邻早安排他们另租屋住。人来多了，只能分头住下。

不久从桂林来的人更多，看他们一个个如惊弓之鸟，惊魂不定的样子，我说："你们也真是，何必怕得那个样子，走日本鬼子总比现在险得多吧，都过来了。我就不信共产党会自相残杀！我从走军阀混战，广东打广西，以至走日本鬼子，老百姓虽疲于奔命，但还不是照样种田吃饭，难道共产党会不要老百姓么？"

便有人说："穷人家不但不怕共产党，反而欢迎共产党到来。但是我们这些人，能不怕吗？如果你在桂林，你也会怕的。"

打点亲友们吃的住的，使我暂时无暇想到以后。以后怎样，听天由命吧，我认为天无绝人之路。

一九五〇年初，有位堂叔来香港，他说嘉球一家已随机关到南宁，机关解散尚无职业。我决定写信叫嘉球夫妇携两小侄孙来香港谋职。但是嘉球夫妇不愿来，说他学农的到香港无事可干，在国内慢慢会找到职业的。

一九五二年初，驻港美领事馆仍然拒绝签证给我赴美探望儿子，原因是幼邻并非美国公民。在美国的好友，建议我先到古巴住一段时间，然后由古巴申请去美国，可能容易些。幼邻在纽约的好友关祖舜先生委托在古巴的好友许先生帮忙照顾。于是幼邻决定让我先到古巴居住，以待赴美时机。

决定去古巴，虽不是我所愿，但在香港再住下去，我已人在心不在。与其香港不给签证，不如到古巴碰机会，况且古巴离美国近，离儿子近点总比远点的好。

我着手打点行装，这次要远行，而且是离开自己的国家更远了，心中难免恓惶。但是为了与儿子见面，多远我也愿去。

香港所典的房子，尚未满期，我退了房屋，可以得回押金两万元。但房主说我临时毁约，只退一万元。这一万元，我原想留作古巴之用，但眼看家中亲人流落香港，既无产业又无职业，困难不少，我便将这一万元全给了他们，按人头分。虽是杯水车薪，亦算尽了我的心，去得也安然。

独身古巴

一九五二年秋，我孤零零地去国万里，离开香港这熟悉的土地，飞往古巴。当松林等亲友送我到机场时，大家对我依依不舍，我也觉得凄凉万分。若不是为了与幼邻见面，我是无论如何不作此孤身远行的。古巴是个什么地方呀？

古巴是什么地方，我听也未听过。权当是离幼邻他们很近，只要到了古巴就容易见到儿媳了。这样，我含泪上了飞机，我将被送往遥远的地方，前途茫茫，不可预料。我还是抱着听天由命的态度，在飞机上熬过了一昼夜。

去古巴的飞机是要经过纽约的，我盼望着经过纽约这一时刻，因为幼邻可以在

1955 年在古巴，与许先生一家

机场与我见面。盼到见面的一刻，最是使人肝肠寸断的一刻。

下午六时半飞抵纽约，幼邻和珍妮携四孙女都在机场候我。因为是在纽约换飞机，所以不能出机场，只许在一小房间等候换机。幼邻一行入室与我见面，悲喜交集，尤其伤心的是我已身在纽约，儿孙近在身旁，但竟不能获准我在纽约作短时间的停留，和儿孙们团聚，只能在候机室中，相见短短一个小时，真使人肝肠寸断啊！常言道，“在人屋檐下，不能不低头”。我心中虽装满了苦水，但是我见幼邻两眼热泪，比我还痛苦，不忍令他过于悲哀难过，佯装欢喜说：“我不要紧，到古巴去也不是去受苦，何况离得很近，见面不难。再等一段时间没有问题的。我身体很好，自己能照顾自己，你不必过于担心啊！”我知道儿子对我十分依恋，但毕竟不能因为我而令他这样内疚不安。何况这并不是他愿意的事，所以反而是我极力安慰他。

我们相聚只短短一个小时，我便又要单独乘机而去，止不住泪如雨下。幼邻整好我的衣襟，扶我走出候机室。

七时半又孤零零地登上飞机，看见幼邻夫妻及孙女们在向我招手，我简直不忍回头，再也禁不住泪如泉涌。想不到几十年我望眼欲穿，好不容易一家团圆，为时不到两年，生活刚刚开始，便又中断了。

我要再去忍受多少年呢？不知道，在儿子面前，我安慰了他。我看不见他时，心中又百感交集，对今后在人地生疏的古巴，如何度日，如何去接受即将到来的那陌生而又深不可知的日子？我既彷徨又害怕，后悔当初不该离开香港。

但是我似乎看到充满泪光的儿子向我点头招手，孙女们笑着叫奶奶快来呀，我决心无论如何也要等待再见的一天。不管有多大的困难，也要忍受下去。

我飞抵古巴首都哈瓦那。关先生的挚友许先生一家都来接我。坐上他们的小汽车，径直驶到为我租下的寓所。我住三楼，许先生住二楼。

许先生一见我便非常亲切地说，一切有他尽心照顾，叫我放心安居，不必忧虑，叫我把他一家当作自己人。他说中国人在这里虽不多，但到了异国就是一家人了，有什么不方便尽管吩咐。

许先生和许太太一边一个，扶我走上三楼，他们对我毫不陌生，就似跟我早是一家人似的，使我觉得犹如回到家中一样。

我的寓所够宽敞的，共有两间卧室、一客厅、一饭厅、一厨房、一卫生间浴室。我一个人居住，太阔气了。屋里设备一应俱全。许先生说幼邻他们早已关照过，务必使伯母住得舒服，住得放心。

是的，我一住下，悬着的心就放下来了。

许先生一家人每日都来看我，问我需要什么。从此，我的生活所需都是许先生一家帮买。

许先生是广东人，许太太虽然生于古巴，但幼年时回广州读书，故也说得一口流畅的广东话。他们的女儿十多岁了，在广东出生，全家都用广东话和我交谈。不几天，彼此感到亲密无间。还怕我独居寂寞，许小姐干脆搬到三楼与我同住，便于照顾。

许先生为人慈祥，忠厚热情，乐于助人。他一家待我如亲人，使我在古巴有所依托，精神得到极大安慰，日子也不寂寞。除了想念儿孙，其余倒没有什么过不惯的。

古巴位于中美洲，从中国来到这里就是到了地球的对面，那里的人种不同，肤色奇异，言语不通。许先生也曾陪我行街观光，但是我看到一个个皮肤棕黑，个头高大的人，心里总感到到了另一个世界，心情就会紧张起来。若是不出街，在家里不与外界接近，倒不见得有身在异域之困惑，所以，我干脆足不出户。

足不出户，也样样方便，也生活舒适，也不寂寞，这就多亏得许先生一家了。后来我和幼邻谈起他一家对我的照顾，母子永世难忘。难怪世界上把友谊当作无价之宝啊!

幼邻常常来信安慰我，他也心急要我去美国，已在美国聘请律师为我申请，但是美国当局要幼邻取得美国公民权方能让我到美国居留。为此幼邻必须申请加入美国籍。我怕幼邻急坏了，对他事业不利，请许先生写信给他，告知我在古巴生活舒适，身体健康，叫他不必忧愁担心。话虽如此，我何尝不望眼欲穿呢。

一九五四年二月，幼邻一经获准为美国正式公民，立即乘飞机到古巴来看我。母子见面悲喜交集。幼邻两眼含泪，哽咽良久，才说出话来。他说律师已替我申请到美国定居，请我暂时再耐心几时，相信团聚的日子是不远了的。

我不愿幼邻看到我的心事，但我看出他焦急之情。为了他的前途，我不愿使他过度忧伤，故频频嘱他不必着急，权在人家手里，唯有耐心等待。好在与许先生相处日久，已如家人一般，叫他不必担心。

幼邻在古巴每天陪我去散心、游唐人街买东西，并为我做许多家务。茶余饭后，娓娓讲述他的商务情况。他说他在美国经营的公司，目前正十分兴旺发达，产品在美国畅销，前景美好。他已在纽约郊外买了一幢美丽舒适的别墅，外带花园，环境优美，还有许多儿童游乐设备。玛茜四姐妹在花园中可以尽情嬉戏，再也不需到公园去散步，去吸新鲜空气，就在自家花园中，尽够快乐的了。

弹指之间，已过了一个半月。我怕幼邻离开公司太久，影响商务，便催他先回纽约。我说在古巴有许先生一家人照顾，许大小姐陪伴，完全可以放心。我鼓励他好好工作，我说我一定养好身体，将来在纽约见面。幼邻见我心情开朗，绝无一般妈妈常态，他也跟着开心地笑着说，以后每年来古巴看我。

我们母子在古巴短聚个半月，又再分别。

幼邻回到美国，积极办理为我申请入美定居手续，按规定要取得美籍人士三人作证明，而这三位美籍人士必须认识我。这些都不难办到，但是还要经过一段时间的审查。

一九五七年初，美国驻古巴大使馆约我去见面询问。我到大使馆，需要答复许多问题。诸如我的婚姻及家庭历史，出生地点和年月，认识三位美籍人士的经过等，我一一回答与幼邻登记吻合。最后还抽了我的血，以便验证我是幼邻的母亲。然后美国大使才点头告知，我可以回家去候通知。

许先生同我说，我可望短时间到纽约与儿孙团聚了。这是天大的喜事，并为我祝福。我说，若不是有许先生一家照顾，我是很难熬过这几年的。

直到一九五八年四月底，我才收到了大使馆发给的证书。

漫长的五年半，我终于盼到了！为了达到到美国去与儿媳孙女们团聚这一目标，我与幼邻都付出了巨大的精神代价，忍受着多少离别的痛苦和忧伤。

一九五八年五月九日，这一天终于实现了，幼邻乘飞机飞抵古巴。我们除了与许先生一家人依依惜别之外，只能以一刻不愿多留的心情向这块我居住了五年半的国土告别。我将飞向另一个国家，等待我的将是什么样的命运呢？将是与儿媳一起永不分离了吧?!

纽约定居

一九五八年五月十一日，幼邻与我乘飞机同赴纽约，许先生一家到机场送行。

我们母子两人对许先生全家的热情帮助照顾，五年如一日，深表感激。临别虽依依，但是此番告别，我心情轻松而甜蜜。

到纽约机场接我的除了珍妮，还有关先生和李北业先生，各人与我拥抱亲吻，我激动得落下泪来，生怕这是一场梦。我再次觉得朋友的宝贵。我们母子的团聚，朋友在其中出了不少力，帮了不少忙啊！

幼邻的郊外花园式别墅十分幽雅恬静，已等我五年之久，今天我终于来了。

入屋坐定，珍妮把酒招待关先生和李北业先生，大家举杯为我们母子团圆热烈祝贺。

四个孙女一齐过来与我拥抱亲吻，玛茜还记得说："奶奶好！"其余三个都笑嘻嘻地用英语同珍妮说话。幼邻告诉我，孩子们都说爹很像祖母。

这个住宅很宽敞舒适，二层楼建筑，大石墙基，高尖瓦顶，既美观又牢固，我也看不出它是什么式样。楼上三间卧室，两间浴室卫生间。幼邻和珍妮住一间，另两间四个孙女分住。楼下一客厅、一饭厅、一卧室、一卫生间浴室，我住楼下卧室。厨房、车房均在住宅旁，还有儿童游戏室，里面玩具多种多样。

特别讲究的卫生间和厨房，设备齐全，各种餐具排列得整齐美观，似乎碗碟杯匙都是装饰品。屋外是大片草地花木，还有许多供小孩玩耍的，诸如沙池、秋千、木马等。简直不似私人住宅，倒有点像公园的样子。

幼邻说这屋是他陪父亲来纽约那年，他的公司很赚钱，随手买下来的，以便我来到纽约与儿媳住得舒服。那时只花了四万多美元，因为地处郊外，所以便宜。

我们的生活是幸福美满的，大家又都是紧张忙碌的。清早七点起床，珍妮忙做早餐，早餐后，幼邻和珍妮便各自开车上公司，顺便分头送女儿去学校。中午大家都不回家吃饭，直到下午四点半，才先后回来。

早餐很简单，多半是牛奶、鸡蛋、面包之类。午饭我单独吃，初到不习惯，日子久了也觉得这样很方便。晚饭由我来煮。

这屋子地处纽约郊外，附近少有几家人。听说外国绑票、打劫成了风，初到时

李宗仁在美国新泽西的住宅

我不敢单独出外。久了，除在花园中散步，也到公路上漫步。

晚饭则热闹了。一家三代人围满一桌子，吃我煮的中国饭菜。个个都说奶奶好，奶奶煮的菜好吃。只是，一家人以我为首，都不怎么会拿筷子，我是从小拿不好筷子的，幼邻跟我差不多；珍妮虽说会拿，但毕竟少吃中国饭菜。还有四个孙女，初时都要用手帮着才夹得起菜。老小七人，各人拿筷子都有特点，大家都以此取笑作乐。

幼邻和珍妮一有假便带领女儿们去度假。我觉得老远地带着餐具、食物，跑到湖畔或郊外树林中去野餐没味，倒不如在自家花园赏花弄草有意思。我把花园当作我的游乐场，拾掇花草是我最大的兴趣。我一有空便到花园剪草养花，浇水捉虫。孙女们放学回来，便帮我把枯枝落叶扫作一堆，点火烧得草香扑鼻，然后在草地上唱歌跳舞，追逐嬉戏。

有时小的被欺负了，坐在一旁闷声不响。每当此时，我便慢声细气地唱出一首儿歌逗她高兴。这首儿歌是幼邻小时最喜欢听的："小麻雀，小麻雀，你有什么不快乐，请你说一说！"

孙女们听我唱得有趣，便一齐围着要我唱了一遍又一遍。有时唱到太阳下山，飞鸟投林，才记得回屋吃饭。

这首歌，想来真有意思，小孩子们都喜欢听，我记得也牢。直到我一九七三年回桂林定居，眼看我侄孙长大成家，眼看他的儿子出世，长大入幼儿园，我已经九十多岁的人，还一字不落地，照旧慢声细声地唱给这小侄曾孙听。

这首歌，当我在纽约眼看一家人劳燕分飞，我也乡愁日甚，百般无聊，便又唱起来略遣忧愁。

这首歌，陪我享受过多少快乐与幸福，也陪我经历过无数的困苦与忧伤。

亲友交往

在纽约，与亲友交往不多，一则是居住区域分散，人人工作不闲，见面必须先打电话征求对方同意，决不能做不速之客，否则吃了闭门羹，本人不痛快，主人也不同情，还说你无礼。珍妮的母亲、姐妹们到来，也必须先打电话，有空接见方可来。我们去看望亲友，同样如此。一年之中，至爱亲朋，也难得几次见面。有了家室的更难见面。

到亲友家做客，吃饭更不可随便，除非主人邀请。我初到纽约时，侄儿侄女们来看我，多半是座谈座谈。若是他们不经邀请要来吃饭，则自己带菜肴来。这与我们中国人随时可来，来了加双筷子吃饭大不相同。在外国说是规矩，不是吝啬。大家都习以为常，还说这样好，否则主人难当。

电话号码一般不随便告人，为的是怕有人诈骗开门，乘机抢劫。这样的事是屡见不鲜的。

在美国居住的，当时除了幼邻的几位至交好友之外，还有我德明大伯的儿女，他们是先后来到纽约读书的。一家人异地重逢，自是高兴。德洁抚养的儿子志圣，也常与我见面，还来与我同住过一段时间。志圣对我十分亲切，幼邻对志圣也十分友爱，他称呼我为大妈妈。媳妇是中国人，生了一个胖儿子。可惜德邻和德洁都见不着了。

李秀文和李志圣夫妇及孙子在一起

还有郭家舅娘的母亲（她是个小脚女人），是我到了纽约才认识的。她年纪比我略长，身子不如我结实，来纽约几年了。她们一家是中国人，没机会学到英文，也和我同样不能单独出街。儿媳开饭店，商务很繁忙，很少陪她去散心，她只好成天守在家中。我们初次见面，她便诉说了在外国的许多愁闷：语言不通呀，亲友少有往来、没人情味呀，独自想行一步都难呀。说是在家千日好，出门半朝难。外国的金窝银窝，不如她家的茅草窝。

以后，我去看过她几次，从她谈话中，得知在美国老人的一些情况：我们中国人，伦理观念很重，光有儿孙还不能称之为福，要儿孙同住一起，甚至于四世同堂才感到满意。外国则不相同，到儿女长大成人，老人丧失了工作能力时，就是不幸的开始。因为外国人不兴老少同住，极少数老人与儿媳或女儿女婿住在一起的，老人便面临孤单、寂寞、空虚和烦恼。多数老人的归宿是独自住公寓，或被送入老人院。住公寓无人过问，往往死了几个月甚至几年也没人知晓。在儿女照顾赡养之下，安度晚年，这是稀有的事。我们中国人最怕老无所依，老无所养。若然老来孤独，简直是生不

李秀文（1958年）

如死，所以中国对伦理教育很重视。

但是，老来寂寞则是处处难免的。即使儿女在身边照顾，也不能做到与老人同欢同乐。记得我最后一次去看舅娘的母亲，她住在二楼，一听我的声音，便赶忙下楼，拉着我的手不放，说我好久不去看她，望穿了眼不见有个亲友来。说她已经一年不下楼，有时还整天不开口说话。还说她足不出户已快一年半。说着说着，泪流满面。

倒不是儿媳有甚对不起她，或者是不照料她，而是老人和儿媳的生活、习惯、爱好，随着年龄的增长而距离越来越远，已不能有共同的娱乐了。年轻人有他们的工作，怎能守在屋里陪侍老人？老人只好一天比一天寂寞，一天比一天孤独。老人的痛苦自然与日俱增。

这点我早已看到，也知道自己难免也有寂寞孤独的时候，这一天迟早是要到来的。但是，眼前我尚不孤单，我仍不觉得寂寞，那就先不管它了。

纽约生活

我到了纽约之后，并不寂寞。幼邻和珍妮、志圣、关先生、李北业，他们轮流陪我去纽约各处漫游、观光。

纽约，这个世界上最繁华的城市之一，像万花筒般使人眼花缭乱。在市中心，看那一幢幢摩天大楼直插云霄，使人头晕目眩，及至登上高层，向下一看，更有晃晃荡荡、摇摇欲坠之感。在高处，只见行人如蚁，来往汽车如穿梭，那一排排停着的汽车，又好似甲虫。不过，比较起来，人比汽车要少得多，可以说只见汽车，少见行人的。

听说纽约平均每家人有一辆汽车，有的多至二三辆。就说幼邻和珍妮吧，每人一辆，孙女长大之后，已不够用。

幼邻他们还陪我去过几次超级商场。我每次去游商场，都似乎戏台上演的刘姥姥入大观园，净出洋相。那商场之大，无与伦比，固然分不出东西南北，也不知何处是出路，直似进了迷魂阵。只有寸步不离地跟着走，生怕一眯眼会被迷失。

在商场入口处，幼邻领了一辆手推车，随行随手在那摆得琳琅满目的货柜上挑选要买的东西。这里面日用百货、布匹、丝绸、服装、鞋帽……无所不有。我都来不及细看，便觉累了。在大马路上有车坐，在商场上光行路，怕也要半天，所以觉得累。

幼邻说："要什么，只管拿了放到车子上，待出去才算账，方便得很。"方便是方便了，但对我来说，倒不如在我们中国买东西，可以慢条斯理地，有人拿好给你看，看准了才买，结账也不见得费事，犯不着杂货古董一起买。

幼邻他们还常常陪我去游纽约的唐人街。

唐人街

纽约的唐人街，可以说是中国社会的缩影。那里居住的几乎全都是华人，其中尤以广东人最多,处处都听得到广东人讲话。人说去美国一定要懂得英文,倒不尽然，唐人街的华人几乎全是与自己共同语言的人接触，有的居住了几代，仍然不会讲英文的。因为那里完全可以按照自己的语言、风俗习惯来生活。

那里同样是高楼密集，商店林立，茶楼、酒馆、电影、剧场，甚至于卖小吃的，一律因其地方风俗而设，谁都可以在此找到自己家乡的风味。因此，凡到过纽约的，都必尽量来到唐人街观光、巡礼，与自己的同胞、同乡接近接近。这是一种安慰，一种快乐。我也不例外。

李宗仁与长子李幼邻（右）、次子李志圣（左）以及亲友合影于美国

幼邻有不少亲友在唐人街居住。有一位广东朋友在此开了餐馆，一年之中，幼邻总陪我去他的餐馆吃几次饭。我也最喜欢这地方，因为到了这里，就像走在中国的土地上，丝毫不感到你是身居万里之外，地球的另一面，白昼黑夜恰好相反的异国。此外，还可以吃到家乡的可口饭菜，还可随处与人交谈。

除了去吃美味可口的家乡饭菜，我们还喜欢去吃白切鸡。唐人街也如广州市那样，有专开店卖白切鸡的。那家老板娘是广东人，一见我们到来，格外亲切，总挑最肥最嫩的鸡给我们吃，还特意为幼邻砍两碟鸡翅膀。

说起白切鸡和鸡翅膀，这是有其渊源的，我们在广州住的时候，和白切鸡结了不解之缘。

人人都说食在广州。广州真不愧以吃食驰名中外，不说正式餐馆是如何讲究口味，就说小吃店吧，也管叫你从少年到白头，都食过不忘的。

白切鸡以广州市观音山下，市立女子师范学校所在那条街开的店最为出名，人称“市师鸡”。与广州的沙河粉、艇仔粥同负盛名，以其鸡既好吃而又可随意挑选哪一部分而令人满意。比如鸡腿、鸡翅膀、鸡尾、鸡前夹、鸡后腿，等等，随叫随到。尤其有趣的是，顾客边坐边看杀鸡，二十分钟不到，鸡已端上桌面。

食家们很少要全鸡或半鸡的，而是点名要自己爱吃的部分。吃的次数多了，我问唐老板：“我们要这么多鸡翅膀，怎么供应得来，岂不一下要杀好多鸡？”老板笑嘻嘻说：“你估人人都爱吃鸡翅膀么？多数人爱吃肉的，顾客们爱好不同，总可调得匀。若是没有吃翅膀的我们倒发愁哩。”

到唐人街吃白切鸡，总不免回忆起广州的市师鸡。这就是它出名之处。

在纽约是很难买到活鸡的，市场上多半是卖冰鸡。而我们，一则不喜欢吃冰鸡，二则即便有活鸡也不会杀，只好想吃鸡时到唐人街去。

一家人团聚，儿子孝顺，媳妇温柔，四个孙女活泼可爱。每日饭后，一家三代，虽则言语不畅通，但互相之间，学说中国话和英语。我人老，口齿不灵，常常闹出笑话，逗得全家笑弯了腰。

闲时在花园，看几个孙女蝴蝶般在花园追逐嬉戏，或唱歌跳舞，或荡秋千，或踏浪木，我则边看边弄花草，这样的日子，过上一天都会使人延年益寿啊。

每日儿媳孙女们上班、上学去了，我也作兴到公路两旁溜达。偶然一次，看见路旁许多类似我们中国的枸杞菜，长得又肥又嫩，从没人采摘，我还怕是吃不得的野东西呢，试吃一点，果然是我们中国人爱吃的枸杞菜。我高兴地摘了一大把回家。不但好吃，而且个个都爱吃。

在纽约，很少有新鲜蔬菜卖，有也不好吃。因为外国不用粪肥，而是用化学肥料，种出来的菜，虽然长得肥大，也嫩，就是不好吃。因此，我少见幼邻他们买青菜，多数吃番茄、马铃薯。自从给我发现了路边的枸杞，真值得高兴，每日取之不尽，食之不厌，再不愁没青菜吃了。

一家团聚，高兴之余，我又觉得还少了一点什么。我想德邻要和我们在一起享受天伦之乐，那才称心呢。他虽早来美国，但住在新泽西州，那地方离这不很近，几时才能见着啊！

老夫妻

不久，德邻来看我们了，一别又是十年。我看他比八年前苍老得多了。头发斑白，面容憔悴。可知他一直是忧心忡忡的。我们见面，大家都有点唏嘘，一时似乎说不出兴头话。还是我问：“你胃病开刀之后怎样？一餐吃得多少饭？你要保重啊，自家不爱惜，谁替得你呀！”言后，禁不住一阵心酸。

德邻也长吁短叹。我看他一生，虽也曾风云一时，但此时寄居海外，郁郁寡欢，想必是因为不做官了发愁。别的我不管，我只觉得他可怜！

他见我难过，强笑说："你这下子可以多享几天清福了，何必为我担忧，我过去保护你太少，如今连自身也保护不了。"又说："我们两人都经受了不少风霜，不过，各人命运又有所不同，正所谓沧海桑田，几经忧患。如今能够重逢，也算不错了。只是，我是老大徒悲伤啊！"他原想安慰我几句，说到后来，似乎怅然若失。我只好不提往事，以免触起他的心事。

于是把话题转到幼邻的事业来。他对幼邻的事业成就感到满意，并认为幼邻及早从商是上策。若是听他的话，走上政界，宦海浮沉，有几个不是心力交瘁以告终的！

这次见面之后，德邻便每月都来家团聚。新泽西州其实离这里并不远，只二十多分钟的汽车，开车的多半是志圣。那时志圣未上大学，星期日一同到来，同享天伦之乐。

其实真正得到同享天伦之乐，一家团聚而又比较经常的倒还是在国外呢。因为此时的丈夫已经是个自由人，无须为国事操心了。不过，我觉察他在谈笑中常常无意中叹气，可见他心中并不平静啊！

我见德邻失意，心中也不好受，劝他想开些。明知宦海浮沉，及早上岸吧，何必还跳进去挣扎呢？倒不如趁此机会享享清福。如今虽说远走异国，但仍可不失天伦之乐。只是他总说比不上在北平那时好，那是在自己的土地上。

男人家的事，我捉摸不透，只觉得他憔悴得可怜，但又无法为他排解忧愁。

幼邻经常去看望父亲，德邻在新泽西州买了一间花园住宅，相当舒适，也相当冷清。因为来时人不少，此时带来的钱已不多，跟来的人逐渐遣散，身边只有志圣。初时舅娘（德洁的弟媳）年轻，跟在一起，及至她母亲和儿子来了，舅娘也搬了出去。幼邻眼见父亲寂寞，常带女儿去看望。

我和德洁，北伐以后，只在婆婆去世之时在家乡见过面，此后便再不相见了。我倒是有点惦着她，问起，才知她身患痼疾，身心痛苦。后来，医生诊断是癌症，说要动手术尚来得及。只是德洁一则怕损了体形，二则怕传了出去，人家会说是报应，以至拖延了一些时间。到了一九六五年动手术，癌症已是晚期。

诀 别

我与德邻最后一次见面，是一九六五年六月初。记得这天，德邻匆匆驱车到来，幼邻看见父亲一脸兴奋之色，正想问有什么好消息，德邻不等儿子开口，先说："我已决定回国，但哪天走还没决定，也不可能定。我是随时都会碰到危险的，此时暗探一刻也不会放过我。不过，冒多大的风险我也要回中国去，作为我最后一个心愿。在此做寓公实非所愿。"跟着说："过去，我对共产党理解不够，说了许多错话，做了许多错事，如今要想补偿过去，只有回国一条路。否则，终会老死异国，那是死也不会瞑目的。"

幼邻点头说："父亲回国是明智的，不过太危险了，那些暗探会放过你吗？"德邻微笑说："共产党欢迎我回去，还说可以来去自由，这个自由我可以不要，决心回去，就不会再出来了。国内总理周恩来为我做好一切安排。我的第一个行程先

1965 年李宗仁归国前与儿子李幼邻合影

到欧洲小住，时机成熟，即便飞返祖国大陆。我的一生，出生入死不知多少遍，都能够化险为夷，不信会死在暗探特务手上，何况有人暗中保护着。程思远亲自到苏黎世接送，他是受命于周总理的。你们不必担心。但是，我的行动万万不可泄漏出去。”

最后，德邻对我说：“人说老来思乡，落叶归根，一点不假。我的一生，原来是四海为家，想不到也有思乡怀旧的一天。如今深感去国之苦，苦不堪言。你若再住下去，也会痛苦的。虽则有幼邻孝养，但他不能不趁此壮年多做事业。你在此少不了是个累赘，倒不如等我回去之后，给你们来信，你也找个机会，叫幼邻送你回去为好。”遂与我们匆匆道别，登车而去，也来不及等珍妮母女回来再见一面。

谁料这一别，竟成永诀！

家　书

德邻回国半年后，来了音讯。

一天，幼邻兴冲冲地手上拿着一信，我着急问：“是你爹的信么？”幼邻说：“猜中了。”我说：“回去半年才来信，家书抵万金啊！”幼邻说：“万金还不止呢，这还是辗转托人带来的，你看邮票都没有的嘛。”

德邻信中叙述很多：回到祖国受到政府和人民的热烈欢迎，荣获周恩来总理亲自到上海虹桥国际机场等候欢迎。到了北京，又荣获周恩来总理、彭真、贺龙、陈毅、罗瑞卿、郭沫若、陈叔通等国家领导人亲到机场欢迎。……得到毛泽东主席、刘少奇主席、朱德委员长、邓小平书记等党和国家领导人的接见宴请，这一切，都是终生难忘的殊荣！

信中还说，政府特地安排他到东北各地参观，以了解新中国的建设，果然突飞猛进。之后，还到过广州、新会、海南岛等地参观，旧地重游，变化万千！……

一九六六年，德邻最后一次来信说他回到广西南宁、桂林等地参观家乡建设。德邻说：“想不到我壮年时立志把广西建设成为一个模范省，几十年未能实现，如今眼看家乡各项建设成绩显著，人民生活无忧无虑，自己深有感触……”

德邻信中还说："在南宁已找到嘉球侄儿，他在广西农校执教多年，夫妻同在一起工作，儿女长成，一家平安，生活美好，叫我不用挂念。……"

还说："在北京，毛主席亲自对我说：'跑到海外的，凡是愿意回来，我们都欢迎，他们回来，我们都以礼相待。'共产党和政府对在台湾和海外各方面人士的一贯政策是爱国一家，来去自由。我由衷地希望中国再不要分裂，要团结，要统一，不再给外人以可乘之机。"

德邻信中，一再叮咛：共产党政策是爱国不分先后。树高千丈，叶落归根，这是人生哲理，要我以他的前车为鉴，此时归来，犹未为晚。

最后一信，是他访问南宁后寄来的，信末告知德洁已因癌症恶化，医治无效，死于北京。

读信后，我百感交集，亦喜亦忧，心想德邻此时身边是亟须有人安慰照料的，只是我的行动赶不上与他见最后一面。因为德邻不久亦因病死于北京。

德邻是一九六九年病故于北京的。我得到他的死讯，禁不住悲从中来，泪如泉涌，好几天伤心。但正如婆婆在世时所说："人生自古谁无死。"只要德邻自己认为死得其所，也就死而无憾了。

家庭的变化

德邻离我们去了，不久，我们的"筵席"也散了。正如古人所说，人无千日好，花无百日红。我原以为今生今世可以与儿孙在一起，不再分离了的，但是人间哪有不散的筵席呢。

随着时间的消逝，我们三代同堂的家庭，也逐日变化。最初是孙女们长大了，相继大学毕业，先后找到职业，一个接一个，离家去了。家中一下便冷落许多，花园中再看不到蝴蝶般的孙女们，饭桌上也看不到她们的影子。眼看人散屋空，我开始感到寂寞的日子不远了。

对于女儿们先后离家，各奔前程，幼邻和珍妮倒觉无所谓，他们说是尽到了父母责任，女儿们长大了应该远走高飞才对，自己还要趁壮年时再干一番事业，谁若是老守着个家便无出息。

我听他们说得不错，心也开了些。何况我们中国，养女儿也是人家的人，四个孙女儿若在中国，不也是要嫁出去的么?

但是不幸的分离已等着在后面。

也不是幼邻和珍妮有什么过不去的事情，也不曾听他们有过什么争吵。一天，幼邻对我说："我和珍妮要分居了，这房子我们住不久啦，把这房子卖了吧，分一半钱给珍妮，她要到三藩市去。再说，我们两人也不必住这么大的房子，我们另租房子住好啦。"听他说得突然，好似晴天霹雳，一向温柔寡言的珍妮，结婚多年，很少听她与幼邻讲过一句大声话，吵嘴更是未曾有过，怎么一下子要分开呢?！我来到纽约快十年了，也听说过美国人夫妻分居是平常事，一不惬意就分居，等几时双方和好便又恢复同居，这不等于离婚的。但是，分居终究不是件好事情。

幼邻见我不乐，赶忙安慰解释，说他和珍妮只是一时意见不合，同在一起倒会更糟，不如分开一个时期，以后好了，她会再回来的，叫我放心。又说这郊外别墅太大，女儿都已出去，这院子的清洁卫生很费人工，何况每月还要交许多房屋地税，不如把它卖了的好。

珍妮果真要到三藩市去，他们分居，竟似出外度假一样，毫无不快之感。珍妮与我拥吻道别，仍然那么自然亲昵，说声："再见，妈妈！"然后幼邻陪她开车走了。我真舍不得啊，好端端的一家人就这么分散了！

这幢美丽的房子要卖去，我也舍不得，这房子，我到纽约之后，就住在里面，足足十一年。处处留下我的手迹脚印，也留下过一家人的欢声笑语，如今一个一个离它而去，最后我和幼邻也要离它而去，难道真的如唱戏一般，曲终人散了么?！

我和幼邻搬了新居，一切又再从头开始。也正如幼邻所说，以后好了她会再回来的。一年后，珍妮果真回来了。说她在三藩市工作很好，还买了一间小楼房，虽然比不上原来的那幢别墅，但人少正合适住。她问幼邻可不可以去那里同她一块过，幼邻问我意见如何，我说去哪儿都行，只要大家快快乐乐在一起。

这样，我们就到了三藩市。三藩市气候温暖，那里长年香花馥郁，冬天尤为舒服。可惜才住了一年，幼邻的公司要他回去，我也决定跟儿子回纽约。因为和珍妮在一起，始终言语不通，她也不能为我去多跑市场。就这样，我们又分手了。这一别，再也见不到我那温柔的媳妇。

一家人劳燕分飞，又只剩下母子二人相依为命。幼邻此时偏偏事务更忙，每天早出晚归，晚饭后忙到半夜三更。一天母子难得有谈笑之时。

长日无聊，我唯有不停地收拾房子以打发日子。但这房子可不比以前那花园别墅，天天侍花弄草，打扫落叶，够你忙的。这租来的房子，地方不大，尽管收拾，也用不了多少时间，剩下的又是一片寂寞。

寂寞无聊，白天呆呆看着天上浮动的白云，晚上，常常梦中惊醒。醒来月光满屋，轻风拂面，夜凉如水。此时此刻，思乡之情油然而生。

想起在桂林，虽然儿子不在身边，但有许多亲友来往，一年四季，数不尽的赏心乐事，时间飞一般过去。

到了纽约，一家欢聚，十年好景也是一晃而逝。如今日子虽然安逸，但生活已黯然失色。加以我年纪渐趋老迈，而幼邻的事业正方兴未艾，我看他为了照顾我，不能远行半步，他也有他的烦恼。不过他对我一向依顺，从不露半点不悦之色。我明知拖累了他，但女人不是从夫，便是从子，我又何必多讲呢。

好不容易才过得一年。

曙　光

一九七三年初夏的一天，幼邻忽然告诉我一个消息，中国驻联合国代表团请我们去见见面。我心中狐疑不定，怕有什么意外。

我们去到纽约市，面见代表团的几位官员。我以为共产党做官的该是很严肃的吧，谁知他们一个个笑嘻嘻地同我拉手问好，问我在纽约习惯不，问我住在美国好不好。我不禁冲口而出："有什么好！言语不通，我讲他不懂，他讲我不知，不是等于个聋子？"那几位官员尽笑。

当天他们请我吃饭，和我边谈笑边吃饭。一位年长的官员笑着问我想不想回中国，我说想是想，不过太远回不去。官员便说："不要紧的，我们帮你想办法，只要你想回去，就一定能回去。"又问："你家乡还有什么亲人可以同你住在一起的？"我说："幼邻早年在美国读书，我一向和侄儿一家生活。一九六五年幼邻他父亲回国，到南宁参观，曾与我侄儿嘉球见过面。"他们问了侄儿姓名，记在本子上。

过不了几天，代表团电话通知，说是可以让我回中国去观光游览，定居不定居随便。只看老人家决定，共产党是来去自由。

这一通知，倒扰乱了我的心。想不到话讲出口，事情却认了真。回中国去，是件高兴的事，正所谓游子思归，倦鸟知还；何况我去国二十一年，的确也倦了。但是，又再与儿子相隔万里，这是难以忍受的。我觉得左右为难，倒是幼邻说："这不要紧，我可以常常回去看你，只要母亲情愿。再说，人家都安排好了。"

不容我再多犹豫，代表团于九月间又来电话，约幼邻面谈。一切安排妥当，由幼邻送我回国，十月下旬动身，要我们做好准备。

既然事情已经决定，我的心也定了下来。虽则不愿与儿子分离，但眼看自己一天天老迈，儿子的事业还是来日方长，我不应再绊住他，要让他放开手脚去做事才好。何况，德邻临别赠言，言犹在耳。再说，这一年来，我确实乡愁日甚，觉得老死他乡也非所愿。

亲友们知我要回国，纷纷来为我送别。也有人议论："回到中国，将会受到什么样的待遇？"这一点我倒不怕，回去不称心，可以再出来，这是代表团亲口许下的。德邻回去后来信，主张我要不失时机，回去为好，更是不容置疑的。

亲友们有的又说："中国生活苦得很，穿衣吃饭都凭票供应。"我说："这怕什么，别人过得，我也过得。那时打军阀，后来打日本，多少艰苦我也经历过来。如果回去吃苦头，幼邻他爹绝不会来信主张我回去的。除非幼邻说以后不能回国看我，否则我是回去定了。”

就这样，我们母子二人，在我国政府的妥善安排下，结束了漂泊异国的生活，从地球的西边又回到了地球的东边，回到了生我养我的故土桂林。

第七章　叶落归根

情满归程

由于当时中美尚未建交，办事处请示中国政府，决定通过我国驻加拿大使馆发给护照回国。手续一经办好，我和幼邻立即动身。

临走前办事处的一位官员对幼邻说，大陆样样都有，不必带笨重东西。因此我只收拾平时穿用的衣服，其余电器用具，一概不带。

我们乘坐的客机是天光起飞，二十个小时旅程，我以为到香港肯定是晚上，谁知到香港时，正好是白天朗朗，原来美国的时间与中国的时间相差一天哪！

在香港我们没有多逗留，有人说我抛弃美国的物质生活不值得；有人劝我留在香港好过回大陆，言语、风俗、人情、习惯都适应，又有许多侄儿侄女亲戚朋友来往，不愁寂寞，何必回去吃苦。而且在香港还可再去美国，回到大陆，再想出来就难啦。我心想，如果我还想出来，就不回去了。尽管别人怎么说，想起一九六六年德邻来信所说的，共产党如何如何优礼相待，人老思乡，叶落归根的话，更触动我的心，更激起我思念家乡之情。纵然回去吃苦我也不怕，我怕的是年事已高，客死他乡。为此我回答好心的亲友说："我主意已定，决不反悔。"

十月三十一日，我们终于回到广州。中央统战部特派了一位姓龚的先生及一位姓赵的小姐前来迎接，并得到广州政府各有关部门领导人的热烈欢迎和宴请。连日驱车参观市容，游了中山公园、中山纪念堂。还到我们三十年代住过的东山庙前西

李秀文从美国归来，程思远（左二）、乔冠华（右三）等到机场迎接（1973 年）

街那座房子面前伫立良久，不由得往事一一牵上心头。四十年沧桑，人事变迁，我能够旧地重游，真不容易啊！顺路又到幼邻中学时代就读的培正中学，那时是广州首屈一指的贵族学校，以校舍、设备、英文程度久负盛名。如今旧的校舍依稀可辨，但与新的校舍相比，却是相形见绌。

在广州观光三日，龚先生和赵女士陪同我们飞往北京。经过二个半小时的飞行，到达北京机场。中央统战部的几位领导童小鹏以及刘仲容先生、罗青长等到机场欢迎，还有德邻的前机要秘书程思远先生。大家上前与我握手问好，欢迎我归国定居，赞扬我和德邻一样做出爱国行动。

我们住在华丽舒适的北京饭店。第二天即得到邓颖超女士和廖承志先生亲自接见。邓颖超女士是周恩来总理的夫人，又是现任的政府官员，她雍容朴素，笑容满面地走过来和我握手说："我代表周总理欢迎你，总理有病不能来，很抱歉！"我听到她这么亲切的声音，热情的话语，不由得一阵激动。我看幼邻已是热泪盈眶，大家都想不到有今天的殊荣啊！

统战部的一位官员还同幼邻说："为了照顾好你母亲，政府特把老人家的侄儿侄媳调到桂林与老人家做伴，请老人家放心。"随后，各位领导和我拍照留念，并设宴为我接风洗尘。参加拍照和宴会的多半是德邻旧时友好和夫人：刘仲容先生、程思远先生和夫人、邵力子夫人、黄琪翔夫人、蔡廷锴夫人等，大家都笑着和我一一握手言欢，祝贺我归国定居。我一生中从没见过这么多达官贵人和我握手，同我说话，和我促膝谈心，同桌吃饭，举杯祝酒。即便从前有过，但也不是专为我而设的，我真疑心是身在梦境呢。

一连三天，政府安排我们观光市容，游览首都名胜。所到之处和一九四七年德邻任北平行辕主任时相比，胜过多了。昔日风景虽美，但是冷冷清清，萧条落寞，死气沉沉。老百姓终日为生活奔波劳碌，哪有闲情逸致去观赏。大好的风光，只是作为少数富贵人家的娱乐场所。

此时的北平，哦，我又说错了！幼邻早就叮嘱我说，记住呀，是北京，不是北平。北平是老称法，可是我讲惯了，老改不过来。现在的北京，确实以一种崭新的面貌呈现在我眼前。天安门广场比以前宽阔了好多倍，其余风景名胜，都加工修建，美轮美奂，古色古香，雍容典雅，显出中国的气象万千。我同幼邻说，难怪共产党得天下，国民党统治的北平，竟像一个阴暗的古堡。那时候，珍妮就是因为它太陈旧了才不想多住。

大街上老百姓个个喜气洋洋，脸色红润，马路上车水人流，到了长安街，我们进入商店观光，许多行人围观。有知道我是从美国回来定居的李宗仁原配夫人时，都向我注目微笑。我心中又是一阵激动。

在美国，在香港，都说大陆老百姓苦呀，六亲不认呀，如今我看到的老百姓，对我这么亲善友好，早前尚有的一点点疑虑便都一扫而光。

本来，政府还准备留我们多住几天，但是在一次宴会上，我因为多吃了些，一时咽不下去，吐了一口饭在碗里。主人眼尖，怕我是病了，忙问我哪里不舒服，要

从美国归来后，李秀文受到邓颖超（右一）、廖承志（左一）等的接见

不要请医生。其实我哪里有什么病，只不过是胃口赶不上罢了。但是，主人们见我年事已高，怕因进食过急，引出病痛，岂不糟糕？当天就请医生来给我做了全面检查，也给幼邻做了全面检查。医生说我一切健康，幼邻也好。这两份病历，让我带回桂林存档，以便医生参考。

吐一口饭引起领导这么重视，倒使我心中不安。幼邻对龚先生说："母亲虽然健康无事，但政府无微不至的照顾太麻烦了，还是早日回桂林吧。"

招待我们的活动很多，还参观了工厂、幼儿园、学校。在清华大学，著名的教授钱伟长亲自迎接，也很使我不安。钱教授是一代科学家呀，我母子实在不敢当。

我们还与一对归国华侨夫妇会面，他们满怀喜悦地跟我叙说国家正已迈向繁荣富强，大家都可以安享晚年之福。

在北京逗留了十天，政府还安排我们到苏州、上海、杭州、无锡等地观光，然后乘车转入湖南长沙，还到韶山参观毛主席故居。游韶山时，赵女士像小孩子似的，见到山洞就要钻进去看看。我说这算什么，你还未曾见过真正的山洞哩，等到了桂林，你好好地去钻嘛，怕你十天都钻不完。

所到之处，都得到当地政府官员的欢迎、宴请，参观游览，并买到了一些我喜欢的东西，如杭州丝绵呀，湖南湘绣呀，都是我从前想买而买不到的地道货色。此时能亲自在本地买到，实在高兴。

在杭州买的五斤丝绵，回到桂林立即叫侄媳侄女给我做成被褥，用了多年，质地仍然松软，好极了。难怪杭州丝绵远近闻名。

终于到家

十二月十日，我在龚先生、赵女士陪同下，回到家乡桂林。

一路上随着火车飞驰，我的心犹如离弦之箭。自己去国离家二十四年，此番归来，不知家中情况如何，亲人还认得我么？回来后生活又将怎样呢……正在浮想联翩，不觉火车入站。龚先生和赵女士先出车门，幼邻搀扶着我，放眼张望，一别数十年，谁都改变不小，一时不容易辨认，还是侄媳眼尖，一下子认出了我和幼邻，连声叫姑妈，走近车门。接着一群人来到跟前，簇拥着我，握手问好。

我的心，只知道高兴，只顾得问侄媳家里的情况，大家激动得又不知从何说起。

虽是凌晨一点，自治区统战部梁华新部长、市政府的领导钟秀琛副主任、市统战部王凤芝副部长等亲到车站来迎接。现已不能一一尽记，只觉得个个同样的热情，同样的笑嘻嘻，同样的红光满面。还来了三辆小卧车，一辆大卡车，我奇怪为何用得着这大卡车。后来才知道，大卡车是准备运我的行李的。谁知我和幼邻行李简单，只有装随身衣服的三只箱子，两个行李袋还是在北京买的，里面装满了杭州丝绵和湖南瓷器。大概人人都会奇怪吧，从美国回来，不带什么东西？外国人都传说中国贫穷，料想我们必定带许多外国东西回来的。可是没有，我只带回来一颗沉甸甸的思乡之心！

当晚政府招待我和幼邻在榕湖饭店下榻。

第二天各领导人陪我们游览市容，并送我回到桂花街故居休息，好使我看了安心。我们从侧门入内，首先看到的是那株我在家时种下的橙子树，我出香港那年才开始结果，树冠还小，如今已亭亭如盖，枝繁叶茂。更可喜的是果实累累，也似点头招手，欢迎主人归来！

梁部长和钟副主任等几位领导陪我在客厅小坐，大家谈笑风生，我也忘却自己乃是刚刚回国的人，谈话无拘无束。记得还闹了个笑话。钟副主任体格魁梧，幼邻和他站在一起矮了一截。当时不知他和幼邻讲了句什么，幼邻回答时略作回忆，我怕幼邻不会讲话，忙说："他小孩子不懂事，讲不出就算了，你老人家别怪他！"他问幼邻的岁数，我说："幼邻他比你老人家小。"一厅人都哄然大笑，我莫名其妙。侄媳在旁说："钟副主任比幼邻年轻多了，人家才四十多岁呢！"钟副主任还和我谈到幼邻的事业，我说："幼邻孩子家，不懂什么。"这话又引起哄堂大笑。大家说老太太还把李先生当成小孩子哩，难怪得健康高寿了。的确，尽管幼邻已是五十多岁的人了，但在我眼中，他依然是个孩子啊！

当晚，在榕湖餐厅设宴，各领导举杯祝酒，连声祝贺我归国定居的爱国行动。

一连数日，我们白天游览风景，参观工厂、人民公社、幼儿园。车到之处，总有许多人围拢观看。有的知道我回来，说我有福；有的问是何人，受到政府这么敬重。晚上看电影、看彩调。一直在榕湖饭店住了九天，天天热情款待。政府为我花的钱太多了，但更多的是亲切与关怀之情！真不知如何表示感谢才好。

十二月二十四日，梁部长和钟副主任亲自把我送回桂花街故居，还安排了两位医生，以后为我随时检查和护理。他们对我说："老太太，你好好休息几天，就快过元旦啦，这下你可以和家人亲戚好好团聚啦。以后有什么需要，尽管同我们说。中央给你老人家汇来一万元安家费，我们给你屋里布置有不够齐全的，你以后补充吧。"我还能说什么呢，屋子里过去有的，如今都为我置好了，过去未有的，也补足了。我和幼邻只有称谢不绝。

送几位领导上车之后，我和幼邻、嘉球夫妇同回厅内。围坐在暖烘烘的火盆旁，

李秀文在商店买桂花酒，左二为谭明（1974 年）

边谈家常边观赏厅内陈设，觉得比以前更加齐备，更加舒适，有整套的弹簧沙发，整套的精工藤椅，有巧匠制作的餐柜。厅门改为落地玻璃窗，一律装上淡绿色窗帘，更觉典雅。政府见我年事已高，把我的卧室移在楼下，卧室里有梳妆台，台上排列梳、刷、面膏，床上有厚厚的弹簧垫、绣花枕、软缎被、线毯、毛毡，一应俱全。

我看着这一屋全新，忘记了疲倦，接着去看厨房，里面锅炉碗碟，筷子匙羹，甚至火钳火柴，无一不备。我原想回到家来要买许多用具呢，谁知样样都办齐了。

再从厨房走到院子，除了客厅外那株橙树之外，排着还有一株常绿树，我也叫不上树名，只见这时叶子仍绿得可爱，地上绿草如茵。我说："好啊！从前我早说过要多种几株树的嘛。"

转过院子正南，原来我种过瓜菜的那畦地已经平整，并排种上两株桂花树，我更加高兴了。过去我想种而未种成，一则树苗难找，二则很难长大，现在居然种有两株。我看这桂花树不小，以为种有几年了，嘉球说："才移栽过来的，为了种好这两株树，花了不少人力，才保得住成活。"幼邻说，以后桂花开时，他一定回来观赏，还说要收集桂花做香料。一九七七年这两株桂花盛开，幼邻果然正好回国。那时我侄儿已从南宁调回桂林。他们两人忙了一上午，一个上树采摘，一个在树下接收，一共收得净桂花一个簸箩，然后细心焙干，让幼邻带到美国分送友人，大受欢迎。在美国是难得看到桂花的。

当天晚上，我们四个人围着火盆，大家都感到心里暖烘烘的。能不暖烘烘么，我在美国，得到的东西失去了；如今回来，失去的东西又得了回来。政府为我重新安排好一个温暖的家，使我得以安度晚年，与侄儿一家同享天伦之乐，比之在美国晚年孤寂要好得多了。

过度的快乐使我疲倦了，在火盆边，边说话边打瞌睡。侄媳说："姑妈太困了，有话明天再说吧！今晚好好睡一觉，明天还有好多客人来看你的哩。"

这一晚真好睡，一觉睡到日上三竿，鸟声啾啾才醒。这一切都是真的吗？我真怕是在美国做的梦呢。步出院子，只见院子里的橙树枝繁叶盛，果实累累，生机盎然；桂花树露水滴滴，一派欣欣向荣。这时屋内侄媳已摆好早点，幼邻出来叫我进去吃早餐。我才从迷惘中醒过来，认定这不是梦，确确实实是生活在家乡、在亲人中间。

早餐是鲜牛奶煮鸡蛋，侄媳是按照我们在美国的习惯做的。这以后十二年，天天如此，家人笑我吃的鸡蛋可以堆成个小山了。而且胃口越来越好，分量逐渐增加，竟能吃到半斤鲜奶，一个鸡蛋，一块蛋糕或一个面包，还尽想吃，专挑好的吃。我笑自己是人老心不老，老马吃嫩草。

才吃罢早餐，便听一片人声、笑声。侄媳说："姑妈，快出来，亲戚都来看你了。"回来几天，我知道，在桂林住着的亲戚多着呢，我也急于要见到他们。

厅上坐满了人，见我出来，一个个赶忙前来同我拉手问好，有的叫九婶、九奶，有的叫舅娘、舅奶，有的叫表伯娘、表奶。哦，桂林的亲戚还真多，常光侄儿两家，二姑的女儿箭姑筱琼一家，小姑的女儿美秀一家，大浪坪敬修表弟的儿子杏生一家，还有黄家三姑……他们一个个自报名字，我才一一想起。哦！从前年幼、年轻的一群男孩子女孩子，如今都已成家立业，儿女成群。看他们一个个春风满面，笑嘻嘻地围着我说话，眼见这么多亲人欢聚一堂，几十年往事涌上心头。幸得我在美国在香港没听信那些说共产党六亲不认的话，不然我就永远不会与家乡、与亲人相见了。

这一天我家里热闹极了，大家帮着侄媳入厨煮吃，菜肴不多，可是吃得高兴。我同他们说，那时在广州，常常吃饭背后伸筷子，如今不只背后伸筷子呢，简直是

李秀文与儿子一起（1977 年）

里三层外三层。这是我归国后与众多亲人团聚的第一餐。

接连几天，政府不断来人问寒问暖，送糖果、送年货。说是元旦快到了，跟着又是传统的春节，祝我快快乐乐过新年，还希望幼邻过了春节后再回美国。其中一位姓毛的先生，以后大家称他老毛，十二年来，都是他给我送生活费，帮我做了许多我家力所不能及的事，使我备感政府的恩情。初时他叫我夫人，我说不要叫夫人，叫我伯母好了。以后，他便总称我伯母。

元旦和春节，政府领导都来同我拜年，记者连日来络绎不绝，门庭若市。

春节前几天，在南宁田东工作的侄儿侄女以及嘉球的儿子，都从南宁回桂林看我来了。住满一屋，从早到晚人声笑声脚步声爆满。

春节杀了四只鸡，炖猪蹄，做扣肉，炸丸子，个个动手，在屋里穿梭不停。我看了好笑，说："你们做厨还不行啊，从前大嫂、田嫂，以后是六五，一个人就做得出许多菜，你们这时却全体出动！"幼邻说："这是团结合作嘛！"大家都说表哥懂得新中国的形势。幼邻说："我们在外国知道的也不少，比如说推翻'三座大山'呀，妇女'半边天'呀，外国人很吃惊，华侨则很高兴。中国三座大山推得翻，妇女做了半边天，这是惊天动地的事，能不吓死外国人？"说话引得大家哈哈大笑。

一连几日都是高高兴兴，忙忙碌碌。转眼之间春节就过了，南宁来的亲人是请假回来探我的，先回去了，跟着幼邻也要回美国去。

幼邻临行前的一个晚上，我们说了许多话。他说要我多多保重，明年回来看我。我说："这下你可以放心了，眼看政府对我这么好，又有嘉球和履信（即侄媳谭明）在我身边照顾着，一切都不必挂心啦。明年回不来，后年也可以。总之，我现在是落叶归根，如鱼得水，心里踏实得很，再不用操心什么了。只是你在外要爱惜身体，也要学学他们说的劳逸结合啊，外国不兴午睡，晚上早点休息，不要十一二点才上床。"

第二天，我看幼邻把行装收拾好了，在厅上等车。想到这一去又是关山万里，远隔重洋，不禁心酸起来。幼邻更是，一时间我看他，他看我，他忍住眼泪，竟至于哽咽无语，紧紧握住我的手，久久不忍松开。市统战部的两位领导，眼看我们母子依依不舍，都说李先生真爱他的母亲。

我侄儿侄媳也去机场送行。侄媳回来告诉我，幼邻登机时还强忍住眼泪。

是啊，几十年母子相依为命，分离对他来说无疑也是痛苦的。他觉得身为儿子，不能在我高年之时，尽其赡养责任，感到歉疚。但是，我知道他已尽了最大的孝心，他二十年的孝养，足以使我终身安慰！正如德邻所说，幼邻还要做许多事业，我不能绊住他的手脚。

此后幼邻真的恪守诺言，年年或隔年回来一次，每次回来都在夏秋之间，每次总要住上两三个月，趁机饱览桂林风光，间或陪我到住宅周围的叠彩山、伏波山、木龙洞一带漫步，我们母子同样得以享受天伦之乐。

在家中庭院洒水种菜（1981 年）

这时的叠彩山、伏波山与从前已大不相同，五步一亭，十步一阁，到处是石台石凳，随意憩息。只是从前山上所有佛像，香烟缭绕，如今一概全无了。侄媳说现在已没人烧香拜佛，只来观赏风景。风洞山上那座卧佛当然也不见了，空着个石窟。从前，大家兴带小孩子上来摸摸佛肚，说是摸了肚子不痛。我来了也拜佛，也叫侄孙儿女去摸佛肚。如今想来，还历历在目。

我和幼邻偶尔行街，有些老桂林人约略认得我的，便含笑称呼我说："大夫人你回来了，回来比在外国好，如今桂林都变了，你老人家回到家乡，会越看越开心的。"不识我的也在旁啧啧赞叹，说我有福气，说这么高寿而又走遍世界的人，世间有几个？有的说，还不是共产党好，欢迎她老人家回来！我回答说："不要叫夫人，我们是平等的，称伯母奶奶吧。若不是共产党好，我个人有天大的本领也不能回到老家啊！"

幼邻每次回来，所到之处，都得到政府的欢迎、接送和款待。幼邻深感祖国的优礼相待，满心想为祖国做些有益的事。

一九七七年，他为促进中美邦交正常化，在纽约、华盛顿之间来回奔走，联络华侨和美籍华人友好。他是促进中美邦交正常化大会的筹备人之一。一九七八年，大会召开，著名教授牛满江在大会上讲话。

中美邦交恢复之后，美国华侨欣喜万分，连日举行庆祝娱乐活动。据幼邻说，华人在美国，不论加不加入美籍，都有一颗爱国之心。海外赤子，是时时刻刻都在盼望着祖国繁荣富强的，更盼望祖国统一。

幼邻他也很想为祖国为家乡做点有益的事，据他说曾和多方联络投资，引进技术，但是由于种种原因，近十年来引进投资收效甚微，对此他颇有感慨，也深以为憾。以后他又介绍女婿香灼玑（一位年轻的建筑师，现在香港开办一建筑公司）来往香港及国内各地，为国内建筑设计出力。

幼邻每次回来，都抱着一个愿望，只要个人能力所及，无不愿意为祖国效劳，为引进一些项目不遗余力。

晚　情

年复一年，我回国不知不觉已有十二个寒暑。逢年过节，政府领导亲来慰问，问寒问暖，每年生日，又都送来生日蛋糕，同我一道品尝。初回桂林的头两年，我常常伤风感冒，还患过一次肺炎、一次肠炎，医生一连几个晚上守着我，给我打针服药，使我很快康复。平时没病，每月也都来看我一两次，给我量量血压，听听心肺。这不禁让我想起在美国的时候，看病先是挂个号就要五美元，诊治更不用说了。我做一副假牙，就花了五百美元。如果请医生出诊，更不是一般人家请得起，哪有医生义务为你看病啰。上有政府关怀，又有医生保健，家里有侄儿侄媳一家精心照顾，生活称心如意，我的身体逐年健康。医生常常笑着说："你老人家身体这么好，我们要失业了。"引得我笑嘻嘻，真开心。没有病人，医生失业，那才好呢！

心宽出少年。我的身体本来就不错，此时精神更旺，似乎筋骨也强多啦。闲着没事，看见厅上地板漆得亮堂堂，一脚一个印，便也拿起拖把，天天早起拖地。同

在院内摘豆角和葡萄（1976 年）

时还看上了桂花树旁的那一小片地。从前我叫家人开畦种菜，自己吃得新鲜。如今我兴趣起来，也叫郊区的外甥女拿些豆角、丝瓜种子，让侄孙（嘉球的儿子）帮我翻土开畦，然后自己点上种子，天天拖完地板便去除草除虫，傍晚将侄孙提来的水浇菜，生活真是趣味无穷。

常言道，种瓜得瓜，种豆得豆。五月我收丝瓜，六月收番茄，七月收辣椒，一家人吃不完的新鲜菜。大家都赞我，说八九十岁的老人还能种菜，而且种得这么好，豆角足足有三尺长，记者还特为我拍了好多照片。以后我岁数更大了，侄媳们不让我再多劳动，说是让他们来种，可是他们种的菜就不如我了，番茄不是病死便是不结果，大概是他们缺乏兴趣，也没这么多时间去管理吧。

生活幸福，精神愉快，常常忘记自己是耄耋之人，只看到别人的白头而不知自己的头更白，往往闹出不少笑话。在饭桌上我见侄儿嘉球牙齿不大好，便说："你老了，慢点吃，莫着急，你比不得我，我还能吃炒花生哩。"或者说："你老人家喝点酒嘛，喝酒好暖身子。"引得满桌的人笑到肚痛。真是糊涂变天真！有时侄媳低头帮我穿鞋袜，我也会说："你老了，这么多年你照顾我够辛苦的，自己也要注意休息才好，不要像前几年那样累得吐血，我看着心里不好过。我们都是老人，做不得的叫后生家做吧！"我忘了自己比侄媳足足老三十岁呢。无怪政协的刘开泰秘书长，在我生日时送我一首诗，赞我寿得两轮花甲。李济深先生的小女儿李筱桦祝我高寿二百。

啊！这两轮花甲嘛还差不离，二百岁就太妄想了。

政府每月给我壹佰伍拾元生活费，后又增加到壹佰柒拾元。近年还打红包给我过年。我说政府给我的太多了，国家现在还不很富，为我使钱太多，我没给国家做什么，心里过不去。回答的是，你回来定居就是对国家的贡献。国家为你出得起钱，能够同你这样从海外回来定居的，一百个，一千个，甚至一万个，国家也欢迎，也养得起。

座上客常满，杯中茶不干

我回国定居的消息不胫而走，一时传为美谈。记者采访频繁，报道不断。侄媳也给我代笔，给香港、美国、加拿大等地亲友写信，报道我归国定居，生活美好，身体健康，希望海外亲友也回祖国看看。不论是探亲，观光或定居，政府都欢迎、接待。

一九七四年，继我以后回来的有原国民党上将李毅将军。他从台湾回来，还未决定在哪里定居，先到桂林观光游览。我们一见面，李将军就说："我和德公是旧同事、老朋友，今天我也同你一样，要叶落归根，回来定居啦！夫人，你认为哪个地方最好住呢？"我不假思索地说："当然是桂林最好住啦，桂林山水甲天下嘛，谁个不知，哪个不晓，连我的孙女也承认的。"我把过去的一段趣话说给他听："玛茜五岁时，我们在上海住，我同她说桂林好，她说美国好。我说，我们桂林山水甲天下，把你们美国都甲过来。玛茜没话可说，气得哭了。李将军，你到桂林定居好，桂林山清水秀，保你健康长寿。"他很高兴。后来，大概因为他是容县人，住惯广西南部，最后，定居南宁。可惜，不到两年，他做了古人。

一九七五年，旅居日本的原国民党上将商震先生，偕同他的日本夫人来桂林观光，特来造访。他十分谦虚，自称是德邻旧属，说在日本知道德邻和我相继归国定居，十分钦羡，他亦有此心愿。可惜心愿未偿，他就病逝于日本。他的夫人为实现他的宿愿，亲自把骨灰送回北京八宝山安葬。听说这位日本夫人，年年清明偕同儿子到北京扫墓。商震将军的心愿于死后实现，他的日本夫人把中国视同第二祖国。

之后这些年，国内国外，德邻的故旧新友，幼邻的同学好友，甚至一些不认识的个人、团体，都相继来访。十二年来，我在这间客厅，接待过上千上百的客人，其中有来自北京中央统战部的各级领导，自治区统战部及政协各级领导。至于桂林市委、统战部、政协、民革以及家乡临桂县的领导，更是时刻关照到我。

德邻生前的好友、机要秘书程思远先生，特同夫人专程来看我几次。他是德邻的亲信，为德邻出过大力，使德邻得以排除一切顾虑，毅然归国。当我从美国回到北京时，他又亲到机场欢迎，几次宴会他都在座。

美国著名诗人安格尔先生及美籍华人小说家聂华苓女士，在贺祥麟教授的陪同下，前来看我。我们虽不认识，而且安格尔不懂中国话，但有贺教授做翻译，大家竟也毫无拘束，谈笑风生。安格尔称赞我身体健康，精力充沛，两颊绯红，简直像个少女，真让人羡慕。一下子把在座的人都逗乐了，还问我为什么身体得以这样好。我回答说："劳动是根本。我出生于农家，虽说以前享过几年福，但我到美国后，就又恢复劳动，自己动手煮饭菜，还栽花种草过了十五年。回来以后，家中有人烧菜弄饭，我闲不住筋骨，便天天早起拖地板，然后播种瓜菜。"大家便又惊叹我八九十岁的人了，还能坚持农家劳动，真不简单，难怪健康长寿。

之后贺教授问我长寿的秘诀，我说："除了劳动，就是少烦恼、少生气。我依着我的格言去做：'食饭留三口，饭后百步走，睡觉不蒙首，活到九十九。'"一时间大家都鼓起掌来，连说不错不错，都要学我，争取健康长寿。

大家兴致勃勃地谈了好些时候。安格尔得知我也曾经历过许多坎坎坷坷，而竟能毅然度过，称赞我坚韧不拔，象征着伟大的中华民族。

有位旅日华人吴永泰先生，他是我归国那年才认识的，之后，他与幼邻结成莫逆之交，常相交往于纽约—北京—日本之间。他每次来到中国，必要抽时间来看看我，看到我身体依然健好，生活适意，他似乎也得到满足。往往是与我见面之后，便急匆匆打长话或拍电报给幼邻，告知我安然无恙，好使幼邻放心。他有一位日本夫人，九个女儿，有五位来过桂林与我见面。

吴永泰先生于一九八三年归国定居，被选为全国政协委员，享受很高的待遇。

幼邻国外的同学、好友李北业和他的太太，胡德，张康泰及一些美籍华人朋友，都相继不远万里来看我，有的竟来过两三次，是桂林的山水，也是朋友的情谊吸引着他们。

德邻旧时好友李济深的儿女李沛文、李筱梅（在美国）、李筱桦（在香港），都先后专程来访，畅谈先辈往事，回忆他们童年在先辈跟前的生活。

国内故旧的儿女辈也不断前来探访，如王象明的儿子王庄教授、何武的儿子何铁锋、漆渔波的儿子浓旅一家、何遂的儿子何达等，他们都来看我，并说要把我们世代友好的情谊留给子孙后代，代代相传。

国内外团体来访的也不少。

一九七五年，幼邻陪同一美籍华人参观团一行十多人，同来桂林观光旅游，也想亲眼看看我归国后的生活。大家畅谈美国生活种种，以及我归国生活种种，之后，都说我回到祖国，是幸福的归宿。

一九八一年，福建省台属青年组织的“我爱祖国活动团”一行三十多人一齐来看望我。客厅坐不下，便排排站在我的周围，一个个过来同我握手问好。三十多个青年和我虽然年龄上相差有三倍之多，但共同的爱国愿望把我们的心连在一起，他们说：“希望祖国早日统一，我们的亲人早得团聚。”我说：“对呀，家庭不和社会耻笑，国家分裂，外人欺侮。同为一国人，大家应该同心同德，为实现祖国统一多出点力。”我也有不少亲友故旧在台湾，我回国之后，早写过信给他们，告知他们我归国定居生活美好，亲戚朋友团聚。老百姓安居乐业，市场比过去更繁荣。并告诉他们，共产党爱国一家，爱国不分先后以及来去自由的政策，希望他们打消顾虑，回来走走看看，定居与否，都随便，都将受到政府的欢迎和以礼相待。老少一堂，大家都表示要为祖国统一多做贡献。

不久，又有江苏台湾同胞联谊会学习参观团一行十多人来访。他们都是从台湾先后回到大陆定居的，大家畅谈回国定居后的幸福生活，更希望祖国早日统一，更多的骨肉团圆。

一九八一年，一位素不相识的来自南美洲厄瓜多尔的华侨联谊会主席钟观有来访，说他仰慕李代总统和我先后采取了归国定居的爱国行动，说厄国华侨，一知道李代总统归国的消息便举行集会庆祝。及至我亦做出同一抉择，更加热烈欢呼。说共产党伟大！还说要在国外团结厄国华侨，为祖国统一多做工作。

我的侄儿——德明大伯的长子秋芬和最小的儿子志彦，都两次回来探亲扫墓。秋芬住香港，志彦住加拿大，他们兄弟姐妹七人都在国外成家立业。志彦带了新婚妻子一起回来，一家团聚，非常快慰。我说："你们回来好，回去告诉各人，都回来看看。"秋芬兄弟都说，在外的亲人将不断回来相见，要我多多保重身体，等着大家回来。

哦，还有呢，还有我的孙女玛茜，她也同丈夫香灼巩带着一对孖仔回来看我了，这是我盼望了好久的。一别十年，她越发苗条了，也变得文静了。她的中国话还说不来几句，只一味地笑，拥抱我亲吻，我感到一阵温暖，心中无比快慰。只可惜好不容易才见一次面啊！还有她的三个妹妹，她的妈妈——我那温善文静的媳妇，何日再相逢呢？

我这个家现在已经是四代同堂，侄儿一家三代陪着我过日子。我的家乡临桂县领导为照顾我，多些热闹，把我侄孙女一家从江西调了回来。这一来，我家每逢星期天，便也是背后伸筷子吃饭的啦！

我归国定居的消息，不但中外记者报道，还拍入电影电视。我归国的第二年，就有香港的新联公司，把我拍入他们的大型彩色纪录片《桂林山水》，把我的生活作为桂林好景之一。

一九八四年，广西电视台特为我拍了电视纪录片《李秀文归国定居后》，全国各省市多有播放。从此，更多的亲友来访。

我归国不久，著名书法家李骆公教授为我写了横额和条幅，横额是"桂林山水甲天下”，这是我梦萦不忘的，直条是“树高千丈，叶落归根”，代表了我的心愿。

在我归国定居十周年时，著名书法家伍纯道为我所书“踏遍青山人未老，风景这边独好”。这一条幅正好作为我一生的写照。

前年华南派著名画家陈雨田教授来看我后，也专门写了一条幅赠我，上面写着“颐养天年”四个大字。啊，这是对我幸福的晚年最好的祝福呀！

说一千，道一万，若是没有共产党的统战政策，没有政府给我的妥善照顾和安排，我哪能叶落归根，在祖国的土地上颐养天年啊！

一九七七年，我还被选为广西壮族自治区政协委员，桂林市政协常委。像我这样一个旧式妇女，文化和能力都有限，没有为国家做出什么，政府竟然这么看得起我，在政治地位上有我一份，真是我梦想不到的事。从前国民党固然看不上我，就是我，也只把自己当作丈夫的附属品，一向只知恪守妇道，默默地走过一生，虽说也享受过荣华富贵，但也备尝了人间的险阻。我之有今天，全是共产党给的呀。

我由衷地感谢共产党，并在此献上这一颗沉甸甸的赤诚的心。在这同时，也纪念我的丈夫李宗仁将军。

一九八六年二月于桂林故居

第二部

1924

桂平旧事

除了故乡，我年轻时（1922—1924）在桂平度过的那段日子，最是令我终身难忘。那里是我进入社交的第一站，也是我认识社会、洞悉人情、增长知识的课堂。虽则生活不过短短两年，但我的印象却比任何地方都深刻。因为那时我们年轻，夫妻生活在一起，身边又有一个可爱的儿子。丈夫虽然娶了郭德洁，因我并无怨言，所以他对我加倍敬重，尤其钟爱儿子幼邻。对我来说这就够了，别无他求了。

日常生活，也没有什么过不去的事，只是有时候德洁因讨不到幼邻的喜欢，心中不快，不时在丈夫面前发几句牢骚，而德邻呢，总不外是一句老生常谈："小孩子嘛，有他的个性，连我当老子的也得依着他呢。"这是真的，德邻只要一看到儿子，便笑逐颜开，心花怒放。为逗儿子欢喜，他从不放过任何机会。

记得幼邻那时才四五岁，正是爱玩的年龄。他最喜欢玩捉迷藏游戏，但那时住桂平的孩子不多。钟祖培太太有两个儿子，可是住得远，屋里只有侄儿嘉球，两人是玩不开的，因此一见他爹回来，便一把拉住，要他加入。德邻连汗也来不及擦一下，便和儿子玩开了，而且玩得那么认真，那么津津有味，同孩子一样，上高爬低地尽往偏僻处藏呀躲的，及至谁给逮住了，便爆发出一屋的笑声！三个人都弄得一头一身的蜘蛛网，或者成了个灰人，却全不理会，玩得兴高采烈。

德洁在一旁看不下去，便说："他们孩子罢啦，你是个当官的人，还带着头玩，不怕人笑话么？"德邻说："什么当官的，我才不管呢，我在外面是官，在家里可是幼邻的爹，父子玩耍有什么可笑的！是不是，幼邻？哈哈！……”幼邻则睁大双眼，然后又神气十足地拉他爹继续玩下去，德洁奈何不得，只好走开。有时，我也说上几句：“不该玩得那么疯嘛，上蹿下跳的，幼邻还小，摔坏了怎么办？”德邻总是摆手示意，叫我不要出声。后来他说：“孩子嘛，正要他玩才好，游戏对小孩子很有好处，既有助于他身体发育，又能培养他性情活泼、机智勇敢，若是他成天不活动，慢慢地便会变成个小老头，而且变得孤僻不合群，这样的孩子，身心都不会健康。将来入学，也要上体育课的。运动对儿童很重要，没有健康的身体，便不能读好书。”我看他说得那么认真，只好不再出声，由他们去。

捉迷藏这游戏，常常是德邻取胜的，玩过之后，嘉球问：“姑父你怎么躲的呀？怎么我们总是找不到你呢？”德邻回答说：“别看这是游戏，里面有不少的学问呢。这捉迷藏就好比行军打仗，你们听见我在东边学猫叫，必然跑到东边找我，等你跑到东边，我早已转移到西边了，这叫兵不厌诈，也可称为声东击西！我之所以容易找到你们，就因为摸透了你们的心理，必然越是暗处越去躲，所以我一找就中。而我呢，有时就躲在你们的眼皮底下，你们一开跑就往暗处找，怎么想到我正在你们身边呢？这也可以说是出奇制胜，或者可以说是出其不意，攻其无备。这些虽都是兵家用兵之法，但是对工作和应付社会各种复杂环境也有一定的道理。又如知己知彼，百战不殆，更是大有用场。以后再玩时，你们也可以运用这种兵法来制胜我嘛。”不过为了使幼邻高兴，德邻也常常使出些暗示，让幼邻容易找到他，这样父子两人便更乐不可支了。

此外，德邻还教孩子们爬树、跳跃、荡秋千、踏滚木等。他叫人在院子里树荫下挖了个沙坑，自己示范跳远；在两株树中间横一竹竿，示范跳高。或装上秋千在空中悠荡练胆量，或以一根或圆或方的木头安在两株树下，用铁丝系牢，方的木头要使之能前后运动，圆的则旋转滚动，也都亲自一一示范，叫嘉球和幼邻跟着学踏滚木。还做一个单杠，自己在上面翻腾旋转，使孩子们看得眼花缭乱，连我和德洁也不禁为之叫绝。这单杠可算是德邻的拿手好戏，幼邻学不来，我也不许他学，只有跳远、跳高和荡秋千，两个孩子都很高兴去学，进步很快。不过，后来幼邻在香港曾因在屋顶阳台的凉棚架上荡秋千失足跌下，跌断了手肘骨，使我十分埋怨他爹，不该教小孩子学玩这些危险的玩意儿。

我最喜欢他们玩的是打电话的游戏，既斯文又现实有用。三个人各拿一个火柴匣子，穿上一根粗线，各站一方，手握匣子靠在耳旁，互相问话，有问有答，不但有趣，有时还叫人发笑不止。记得头一次，做爹爹的左手拿起充当电话的匣子靠着耳朵，右手摇几下，问道："喂喂，你是哪个？"幼邻即拿起话匣子答："喂喂，我是你儿子。"使德邻笑到眼泪都出，随即放下话匣，走到儿子身边说："你不能这样回答的呀，若是别人问你也这么答，岂不闹大笑话？"幼邻说："我明明是跟你说话的嘛！"德邻便教导儿子，说这只是在做游戏，真的打电话是跟见不着的人讲话，下次可要记住，先问清对方是谁才继续通话。

等到幼邻再长大一点，德邻便携幼邻到北校场去看阅兵，看军事训练，看射击打靶。甚至自己抱他坐在马上，从慢步到小溜，久而久之，幼邻就变得勇敢了，活泼了，要求单独骑马了。这就达到了德邻的目的。他有意对儿子进行一系列的性格培养，原想儿子长大后能继承父志，做一名出色的军官。可惜人各有志，幼邻却不把这些武艺作为终生事业。最初德邻大失所望，最后因自己军政上历尽坎坷，以至跑到美国去做寓公，转而为儿子不步他的后尘而庆幸了。

不过，收获总是大的。嘉球侄日后在上海浦东中学和广西大学都成了出色的运动员，不论排球、篮球、游泳……都是一名好手。幼邻呢，则培养了勇敢、坚强的意志，在体育方面虽不如嘉球，但他的游泳和驾驶技术都有过人之处。我带他寓居广州的后几年，他已成长为一个英俊少年，常常驾驶小汽车陪我到外漫游，消愁解闷，使我生活丰富多彩，忘却许多忧愁。因为在广州时，德邻已不再与我们生活在一起了。幸而他早年教育出来的好儿子给我很大的安慰，足以鼓励我在人生的旅途上勇敢、坚强地走到最后的时刻！

1924

忆西山

常听德邻说，桂平西山风景优美，不亚于桂林，值得一游，叫我也跟他们去观光一下。初时我总不在意，心想老远地跑去游山，一游一整天，再美也不值得。可是桂平老百姓都把游西山当作头等乐事，地道的桂平人，一年之中，总得游上三四回才觉舒心，外地人到来，游过之后，也为之着迷，传至今日，桂平西山已成为脍炙人口的游览胜地。

西山，最初不过是佛门圣地，那里高山巍峨，庙宇重叠，佛像众多，香火极盛。那些佛门中善男信女，去烧香拜佛的，一年四季，络绎不绝。因其地处偏僻，山高林密，便又成为军政要员会谈议事的好去处。我常听德邻吩咐备马去西山，便知有军政要事商谈了，但我从来不去问他所会何人，所议何事，有时一去竟日，有时晌午即返，有时一脸喜色，有时满面愁容，可知他为官作将也是不得安宁的。

此外，西山是学生们郊游活动的唯一好场所，每逢春秋佳日，漫山遍野，响遍了青年学生的欢声笑语，以及锣鼓喧天，使平时幽静清雅的西山平添上生气蓬勃。有个趣谈传了下来：学生每游一次，老师必要其写一篇游西山记，一年之中，至少要游两三次，有些调皮学生，不必多动心思，只把旧文改动一下，又可成为新作了。此举成为学界趣谈，意思是游西山之多，连作文都背诵得滚瓜烂熟了，但是西山之游毕竟是意境常新的，文章也自有其新鲜的内容。

西山风景优美，是文人墨客抒情遣兴、以文会友之地，不少名人在此题诗刻字，以作纪念，为西山增添胜迹。

至于地方上的商绅、富豪呢，则以西山为四季行乐场所。他们之游西山，一游一整天，每游多数携带女眷同来。这一整天当然离不开饮食娱乐了，其时便有人兴起在茶楼酒馆中订包筵席，承包厨师们将所订一餐或两餐的饮食以及锅瓢碗盏肩挑上山，然后在寺里烹调供其享用。餐后便打麻将牌消遣。但这等人毕竟为数不多，游山者终究是老百姓占多数。

那时欧风东渐，桂平是个不大不小的水运码头，外面的新鲜事物也开始流入。男人所到之处，也少不了女人的足迹。那些蜗居家中的年少妇女便不甘寂寞，也风雅时尚起来，每逢春秋佳日，风和日丽，西山路上平添了不少红男绿女，一则出来见世面，二则趁此机会极尽打扮，互相媲美。

最有韵味的是城镇中青年男女，随身携带着管弦乐器，在西山聚会，品丝弄竹，轻弹浅唱，乐声悠扬，在深山密林中，微风过处，似远还近，听之令人心旷神怡，如入世外桃源。

西山在桂平以风景驰名，又是具有数百年历史的佛门古迹，当地军政绅商、各界人士都着重开发，捐款资助，逐年修缮佛寺，扩建亭阁楼台，使之臻善臻美。至今桂平西山已闻名遐迩，成为开放旅游区。中外游客慕名而来者，逐年递增。可惜幼邻每次回国，都无暇顾及旧地重游。

1924

西山记游

人人都道西山好，又经德邻多次怂恿，我已为之心动，引起了游兴。

那时我们游西山，多半是坐轿去的，德邻先是抱着儿子骑马，逐渐地，幼邻胆大了，也嚷着要单独骑马，德邻只好配备那匹小马驹让他乘坐。一路上幼邻开心极了，不时叫唤："妈妈，你看我可以同爹爹一样骑马了呢！"父子两人蹄声嘚嘚，在我轿旁慢慢走过，时不时又绕回来等一阵，此时此景，令我心花怒放，玩得无比的快乐。不过，在轿中是领略不到路上景致的，到了山下，我们（有时是德洁，有时是何武太太，有时是钟祖培太太）便下马的下马，下轿的下轿，一齐步行游览了。

西山沿路，古木参天，多数以松树为主，其中有不少生长了几百年的大松树，树冠可遮盖百十人，松针茂密，山风过处，其声如涛，是谓松涛，是西山一景。夏日到此，一派清凉，暑气全消。步行至半山，在树木掩映下有一茶亭，正好供游人歇脚喝茶，这茶亭依山傍树，用竹木搭成，茅草盖顶，里面几张长木桌，几条木凳，简而不陋，却又别有情趣，加以松荫蔽日，清风习习，松香扑鼻，茶水清甜，游人到此，顿觉心清气爽，悠然怡悦，大有坐下来不想再行之感。德邻笑说："这不过是初入佳境呢，茶水也一般，解渴罢啦，再到上面，保管你更舍不得离去。"

离茶亭不远，有几对青年在树下喁喁言笑，原来这里并排长着两棵树，树势挺秀，枝叶繁茂，生机盎然，煞是可爱，两树各伸一枝，互相交缠而生，德邻说："这叫连理枝，又是西山一景呢。"大家不禁啧啧称奇，难怪青年人在此流连忘返了。

往前约半里，山路变得陡窄，已进入佛门圣境。首先入目的是李公祠，寺不大，入门只有一尊大佛，人称弥勒佛，又称笑佛，笑嘻嘻的慈眉善目，令人一见顿生欢喜之心。人人到来，先烧香拜佛，然后虔虔敬敬地近前摸抚佛肚，意思是摸了肚子不痛，此外，别无其他佛像。再往上走不远，就见一座巍然大寺，十分壮观，人称之下寺。入门，赫然端坐四尊丈多高的菩萨，这就是世人所称之四大金刚了，传说四大金刚俯瞰众生，洞察人间善恶，恶人看见，心惊肉跳，颇有改悔之心，善人看见，欣然而喜，更为广行善事。我们正自议论善恶报应之说，德邻说善恶自在人心，报应也是人为的。入内，佛像众多，香烟缭绕，善男信女拈香拜佛的摩肩接踵，我们女眷，也随之合十边行边作揖。德邻说这里有一藏经阁，保存着许多佛教经卷，十分珍贵，本是谢绝参观的，为了让大家增长见识，倒不可不观光一下。他请住持打开门锁，只见里面一沓沓经卷，一律是黄色纸张的木刻本。据住持说，这是广西仅有的珍品，一般不轻易得见，你们算是与佛有缘哩！德邻连忙称谢，大家也不随便动手翻阅，谢过老僧便退了出来。此时，幼邻已等得不耐烦，一迭声催到上寺看哪吒去。

离开下寺，山路更陡，沿途只有错落不齐的石级，拾级而登，不远，便到上寺。那寺更加瑰丽辉煌，佛像更加衣冠鲜艳，大至玉皇大帝、如来佛祖、观音菩萨、十八罗汉、九子娘娘……小至金童玉女、韦驮、哪吒，各分殿供奉，粗粗算来上下两寺的佛像怕不少于百几十吧，每尊佛前，摆满香炉烛台，处处香烟缭绕，烛光辉煌，照得佛像栩栩如生。

由于进香的人多，香炉一下便插满了，寺僧（桂平人称之为庙祝）只好把未燃尽的香烛移到外面，并对香客说，把带来的香烛暂且搁到旁边的香桌上吧，让僧人替施主们烧好了，有心佛自知。进香者只好虔虔敬敬地把香烛捧到香桌上，以至香烛纸钱堆积如山。

那些家口不宁，或疾病缠身的，便在佛前许下各种心愿，或捐献佛衣佛鞋呀，或簪花挂红，重塑金身呀，等等，都不乏其人，因此众多佛像都是衣冠鲜艳，幔帐缤纷的，还有穿不了的衣冠鞋帽，则一一摆在供桌上，其中以观音菩萨和九子娘娘佛座前供奉最多，佛像最为光彩夺目。佛前的油灯，也是长年不灭的。这油灯一是代表佛光普照的意思，施主们最是在意，二是佛寺中生财之道，寺僧们是十分要紧的。因此，每逢游人进香之后，寺僧便捧出香油簿，请人随意乐捐，一年之中，除了油灯长明，还剩下不少钱作为补贴寺僧衣食。谁不愿意乐捐呢，只要香油簿上有名有姓，菩萨自然知道，便可得到更多的庇佑了，心里就更加安坦了。当然，大多数人是不捐钱的，他们说这是迷信。

每次我游西山，也作兴捐些香油钱。德邻不主张迷信，但捐香油钱他倒是不反对的，他说："捐香油钱作为补贴寺僧们的清苦生活，是不妨解囊的，求签问卜嘛，当作玩意儿，也无不可，至于烧香跪拜求神赐福呢，就不必了。所谓福气，是自己挣来的，菩萨的香火'衣食'，还得靠人间供应呢，佛身也是凡人雕塑出来的嘛，木雕泥塑的神佛，哪能有知，你们说是么？"可太太们谁都不信这一套，仍然自行其是，烧香拜佛。倒是我，疑信参半，不过，一到西山佛寺，听到那木鱼清磬之声，似觉万念俱清，世事浮云，更加不想去争强好胜了。

观光过佛寺之后，幼邻已大声嚷叫烦了，一迭声催促我们到飞阁喝茶去，还说飞阁是他爹捐钱建造的，他爹还请名人写了一方大大的匾额呢。我们原想歇息一下再走的，德邻看儿子已十分着急，便说："不远就是飞阁了，那里有茶好解渴，也好坐下休息。"我们只好再步行登山。之所以称之为飞阁，不外是高的意思，是建筑在半山的一座比较宽敞的楼阁，门前果然有一方大匾额，中间"飞阁"二字，下款为"李宗仁题于△年△月"。这飞阁建筑得相当别致，四周石砌栏杆，栏杆内一律铺上大石板，以供游人歇脚。登阁远眺，山景全收眼底，几许小巧玲珑的亭台楼阁错落有致，周围树木葱茏，山花灿烂，鸟声婉转，美不胜收。尤其惬意的是，入到里面，茶香扑鼻，游人三五成群，在此饮茶解渴，真如德邻所说的舍不得离开。这里茶水确实比茶亭好多了，茶叶是寺僧所种，沏以西山泉水，因此清香甘美。夏日以大水缸盛着，置于阴凉处，整日颜色不变，任由客人取用，不收分文。我们正奇怪为何用许多茶叶供应却不收分文，岂不亏了寺僧？德邻说：“这你们就不懂了。谁饮过这茶都赞不绝口，寺僧便可趁此销售茶叶，收入不就来了嘛。不过这茶若用乳泉水沏就更清香了。”正说着，只见一年轻寺僧，一手托杯盘，一手持壶，来到我们面前，给我们一一沏茶，说这是乳泉水沏的新茶，是特意敬我们几位的。我看那茶确实和刚才饮的大不相同，那杯中的茶芳香碧绿，品上一口，沁人心脾，满口生津。钟太太一迭声说：“这茶叶我们得多买几斤呀，自家饮用不说，还是送礼的佳品呢。”德邻在旁哈哈大笑说：“不是么，这就是寺僧的财路了。”但是，用乳泉水沏的茶毕竟为数不多，这只是寺僧用以奉承富贵人家罢了。

歇息了约莫半个钟头，大家便急于要去看乳泉。乳泉亦是西山名胜之一，那乳泉看来不过是一大石臼，比我们家乡舂米的石臼大不了多少。泉水从臼底涌出，从不干涸，其水饮之冰凉清甜，泉旁放一木瓢，让游客舀水品尝，奇怪的是边舀边涌，舀之不尽，不舀亦不溢。据说贪心之人到来，泉水就停而不涌，这大概是传说罢了，有些富贵人家，专门着人来一壶一壶地提回去，泉水还不是照样涌出，这又作何解释呢？不过，这个乳泉确实令人称奇，人家把它比作女人的乳房，因称之乳泉。

离乳泉不远有一小亭，叫乳泉亭，供人歇息饮乳泉水而已，倒不见有茶供应。以后我再到西山，小亭已专门设有乳泉水沏的西山茶供游人品尝了，酌收茶资，游人纷纷购买茶叶。这西山茶从此闻名遐迩，德邻说是可与杭州的龙井、江苏的碧螺春媲美，难怪他到了美国仍然念念不忘。

在乳泉亭歇过后，德邻又叫我们再往前走，说是还有古迹可看。其一是“仙人掌”，沿途全是青石铺路，日久已踏成天然石级，路旁有一大石块，上面有一脚掌状的凹穴，传说是仙人留下的脚印，谁要是合得上，便有福气。人人都去比试一下，谁都说合的，只是大小都有解说，因此便人人欢喜。我也比了一下，大得多了，可是自有人说，大点才合脚呢，松鞋紧袜嘛。

再往上走，便看到另一名胜“棋盘石”，是路旁一块颇为方正的大石板，上面隐约有方格纹，传说是福、禄、寿三仙下棋之处，有缘者虔诚到此，也曾见过，并已跟仙人去了。

游罢西山之后，我们也美美地吃了一餐山珍美味。在这清凉世界中，大家自以为神仙胜过凡人了，可是一尝到人间烟火，又觉得人间毕竟胜过天堂呢。

人人都说西山好，不但风景优美，天公也作美，来时背着太阳，归时亦背着太阳，不至于阳光耀眼，看不清风景。下山时已近黄昏，飞鸟投林，清风阵阵，一身的疲倦，不知不觉，随风而去，只剩下游兴未尽，一心想着下次再来。

1931

婆婆广州行

婆婆在香港住了一段时间，觉得香港除了上街买买东西，在家打打小牌，偶尔去吃顿西餐，此外便无所事事了，便有点思乡之感。此时正好德邻来到广州，得知婆婆在香港闲住无聊，来信叫我陪她去广州玩几天。我因幼邻跌伤手尚未好得妥帖，便叫嘉球陪去。嘉球是刚刚从上海回香港度假的。

婆婆是很喜欢嘉球的，说他懂事、勤快，知道有他陪去广州，欣然同行。根据嘉球与婆婆游罢回来所述，我才知道婆婆与德邻同游广州的许多乐事，可知我丈夫从小对母亲眷爱之深，现在把他们的描述收入我的回忆录，以纪念德邻对婆婆的一片孝心。

嘉球陪同婆婆到了广州，先住入新亚大酒店，然后才打电话告知德邻。德邻立即驱车来见，并说嘉球为什么不先打电话通知去接车。其时，正值嘉球的两个同学在访，德邻见母亲身体健康，精神特好，十分高兴，便邀大家一起去吃饭。一行五人，分乘两部小轿车直奔西濠酒家。德邻是最喜欢去西濠酒家吃西餐的。德邻不带随从，五人直上餐厅，侍者们认出是李老总来了，忙不迭上前招呼问好，并问李总司令今天宴请多少人，德邻笑说："今天不是请客，是请我母亲来尝你们的拿手好菜红烧乳鸽，我们来个中西合璧吧，你们可得在意点，务必给老人家吃得高兴才好呢。"侍者忙着交代去了。酒店老板闻知李老总到来，赶忙出来应酬问好。

不久便请入席，先是一道冷盘，西濠的冷盘很有特色：红烧鲍鱼、油炸肫肝、凉拌鸡丝、金银蛋。婆婆略微尝了几片鲍鱼，说是不错，比香港好。德邻笑说：“食在广州嘛。”便叫嘉球的同学尽管吃，不要客气，说学生生活清苦，不容易出来吃餐饭，嘉球便招呼同学大饱口福。第二道菜是鸭掌竹笋，婆婆称赞说清淡不腻；第三道菜便是红烧乳鸽了，这乳鸽烧得皮脆肉滑骨头酥，入口酥脆滑嫩，果然好吃。婆婆立即夸赞起来：“哦，怪不得呢，是好东西，你真够口福，都吃到惯熟了，我可是第一遭呢。”德邻笑说他也不常来，只不过吃过一次便想再来，趁母亲来广州他得以再享一次口福。初时婆婆还说怕吃不了一只，要撕下一半给嘉球。德邻说：“母亲尽管吃，吃不了再说，这里一共十只乳鸽，够他们几个后生家吃的了。”婆婆便细嚼慢咽，居然吃完了一只乳鸽，自嘲是个老饕了。嘉球他们当然不肯放过这样的美食，一时间，便风卷残云，把这些乳鸽一扫而光，德邻自然也大快朵颐了。接着是淮杞炖脚鱼，德邻舀了一小碗汤，挑了一块脚鱼的裙边给婆婆，笑说：“清炖脚鱼滋阴补肾，正好消消红烧乳鸽的火气，母亲平时也少吃这东西，趁热吃吧。”婆婆便又吃了半碗，及至最后一道菜上来，是又鲜又辣的五柳鱼，婆婆只略为动筷，便望鱼兴叹了。只有德邻、嘉球及两个同学仍然吃得津津有味，婆婆看了好笑，说：“看你们那样子，好似才开斋的呢。”我知道，德邻最爱吃五柳鱼，越辣越好，想必后来害胃病就是多吃辣椒种下的祸根。

婆婆临走时说：“这里的菜很好，尤其红烧乳鸽，可惜九嫂和幼邻没口福。”德邻笑呵呵地说：“等他们到广州，也请他们来大吃一餐。”婆婆点头。

第二天，德邻和嘉球陪婆婆“游车河”（坐汽车到处浏览，广州人称之为“游车河”）。先游沙河，德邻说这里的沙河粉好吃，驰名远近，不可不尝，便到一间有雅座的粉店，要了一大碟炒粉，各人一碗卤菜粉，婆婆说：“这沙河粉倒不见得怎么样，虽然蒸得又薄又滑，吃起来也爽口，但无论如何比不上我们桂林米粉好吃，因为这粉的配料不够。你别小看桂林米粉的配料呢，少一样也不成味道，比如说少了两瓣生蒜，就大为逊色，不放辣椒也不够味，就是那卤水嘛，最是讲究，要有花椒、八角、茴香、草果、丁香，缺一不可，桂林米粉就凭卤水卖得响亮，还有卤菜（卤牛肉、牛肝等），锅烧（油炸猪肉），都是各显神通，总之，哪里的米粉都没有我们桂林米粉好吃。”德邻说：“广州也有卖桂林米粉的呢，几时请母亲去比较比较如何？”婆婆说：“广州也有桂林米粉吗？可知桂林米粉驰名了。”

第三天，婆婆说要逛逛广州的商店，她早听说广州的玉器和象牙制品很有名声。有一条街是专卖玉器首饰的。三个人便先到大新、先施两间大公司去浏览一番，货色虽多，但无甚需要，便径直驱车到专卖玉器和象牙制品的大新街。德邻说：“大新街的店铺很会做生意，保证你不会空手出来的。”婆婆他们随便到一间玉器店，那些伙计们果然八面玲珑，一见顾客入内，便满脸赔笑，请坐问好，敬茶敬烟，不厌其烦，倒不像是在做生意而是在招待客人。商店一边是一溜摆着八张酸枝木制的太师椅，抹拭得紫黑锃亮，纤尘不染，对面是装潢典雅的玻璃柜台，柜内琳琅满目，尽是名贵玉器。顾客们且不忙看货色，而是只管歇着，店内静谧谧的不闻说话声，更没有做买卖的讨价还价声，奇怪的是这些百年老店的伙计们始终不急不忙，耐心侍候着。

婆婆本来就打算买几件玉器的，坐下歇过了乏，便去瞧柜橱内的玉器。只见品种繁多，其中以翡翠最具魅力，红玉次之，白玉又次之，有手镯、戒指、耳环、扳指、玉牌，有大玉佛、小玉佛、十八罗汉、观音菩萨等，无所不备，都是精雕细刻、栩栩如生。婆婆边看边赞叹，爱不释手，最后挑下几件较便宜的买下：两副玉镯，几对王耳环，几只玉戒指，还买了一座小玉佛，说是给幼邻的。然后随便参观一下象牙制品，只买了一副象牙筷箸，店伙计一一包装停当，算了钱，可大家身上都没带这么多钱，德邻便写了一纸条让伙计到家去取钱，此时老板和伙计们才知道这位就是赫赫有名的李宗仁。

婆婆在广州只住了五天，便说住不惯了，主要是因为幼邻前不久在阳台上荡秋千，不小心摔下来，跌断了尺骨，虽经医生接好，但婆婆仍不放心。德邻说：“香港昨天来人，说幼邻的手已除了夹板，没事了。小孩子好得快，母亲不必挂心，若住不惯，就先回去。好在不久幼邻母子也要迁回广州了，幼邻回广州念中学，那时母亲一道来住更方便。”

婆婆与嘉球回到香港时，果然幼邻的手已除了夹板，并可以活动自如了。婆婆把在大新街买的小玉佛给幼邻，幼邻高兴不尽。婆婆自然也很高兴。其余给我一只玉镯，给十七嫂一只，至于耳环、戒指，婆婆说要带回去分给家中各亲人，还有一副玉镯，本是德邻劝说婆婆自用的，回到乡下家中，还是给了大姆一只，自己只剩一只。后来我带幼邻回广州念书，婆婆果真再来广州，我才又陪她去大新街，买了一副比较名贵的送给婆婆。

1933

钱庄[1]拾趣

嘉球陪婆婆来广州玩过之后，老人家显然对广州饶有兴趣，说等幼邻母子从香港回广州上中学，她一定再来玩个痛快。

1931年我带幼邻回广州上中学，两年后婆婆真的再来与我们同住一段时间，这回不论吃的、用的、玩的，都尽情享受一番。

她还记得两年前德邻请她到西濠吃红烧乳鸽的事，德邻也记得他许过的诺言（当时德邻住马棚岗），便约了时间请婆婆、我和幼邻一家四口再次光顾西濠酒家，美美地吃了一顿红烧乳鸽，外带幼邻喜欢吃的白切鸡、清蒸鳜鱼，还有龙虾。这一顿是一家团聚，特别高兴。

婆婆这一次玩得十分开心，特别是与孙子在一起，而且德邻常来见面，她认为这样的日子足够她回忆一辈子的。

一个星期日的下午，婆婆拿出一张银票，说："幼邻，今天陪奶奶去逛一个地方怎么样？这是一处很新鲜的去处，小孩子是难得有机会去的，去开开眼界怎么样？"

幼邻看看那张巴掌大的钱票，不感兴趣。他正一门心思在等着去游泳呢，每逢星期天下午他是一定要去游泳的。婆婆看出幼邻的心思，使说："用不了很多时间的，

① 钱庄是旧式之金融机关，经营兑换、存款、放款、汇兑等业务，与银行同属信用机关，但性质各异，其特色在重视对人的信用。——笔者注

来回一个钟头就可以了，别看不起这玩意儿，这地方可以长见识呢！”听奶奶说得这么有滋有味，幼邻便动了好奇之心。

婆婆告诉我们，她这张银票，钱不多，只二百元东毫，但足够她在广州玩个痛快了。婆婆本想交给广西驻粤办事处主任王象明代为兑钱的，因久闻这种钱庄别具风趣，便动了好奇之心，想亲自去瞧一瞧。

车开到西关下九甫（地名），婆婆交代司机把车子停在那个钱庄门前，看见大门是拖拢，一下子便喜欢上了，说这拖拢比东山的铁门有趣。

所谓拖拢，是广州人对一种门的称谓。这种门美观牢固，必须选用榆木、栗木或桃花心木做成。据说旧时的广州，西关东山一带是富人聚居之地，西关以地道的世家为主，东山一带则以华侨富商为主。拖拢在东山是少见的，而铁门在西关也不多见，这两种门几乎代表这两个地区的传统习俗，尤其拖拢最为讲究，它代表着这一家主人的气派，一看拖拢，便知这家人的地位、名望，是新贵或是世袭之家。

西关人家的拖拢，家家都抹拭得油光锃亮不染尘埃。这些门，因木质坚实，一般都可以经得起百把多年，不受虫蛀，不容易损坏，而且防盗最好，铁门亦有望尘莫及之势呢。

我们停在那钱庄门前，先观看一番，看得出这家的拖拢已久经岁月的磨洗，仍保留着它固有的品位。

门内两旁各坐一人，看见我们从车上下来不敢怠慢，连忙毕恭毕敬地拉开拖拢，躬身请进。里面是一敞厅，两边各摆四张酸枝木太师椅，茶几上现成的香烟、盆景。厅里有一穿长衫的男人在侍候客人，见到我们，躬身请坐，传茶递烟，十分恭敬。婆婆略坐之后，便将钱票交给那男人，那人看后连连拱手说：“原来是老夫人光临敝号，失礼，失礼。”便急忙走进里面，跟着一位穿着整洁的男子快步趋前，满面堆笑说：“老夫人和夫人、公子光临，未及远迎，失礼之处，请多包涵。不知除了兑款外，还要参观一下吗？”婆婆含笑说：“正是这个意思，我特带孙子来见识见识的，我们这就进去看看可以吧？”

男子躬身开门让我们进去，这门一打开，便听到一阵沙啦、沙啦之声，幼邻兴趣来了，飞快地走了过去，我也急于看个究竟，挽着婆婆也走了过去。

这里内厅与外面客厅同样宽敞，没有什么布置，只有一个方桌，上面放着茶壶茶杯而已。厅内的人，都在全神贯注地做着同样的工作，有人进来都不知道。他们在筛银毫呢。婆婆一看便明白了，边看边说："怪不得呢，原来是这样数银毫的。我早听说了，今天亲自看到，倒也新鲜。这样省事多了，只不过这样筛法，难道没有差错吗？"

那男子大概是理事的，连忙说："出不出差错，就看这些做事的人了，他们是经过挑选的有经验、忠实可靠的工人，此外，这里有专门管理的职员，稍有差错，都会被发现出来的。"这时，我才明白屋里有两个穿短褂的人在走动。

"筛子也很可靠，筛子一般分三种，一种筛一百元，一种筛五十元，一种只筛十元。夫人请看，这筛子上面刻着一个小圆槽，正好容得下一个东毫，多一个也没'藏身'之地。经过这样一筛，再把多出来的东毫抹去，筛上的东毫便是整数，就可以放入蒲包袋入库了。"蒲包是用蒲席做成的，专装银圆。

我们再看那装袋的，只要银筛子一筛好，便把银毫倒入蒲包袋内，然后用铁丝系牢，再用砂纸封好打好封印，就有专管人员盘点入库了。

我们只参观了不过十分钟，便看完整个程序。这时，婆婆的二百元银票早已兑好，有人递给那位接待我们的男子。他恭敬地让婆婆过目，说："这是二百元，分两袋装，老夫人请过目，等一会儿送到车上。"婆婆称谢，然后告辞，边走边问幼邻："今天玩得怎么样？"幼邻说："很开心，可别耽搁了，我还要游泳呢。"

1934

羊城纪事

除了家乡桂林，对广州这个美丽的南方名城，我也时萦梦怀。民国二十年，德邻要我带儿子到广州念书，在那里一住六年，虽然德邻不和我们生活在一起，但有儿子陪伴在身边，加上还有好几位知心朋友，也是专门带儿女去就读的，大家常常聚会，倒也过得快活。那几年，我们的确讲究些吃、喝、玩、乐了，衣着方面也力求趋时。在广州的六年，生活称心惬意，丰富多彩，可说是我一生中的黄金时代。

广州这城市，其繁华仅次于上海，但没有大上海十里洋场、纸醉金迷的气息。第一次我到上海是随公婆逃避战乱，仅仅住了几个月便转往桂平了。那时常听公公说："上海是富人的天堂，穷人的地狱，多少人贫病交加，走投无路，最后只好跳下黄浦江，让那滚滚的江水吞噬。"提起洋人、黑帮在那里横行霸道，公公更是怒火万丈，一时也不愿多住。若不是兵燹之灾，我公婆是万万不会去上海寓居的。我住了数月，也是深居简出，除了随公婆去过几次餐馆之外，接触社会不多，印象不深，谈不上什么可回忆的。第二次去上海，是幼邻在美国芝加哥大学毕业后，成了家，带妻女回国，准备在上海住一段时间，接我去团聚，但是因为上海人的风俗习惯与广西大不一样，说话也不易懂，住了一年多（其中有半年到北平小住），亦不大出街游耍。我的心愿只是一家团聚，观光游乐，对我来说，无关紧要。而上海可去之处，除了到几间大公司去买东西之外，没有什么名胜古迹可观光的，只是偶尔一两次跟儿媳带两个孙女到外滩或公园漫步散心而已。可以说，在上海两次居住，都没有留下多少印象。

至于广州呢，那就大不一样了。广州是值得纪念、值得眷恋的地方。

大概是两广相邻吧，其风俗、人情相近，言语也差不多。这个城市的风气比较质朴、诚实，没那么多铜臭味，文化及文明水准较高。更有历史意义的是广东省是革命先行者孙中山先生的故乡，是最早的革命策源地，有非常强烈的革命色彩和革命史绩为后人纪念。这些道理我不懂，但多次听到德邻讲给儿子听。他们喜欢这个城市，我也跟着喜欢罢啦。广西人崇尚文化者，大多愿意其子弟到广州去求学，我的好几位亲友都为他们的儿女就读方便，特意寓居广州，如王象明太太、漆渔波太太、白姑太，我大伯、八伯的儿女等。这一来，广州的乡亲故旧便有好几家，我们常常见面应酬，闲时相约出游，饱览羊城风光，生活随之丰富多彩。人人都说食在广州，我们也不放过吃食的机会，凡是广州有名的美食如市师附近的白切鸡，福来居的手撕鸡、沙河粉、艇仔粥等，一年总有好几次去光顾。

最开心的是幼邻高中二年级时学会了开汽车，每逢节假日，他便索性开起小汽车陪我到处散心解闷，所到之处，至今记忆犹新，历历如昨。我们游过的地方，近的如广州市内的中山纪念堂，市郊的白云山，黄花岗七十二烈士陵园，到远郊的罗岗洞去赏梅，到佛山去瞻仰大佛，还远到清远去观光一位高僧圆寂后的真身，到从化去洗温泉浴……真可谓四时清兴，不落人后呢。

在广州，汽车真起作用，尤其儿子会开汽车，更加方便。太太们都夸我有福气，养了个好儿子，既知勤奋读书，又知孝顺母亲，将来大有出息，说不定还要超过乃父哩！可我并不这么想，有一个当将军的丈夫已使我受够委屈了，如果再出一个为官做将的儿子，我更加一世孤独了。所以我只望儿子勤奋读书，长大后自食其力，做一个自由职业者，不要步乃父后尘，大半生风尘仆仆，四海为家。若不是国民党失败，大家都跑到美国，那就说不定父子、夫妻，要想多见一面也机会难逢呢。

1934

荔湾风光

李秀文母子在广州合影

人人都说广州的荔枝湾是羊城美景之一，本地人以此为消遣游乐之地，外地人到来，也非去一游不可，否则就枉到广州。这说法同如今人们到北京旅游时说的“不到长城非好汉”是一样意思。

荔枝湾究竟是什么地方呢？何以能这么引人入胜，脍炙人口？这么魅人？其实，这荔湾不过是一条小小河流，水不见得清，比起我们桂林的漓江差多了，不过荔湾有其独特的景致，其一是河的两岸，遍地栽植荔枝，荔枝是南方特产，过去北方人难得有这口福，就是在桂林也不容易见到。这荔枝甜蜜甘美，堪称果中之王，人人喜爱，而荔湾两岸荔树成林，一到夏季荔枝成熟之时，果实累累，俯仰皆是，游客到此，可以随意品尝，主人绝无吝惜之意，但若携带回家，则酌价收钱。奇怪的是主人慷慨，客人不贪，很少有主客不欢的事。果农倒可趁此机会，不费劳力，就可推销许多荔枝。二是荔湾河上无数轻巧别致的小艇，来往如梭，供游人乘坐，这是荔湾水上人家生财之道。这些游艇，一式小巧玲珑，抹拭得干净明亮，索价不高，按人多人少、时间早晚而定，游人兴至，还可自己掌橹摇桨，艇家则趁此在一旁休息，悠闲自在，指点说笑羊城掌故，荔湾轶事，时下新闻，更增游人情趣。艇中茶水供应，不另收钱，此种小艇，广州人传统称之为艇仔。

广州人处处讲究美食，荔湾的艇仔，便以其独特味美的艇仔粥成为荔湾一绝，闻名遐迩。

原来广州人喜爱食粥，不论各大酒家、茶楼、小吃店，都有美味的粥品供应。

粥的品种繁多，有鱼生粥、鸡丝粥、杂烩粥、海鲜粥等，各有风味，各具特色，投人所好。而荔湾的艇仔粥则博取众长，以别具一格的风味取悦于人，又以别出心裁的形如艇仔的瓷碗盛装，使人备感新颖而增添胃口，广州人美其名为艇仔粥，以致后来市内各大小酒家、茶楼都竞相仿效，备有艇仔粥供应。

坐艇仔游荔湾，兼食艇仔粥，所费不多，只需花上一两元钱，便可畅游两三个小时甚至半天，若在荔熟季节，更可随意泊岸，大啖鲜荔。这样的好去处，既遣游兴，又可大快朵颐，谁不应景一游呢？游客中有的自携丝竹管弦，伴之轻弹浅唱，有的则引吭高歌，有的吟诗作赋，有的静观欣赏，各尽其乐。身在艇中，只觉得轻风推舟，乐声缭绕，令人心旷神怡，飘飘欲仙。

不过，这样的美景，我并不常去，一则无此雅兴，二则花时间太多。说实在的，我在广州寓居，旨在陪伴幼邻读书而已，只要儿子喜欢的，我都喜欢。游荔枝湾也是幼邻硬要我去的，谁知幼邻是醉翁之意不在酒，只在乎大啖荔枝。因此两次都是在暑假刚刚开始，正是荔枝大红季节，幼邻便迫不及待地嚷着去游荔枝湾。他一不在乎浏览荔湾风光，二不旨在吃艇仔粥，落艇之后，即向船家要过桨来，径直朝荔林划去，不等靠岸，几个大孩子，便跳到岸上，往荔林飞跑，害得我和房东太太边追边喝他们慢跑，把那荔园主人逗乐了。幼邻只来得及说了声“我妈妈会给你算钱的”，便一齐动手采摘，大啖特啖起来。谁知荔树底下，狼吞虎咽地吃了不过一斤多点，便你望我、我望你地说：“怎么就饱了？这怎么行？明天再来怎么样？”我和李太禁不住哈哈大笑，主人也笑，真是到了树底下，光看也饱了。我说：“还是多称几斤回去吧，带回去就几多都不够了呢。”结果，各人提了一大包袋喜滋滋地划艇回去。这以后，暑假中，幼邻连续去过多次。我总共去过两次，便不想再跟这帮孩子为食荔枝而游了。倒是应过当地一位名士太太的邀请，中秋节晚上，在荔枝湾的紫洞艇上赏月，那就别有一番滋味啦。

此后，抗日烽火连天，我送幼邻赴美之后回到桂林，再也无缘去游荔湾了。听说抗战胜利后，荔枝湾畔建了一座豪华的水上酒家，名为海角红楼，极尽吃喝玩乐之能事，这当然是富人的天堂，水上行宫喽。

1934

紫洞艇

游荔枝湾食艇仔粥是大众化的，除非身无分文，否则都可应景一游。至于富贵人家呢，就不只满足于艇仔了，另有一种豪华游艇适应富人的要求，这种艇也可以说是富人的天堂。艇上不单供应艇仔粥，还可以大排筵宴，还有歌女应召而来，为你消遣作乐。那种艇叫紫洞艇，一般人是可望而不可上的。我也是应当地一位阔太太的邀请才上紫洞艇的。

这次赴宴，请的是我们广西客居广州的几位所谓贵妇，如王象明王太、漆渔波漆太等。我算是开了一次眼界，知道那些富豪们的享乐是无所不备的，也是我这土里土气的所谓夫人太太难以想象得到的。

那紫洞艇也可称为富丽堂皇的餐馆，只是它比富丽的餐馆还要有生气。因为它不但可以在河中饱览两岸秀色，还可随意游动，随意行乐，如请名伶清唱、打麻将牌等，当然离不开吃食了。艇中做招待的是美貌的小姐，她们对你温声细语，极尽恭敬，加上艇上灯红酒绿，丝竹之声娓娓动人。若是男人们，自是另一番景象了。我们呢，清一色的太太，主人招待当然就因人而异。落座之后，问我们喜欢听些什么曲目。我心想，游艇罢啦，还要听点什么。王太太大概有点阅历，便说就应你们广东口味，来个清唱吧。话音才落，弦音一转，一位姣好女子轻步上前，唱起广州人人爱听的粤曲。我们是桂林人，虽说在广州住了不少时日，但粤曲毕竟听不懂多少，大概是主人发觉了吧，便吩咐唱个南音，以便几位太太容易懂些。立刻，这位嗓音高亢的名伶，一转而为低音，略带忧伤地唱了一首广州著名的南音。这歌给我印象很深，因为南音与讲话差不多，腔调不曲折跌宕，故听得明白。唱词是："八月十五是中秋，有人快乐有人愁，有人楼上吹箫鼓，有人地下叹风流……"听着听着，我便不禁感到一丝愁意袭上心头，心想：这歌词虽短，可是道出了人情冷暖、世态炎凉啊！我们在此享不尽人间乐事，而卖唱的，还有沦落街头无家可归的，同是团圆月，可是照出多少不同的人像啊！我一时兴趣索然，心酸起来，主人眼见这个曲儿不招乐，便说今晚是八月十五应该高兴才是，怎唱出这扫兴的曲词来，另外唱个有彩气的。我忙说这个曲子好，我爱听这个姑娘的歌，歌词也好，道出了人间许多不平事，唱真情总比唱假戏好呀。主人转而兴致勃勃地介绍说，这个女子是广州赫赫有名的歌女月儿的高徒，唱腔几乎比得上月儿了，今晚是专为几位贵客来的。话虽如此，我听了这一曲之后，总觉得愁闷横生，想起当年广州晚上沿街卖唱的一个十四五岁的女孩子，引着骨瘦如柴的瞎子，歌声呜咽，二胡更是凄凉。他们终年累月足不停声不歇，及至嗓音哑了，便连卖唱糊口也无法维持，最后瞎子倒在路边作饿殍，女孩子则不知下落。这是我亲眼目睹过的，想到这些，开筵时就连山珍海味也无心去品尝了。

我闲时也常常讲给幼邻听，可喜的是幼邻一生不曾仿效纨绔子弟的奢侈习气，甚至最发达的时候，我们一家与一般中等人家也只略有差别，以致家人笑话我有福不会享。我是想有福不要享过了头，常言道，祸福无常啊！还是斟酌点好，何况我出生农民之家，也舍不得大吃大喝。这种紫洞艇游过一次，我已不感兴趣，因为它有一种乐极生悲之感。其实富贵人家行乐穷奢极侈，其中有穷人的许多凄凉掺和着，因此我总乐不起来。因为我想起我二姐的女儿，听说她几岁就被那个不争气的烧大烟的父亲卖了出去，为此二姐气得早死。不知那女孩子是否沦落街头，或是做了富人家的牺牲品，想到小小外甥女的不幸命运，我觉得很难过，觉得很对不起二姐。

1934

二姐一家

想到小小外甥女的不幸命运，想到我那可怜的二姐，我就觉得对不起她们，尽管并不是我的错。在四姐妹当中，我二姐算是最文静的一个，人也长得标致，就是爱哭，父母不甚喜欢她，说时常眼泪汪汪的，招霉气。还不到十七岁，就听媒妁之言，嫁到山沟里去。初时，村里人都说二姐爱哭不吉利，如今可哭出好日子来了，因为山里龙家是该村的首富。

二姐夫早年也有志气，与德邻是同学，毕业于桂林陆军小学，初时也立志要做一番事业，后来不知怎的，忽然间变得意气消沉，不思谋职，成日闲散游荡，荒废光阴。同学一个个各奔前程去了，德邻请他同去南宁，他却大发牢骚，说："当今之世，政治腐败，军人各立山头，自相残杀，我何必去玩命！我家有田有地，把老米吃光再讲。"德邻劝他不应这样消极，说："国家兴亡，匹夫有责，你学得一身军事本领，就更不能无责。"可他老是听不进去，照样我行我素，慢慢地从玩物丧志变成花天酒地，赌博、吸鸦片烟，不几年，把个偌大的家财食尽卖光，这还不算，一次赌输了钱，醉后把五六岁的女儿也卖给了别人，从此无脸见人，到处流浪，不知终于何处。德邻对他爱莫能助，横下心说："似这种人，生不如死，何必活着危害社会。"

二姐一向懦弱，对男人只有逆来顺受，就这样积忧成疾，而且害的是痨病，在旧社会是个不治之症，等死而已，不久便与世长辞。我母亲后悔不该把她远嫁到山里，男人又是个败家精，二姐病愁缠身，以致回家一次都不容易，害了痨病，让她自己熬，到死也不曾见得一面。母亲痛悔哭得眼都快瞎了，不过当时嫁出去的女，泼出去的水，尽管伤心也顾不了许多，久了也就淡忘了。只有我，老是想起二姐平时那双忧郁的眼神，那常常动不动就哭的面容，想起她最后一次回家与大家见面的情景：那时正是我从桂平回来，她特意带了女儿回来，我那外甥女当时只有三四岁，长得清秀，也很乖巧，但又是与二姐一样愁锁双眉，使人一见就心里难过。二姐特地对我说："四妹，我命苦啊，嫁了这么个男人，如今衣食都保不住了，我又害了这个短命病，以后怕活不久了，你看在姐妹情分上，过两年等你外甥女大点，你把她带出去吧，免得她在家受苦。"边说边哭得浑身打抖。这些话，这副面容，至今如在眼前，言犹在耳，一想起就令我心酸落泪。我那可怜的小小的外甥女，她的紧锁着的双眉，总未能从我心中抹去。

后悔的是我不该不早把外甥女带出来，若是带出来，就不至于遭那厄运了。谁又想得到她那没良心的父亲，竟然连五六岁的亲骨肉也卖得出手！不久，二姐死了，我才觉得我这辈子对不住她。

从此，我无时不在托人打听外甥女的下落，可是，人海茫茫，谈何容易啊！就是德邻，也束手无策，只能把我的外甥龙起潜接到外面读书。

起潜甥自从父亲失踪，母亲去世，叔父母无子，便把他接过来，抚养到十二三岁，我才接他到南宁念中学，之后，考上广西大学化学系，毕业之后，做过几年化学技师，抗战胜利后，他为我经营建新旅馆，解放后又归队回到南宁冶金研究所，颇有造诣。他身子单薄，亦因患肺病过早离开了人世。

我二姐一家，就这样，一根苗儿也没留。二姐一家的悲惨命运，时时缠绕着我的心。每逢我快乐的时候，二姐和外甥女的影子总蓦然袭上心头，使我悲从中来，不胜惆怅。我立誓对使女不施打骂，不加薄待，作为我对二姐和外甥女不曾尽力的唯一补偿。

1934

无病食药

出国十多年来我不曾大病过，在香港，到古巴，到美国，我除了镶过牙齿外，从不去医院。偶尔伤风感冒，这毛病不痛不痒的，只不过多打几个喷嚏，并不伤脾胃，只消服几片阿司匹林就好了，再不好，我便用家乡的土办法——刮痧，既管用也不费事。只需用个瓦调羹蘸点生油，在后颈背来回刮，刮到现出一片紫红的痧，便一身轻松，喷嚏不打了，感冒也好了。我从不因为感冒减过胃口，照样食鸡食肉，也从不忌口，大家都奇怪。这大概全靠早年打好的基础吧！

年轻时我犯过胃痛和头痛的小毛病，不过我并不把它当回事，胃痛时便炒点生盐揉擦胸背，半个钟头不到便止痛了，很灵验。这是家乡一位土医生的小单方。他还有一验方治好了我头痛的毛病。大概是我月子里保养不好吧，头痛起来像鸡啄一样，那土医生开了两味中药，记得好像是牛膝、杜仲，说是吃了保你不痛，不知你信不信，信呢，痛了就服，不信也无妨。这两味药果然一服就灵。我说他是神医，他高兴极了，又给我开了个单方，说是我身子单薄，气血亏损，将药配齐制成药丸，叫我天天服，保证身强体壮。以后我到了广州，真的配了药丸来吃，慢慢地身子好多了，还介绍给几位太太，谁知她们看了单方，倒笑话我土气，说是这几味药她们早当茶喝了，何须做成药丸，用水煎服当茶喝更补益。于是我也效仿她们，成斤成斤地把药买来现成放着，天天煎服。这种药甜津津的像吃糖水，原来都是些补身子的红枣、北芪、党参、淮山、杞子、当归、白术等，连服几年不曾间断，身体越来越健壮。从乡下出来时，我才九十斤不到，后来增重到一百三十多斤，成了个大块头。王太她们好笑说：“莫吃这药啦，再吃连黄包车也坐不下啦！”

不只我身子骨壮了，连帮我煲药的大嫂和田嫂，把药渣煮吃二道，也滋补得身强力壮。这以后头痛病消失，胃痛也好了，可以说已不沾病的边，更不要说到医院去看病了。

一晃几十年，回国后讲起这事，见我侄媳身体瘦弱，便叫她也配这几味药吃。可惜她没有耐心，只略略服过几剂，因此她身体比不上我。我说三天打鱼两天晒网是收不到效果的。不过话又说回来，那时我身边专门有人煲药，若要我自己没病煲药吃，恐怕也没有这个耐心的。我得多谢大嫂和田嫂呢！

1935

住院趣事

记得我在广州客居的时候，有一次因急病已住进医院，临阵我又逃了出来，闹了一场笑话。追根溯源，是我最怕嗅到医院的那股药气味。那年王太住院，我去探病，一进入医院大门，一股药味就冲得我头昏脑涨，勉强掩着鼻子到了病房，还不到两分钟便呕吐，赶忙出来，以后便怕去医院了。

闹笑话的那次是我和王太到大新公司买皮鞋，正弯腰试鞋，不知怎么搞的，忽然胃痛得厉害，五脏六腑都像被抽了筋似的，腰直不起来，脚也移动不得。王太她们吓慌了，连忙雇黄包车送到附近医院，医生要我即刻住院留医。王太她们不由分说，立即办了住院手续。我痛得慌了神，只好由她们扶我进入病房躺下，王太倒了一杯开水给我，便对医生说要回去帮我拿些日用衣物，不久医生护士也走了，只剩我独自在病房躺着。

我住的是单间，此时只觉得药味扑鼻，胃倒不见得痛了，自觉已似没事人一样。我想胃痛是我一贯就有的小毛病，从不吃药，痛了用炒热的生盐揉擦胸背就好得了，何必住院，闻那股药味比胃痛还难受。看看旁边没人，便一声不响跑出病房，到医院大门口，雇了黄包车径自回家去了。王太和大嫂送东西到医院不见我，问医生护士都说刚才还睡在床上的，一下子却不见了，走廊、厕所找遍也不见人。病人失踪，急的何止是家属，医生护士也急得慌了手脚，大家分头去找。后来他们赶回家中，看我安安然然地在喝稀饭。他们万万没想到我独自跑回家，不觉又好气又好笑，都说："大夫人，你这玩笑可开得够惨的，害得我们四条腿都跑断，心都从口中跳出来了。"我说："你们才拿我开玩笑呢！明知我闻不得医院的药味嘛，还硬要我住院，我胃不痛了，不回来干什么？"王太说："胃不痛了是好事，但也得经过医生许可呀！"我说："我一刻都忍受不了啦，再说半天也不见医生呢。"王太问："怎么好得这样快？"我也莫名其妙，说不出来。这问题我好几十年都没弄清楚，直到归国后问了医生，才知道有时胃病突然发作，这是胃痉挛，喝杯热开水有时就止得了痛的。

1937

梦萦义学巷

我从广州回到桂林，先后住过义学巷、义井头、桂花街（这几处都是街名，为方便起见，大家都把街名代表我住处）。其中住义学巷时间最长，总共住了六年多，在那里的生活，即便是一鳞半爪，也给我留下深刻的印象，至今想来，历历在目。

桂花街在当时，以其现代化建筑压倒群芳。义学巷是土洋结合，但庭院布局雅致，有许多是桂花街所比不上的。我无论何时，身在何处，都会想起在义学巷过的那段漫长的日子，想起院子里栽的那几株迎风摇曳的湘妃竹和红绿相间的夹竹桃，想起那金鱼池和池上那座玲珑别致的假山，想起我闲来无事，把面团捏碎撒落池中喂金鱼，看那金鱼成群结队浮上水面吞食的情景，想起假山上那些亭台楼阁、花鸟虫鱼，以及各式人物，有拿团扇捕捉蝴蝶的仕女，有白发苍苍在下棋的老翁（这些都是陶瓷制成的工艺品，专门点缀假山的，还可以常常更换）。这些人工景物，是桂花街所没有的。

我也不知当初桂花街造房设计那么讲究，为何偏偏不曾考虑到把义学巷的假山、金鱼池也照搬过来？这事一直使我感到遗憾。大概那时正值抗战期间吧，房子盖好之后，桂林已被战争气氛笼罩着，天天只记得躲警报，谁还有心思顾得上四时清兴，及时行乐呢？

以后虽然抗战胜利了，桂花街房子却遭了一场浩劫，被日军一把火全烧光了，重建之后，住不多久，又急巴巴地赶去上海、北平与儿媳一家见面团聚，再也来不及去顾房子里面的庭院景色了。

义学巷的房屋土洋结合，庭院占地与住屋相等，地面一律铺上三合土，可以在上面滑旱冰。左边游廊做厨房，厨房十分宽敞，居中一个大水池，还有一半场地作为家人洗衣、炊事的作坊；右边游廊作为堆放柴炭，停放包车、单车之用。

正屋住房，上下两层，左边一条长而宽的通道直通后门，后门就是义学巷。我们出入，多半走后门。前门是厚富街，不论前门、后门，都地处闹市中心。

对于义学巷的庭院景色，或者居家生活，我永远不会忘记，常常是想着想着就不知不觉地进入了梦中：我做着平常做的事，想看看水池的水满了没有？水池已经多久没刷洗了呢？恍惚之间便见田嫂带着春燕跨进池中，开大水龙头，用大刷把洗刷起来，那水开得尽量大，哗啦、哗啦，直刷到那水池周围一点泥渍都没了，然后才又换过一池清水。可我还尽听那水哗啦哗啦地响个不停，直到把人吵醒，方知是身在梦中，此时幼邻正放大龙头在冲凉呢……

一晃几十年，归国之后，虽然安住桂花街，但义学巷的多少往事，仍然常在梦寐中。

1937

义学巷邻居

我时常想起义学巷的两家邻居。一家是白姑太的女儿，她家就在我隔壁。她喜欢京戏，特请一位师傅到家教戏，每天吊嗓子，依——啊——学唱《玉堂春》，一开口就是苦啊！……听得令人心酸。

另一家是湖南迁过来的穷苦人家，男人是个补鞋匠，大家叫他王三，管他老婆叫三嫂，夫妻俩之外，大小四个孩子。男人补鞋，女人养猪，男人是个患肺病的，看来已经不轻了，整天咳嗽，口唇血红，总像吐过血似的，叫人看了心里难受，可他仍一直在做工，从早到晚。只有下午三点钟左右，因为发烧才歇一下，据他说这病平时也不怎么样，不过是咳嗽、气喘，但是一到下午，总有一个钟头的潮热，这时就全身发烧，四肢无力，头晕，气短，便不能做工了，大概一个钟头之后，潮热退了，人也清爽了些，除了咳嗽，别无其他难受之处，便又可以做工了。

巷子里的人家都拿鞋子给他补，因为他补鞋子既结实又不走样。一般人是不理会王三害了这样重的肺病的，所以王三的活便没有一天断过，他的辛苦也没有一天断过。

我天天听惯了王三咳嗽，习惯了，反而是哪天听不到他咳嗽，倒有点不放心，怕他出什么事了，便到楼梯口瞧瞧（我家楼梯转弯处有个窗户，正对着他家，我们两家分隔在巷子两边）他还在做工不。

王三的女人在家养猪，煮食，带孩子。大一点的女孩可以帮做一点家务，小的一个男孩则成天扯着她衣襟嚷肚饿。我常在楼梯口递些饼食和衣服给她。每逢她杀猪出卖，必先给我送来一挂猪肝瘦肉，说："这猪是大夫人家潲水喂大的呀。"我总是交代田嫂量一小口袋米给她，她总是千恩万谢而去。

一年又一年，她家的日子没什么变化，直到我搬到桂花街，有时路过，看到王三的摊子仍在摆着，便颇感欣然。直到我出国后，还常常惦念着这家人，不知道后来怎样了。

1973年我归国定居了，曾要侄媳陪我到义学巷去看旧时住处，还想看看那家邻居。我的住家已作为国营建新旅馆了，那王三一家已无影无踪，无处可查了。

我不禁怅然若失。

1940

嘉琳之死

提起王三，我就想到肺痨，我就想起我二侄儿嘉琳。他就是害上这可怕的病，年纪轻轻就离开了人世的，死时还不到二十四岁。时人说：十痨九死。年轻人害上这病，尤其难治。那时只有一种西药叫盘尼西林的可以治之有效，可这是外国进口药，价钱昂贵不说，整个桂林都买不到。嘉琳住进医院，千方百计也只得注射几次，加上年轻人好一点就往家里跑，舍不得年轻的妻子，就这样，不到两年，就给病魔折腾得形销骨立，终于致死。

他是死在乡下家中的，他知道他的病好不了，他要死在家中。我和医生实在劝阻不住，只好让他带药出院，回家静养。

记得那天我和大侄媳去医院接他，看到他骨瘦如柴，面目干枯，声音暗哑，不禁一阵心酸。他边喘边说："姑姑，我还是回去的好，在这儿已经医了一年多，钱使了病治不好，人又受罪，我回乡下还可以多看几眼父母、妻子，睡在自己的床上也自在些，生死由命吧，不勉强了。"

我只好让他出院，由吴贵开车送他回去。

嘉琳回去后，倒有一段时间比较平和些，人似乎也硬朗些，可以踱步到屋外晒坪上看晒谷子。大家都以为他好得起来，谁知到了秋风一起，他病又犯了。一天，他挣扎着对大哥说："爸，你媳妇太年轻了，以后让她出去吧。你答应我吧，不然我去得不安心。"这几句话说完，他便双目紧闭，再也不睁开了。

这时我们都在桂林，当天大哥着人上来报信，吩咐我们不必回去，人已不在，看着伤心，只叫吴贵开车把玉珍（现改名莉溪）姐妹（妹玉芳，系启明所生）接回去送葬。

我家几代单传，嘉琳一死，我大哥悲痛不已。此时续娶的章氏嫂嫂怀了孕，大哥强忍节哀，支撑着这个家。

嘉琳妻子守寡两年，终于另找婆家去了。她曾经生过一个女儿，可惜早夭，丈夫一死，无儿无女，我大哥大嫂不忍令她守下去，再说嘉琳临死时留下遗言。所以，当她娘家来说话时，我哥嫂便同意让嘉琳妻子出去了。大嫂让她把所有衣物都带去，还陪送了一些新衣物，像嫁女一样。她哭了半宿，天亮了依依不舍而去。这一来，嘉琳这一脉便断了，幸好第二年春，大嫂中年生子，大哥的悲哀才算平复了些。

1938

私家包车

抗战时期的桂林，还没有公共汽车，唯一的交通工具就是人力车，也叫黄包车。当官的除了配有小卧车之外，还有一架私人用的黄包车。这种黄包车，比起大街上的黄包车，不知要美多少倍。车身全是不锈钢做的架子，皮做的垫子，两边各一盏明晃晃的电灯，右边踏脚旁安上一个踏铃，脚一踏，立即发出叮当一声，既响亮又清脆，路人就必须迅速让到一边，那些市面上拉客的黄包车呢，也只有瞠目让路的份儿了。私家黄包车，平时每天用过，必要用干布全部擦拭过，连踏脚的垫子、车轮都是不能疏漏的，至于那把手，那车灯，更是要擦得铿亮，亮到耀眼为止，车的铃声，也不得喑哑，必得清脆，拉到大街上，叮当一声，其声自可代表主人的身份。

那时在桂林使用这种车子的并不多，只有黄旭初、白崇禧、市长、厅长等，其余就是银行的高级职员了（当然，他们的夫人、小姐、少爷等也有权利乘坐）。我从广州回来后，原来吴贵开的那小卧车仍给我保留，我的桂花街房子朝南大门的两旁，一边是汽车房，一边是司机住房，后来，我觉得小卧车对我来说没什么用场，我既不喜欢应酬，又不喜欢郊游，记得有一次游尧山，看路人侧目那样子，便感到心有不安。在义学巷住每逢跑警报倒是很需要的，后来搬到桂花街，房子离山洞咫尺之地，汽车就用不着了。吴贵长期闲着无聊，这汽车白放着还占个人工来洗洗抹抹，因此我同黄主席说："这车子还很好，放着不用可惜，交回给政府吧。"黄主席想了一会儿，回答说："大夫人既然用不着，白放着是可惜，那就先给政府使用吧，大夫人随时要用汽车，打个电话就是。好在已给大夫人配了私家包车，随时出去看看近处朋友，买点东西也方便的，既然大夫人有话就照办吧。”这样我就退了汽车。单用六五拉黄包车，也是闲的时候多。说老实话，我是宁愿走路也不愿坐车的，就是坐六五拉的黄包车也不安然，一则似乎有点招摇过市的味道，我觉得很不自在，二则六五是我族中长辈，我们称之为五公，虽说为了吃饭糊口，他出来桂林帮拉车，每年给他二十担谷，这在乡下来说是登天了，但我坐在车上，看他拉起车来那个跑劲，心里就大感不安，尤其到人多处，要踏脚铃，叮当一响，又招来许多奇异的目光。总之，在桂林，除了回乡下、跑警报之外，我很少用车，在义学巷只有太太们请宴，我才坐六五拉的黄包车，此外，我出街习惯的是走路。

人家笑话我，这大夫人真是有福不晓得享呀。我笑笑，我是天生一双乡下人的脚呀！

1939 . 7

蒋桂蜜月

1939 年 7 月，蒋介石夫妇到桂林视察，桂林山城一时之间沸腾起来，尤其军政大员，更是手忙脚乱，生怕接待不周，有失礼仪。老百姓呢，也引起不小的轰动。因为长期以来，蒋桂不和，明争暗斗，曾经一度整得桂系几乎无立足之地，德邻为之流亡西贡。十多年来，都是貌合神离，无时融洽。此次竟然大驾光临，大概是全国统一抗日了，蒋有意到桂林（广西省府已迁到桂林）视察，一则表示友好和关心，二则蒋夫人要到桂林视察儿童教养院，这是一举两得、两全其美之举，对他们来说自然乐而为之了。

其时德邻在老河口任五战区司令长官，不能分身回来，由白崇禧筹备接驾。白当时任副参谋总长兼桂林行营主任，对蒋的到来，当然极尽隆重了。部署接驾人员，准备好隆重的接驾仪式，因蒋厉行新生活运动，不敢大摆筵席，但又恐广西建设一向简朴，贻笑于蒋及陪驾人员，故连夜在法政路专员公署盖起三间大厅，作为会议室，并对各路接待大员说：“对这些江浙佬，不能不讲究些排场，以免贻人笑话广西落后。对保卫工作，更要做到严格周密，一丝不苟。”

当时郭德洁是儿童教养院的院长，闻知宋美龄亲临视察，更是忙得人仰马翻，规定所有人员衣服鞋袜，都一式全新。召集孤儿集训，要求会场上必须鸦雀无声，不得轻举妄动，咳嗽也严加控制，可谓小心翼翼了。

此外，传谕下来，蒋介石夫妇还要去拜望李宗仁、白崇禧两家的老夫人，所以，除了官方忙碌之外，还忙坏了两家眷属。婆婆在乡下得知此事，特着人来叫我回去，参加接见，我想，蒋介石到广州那次，也曾专门派人接幼邻去见面，并表示过对我的问候，所以我趁此机会去会见一下，作为还礼，是很应该的。不过，我对这样的场面一向不大习惯，何况是这样的大人物；再则我深知郭德洁的为人，她最忌与我在一起公开露面。如果我回去与婆婆一道迎接蒋氏夫妇，婆婆必然把我作为德邻的原配介绍给蒋，这一来岂不使郭大为难堪？我不想因我在场造成尴尬的局面。因此我对来人说："我不打算回乡参加接驾，由郭德洁去接待好了，再说家里也不乏人，有大伯、五叔等足够尽礼了。"

事后听说，蒋介石夫妇由白崇禧、郭德洁陪同，到了乡下（其时家中已建成一派宏伟壮观的宅邸，而不是昔日古老的农家了）。蒋氏夫妇对婆婆执礼甚恭。婆婆本人，算得是见过大世面的，天生雍容大度，气概不凡，且又善于辞令，应对得体，侃侃而谈。蒋说德邻在外不能定期归省老夫人，请多多保重。婆婆说德邻应以国家民族为重，国家危难，家又何安？身为军人，应当雪国耻赴国难才对得起国家民族。这一番言论深受蒋夫人夸赞，说婆婆深明大义，教子有方，所以德邻成为国家栋梁，老夫人若是多念书识字，更加了不起。其时白崇禧等陪同者均点头称蒋夫人所言极是，说刘太夫人是西乡广泛传诵的大贤大德、乐善好施的女贤人。蒋夫人笑说："应该称之为女圣人。"

当时家中参加接待的有德明大伯、松林五叔等，事后并合影留念。白崇禧和郭德洁是一直陪同在侧的。

接见场面非常融和，皆大欢喜，谈笑一番之后，蒋委员长提出要到公公墓前尽礼，婆婆婉言不敢当。蒋说："我与德邻是结拜兄弟嘛，培英公是我的父辈，理应去拜奠，以表敬意的。"婆婆只好称谢，然后一行同去公公墓地。蒋夫妇在公公墓前行鞠躬礼，甚为恭谨。

时人称抗战初期是蒋桂蜜月期。蒋与夫人亲到桂林视察，是有意与桂系握手言欢，亲到李、白家乡拜望两位老夫人，更可谓之"蜜月"到家了！但不知这蜜月能够维持多久？

1942

桂花街的变迁

昔日的桂花街（今之叠彩路），原只是漓江边上一条不显眼的街道，住的都是寒素人家，清静寂寞，谁也不作兴来作过路人，因嫌其又脏又臭。

这里历来是农民（菜农）出入行走之地，这些菜农，肩负着桂林市民生活中必不可少的两件大事，一是供应日食两餐的蔬菜，二是家家户户的粪便清理。每天菜农一边挑菜上街市，然后挑粪回去，祖祖辈辈，习以为常。街道也无所谓清洁，只有菜农中的老人常拿笤扫把街上的狗粪扫回去作肥料。

桂花街荒凉了不知若干年，直到抗战爆发之后，桂林成为后方重镇，外来人疏散到来的如大河奔流，桂林市一下子大有人满之患，外来人看上这片地段，暂时卜居下来。不久，本地人也注意起桂花街这一带地段了。一则当时敌机轰炸频繁，在市中心防空不便，此地四面环山，利于走警报，二则地价便宜，造房不贵，于是桂花街变得人人垂爱了。

后来，当官的也警觉起来，便纷纷在此购买地皮，建起大小洋房，移居过来。

住桂花街一带的有陈市长、苏厅长、邱厅长、孙仁林、卢象荣、韦挚唐等，住木龙洞（龙珠路）临江一带的有黄主席、李任仁、吕竞存、许高扬、梁学基等。

我就是趁这个热闹也在此建成了现在这间二层楼房的，地点在桂花街与法政街转弯处。

那时，街两旁还没有什么绿化树，桂花也是后来才种上的。初搬过来时，还成天看见挑大粪的过街，人们都掩鼻而行。我心里想，不知为什么把这街叫桂花街？不过我见挑粪的走过，从不掩鼻，因为我出身农家，对于挑粪积肥，耳濡目染，司空见惯，我对王太她们说：“怕什么？没有他们，你吃什么？”

自从这些高贵人家在此居住下来，桂花街很快便变了个样，路面修阔了，种上了林荫树，其中杂栽上一些桂花。

路上有清道夫专管扫街了，挑大粪的只是在晨曦初露时匆匆而过，然后才挑菜上市。

大街上，不时响起小轿车的喇叭声以及私家车的脚铃声，路人侧目而视，当时有人称之为贵人街。

桂花街的荒凉寂寞一扫而光，成为贵人集居之地，街道变宽了、干净了。老爷们的威风，太太们的香风，改变了从前寂寞冷清的这一方土地；小轿车的喇叭声，私家包车的脚踏铃声，打破了这街道古老的沉寂。

我到这儿来住，主要是为方便走警报。这个时候警报倒少了，因为美国空军十四大队来到桂林驻防，也就是著名的飞虎队，驻地在秧塘机场。

这飞虎队立过不小功劳，一方面出击敌人，另一方面保卫领空。那几年真管用，紫金山上的灯笼不常见了，桂林人也不再终日惶惶然，寝食不安。过去手边总离不开一个随身包袱，一看到紫金山顶灯笼，便顾不上吃饭、做事，甚至有病在身的也一律仓皇出走，到附近的山洞躲避空袭。

桂林人只要能少跑警报，食得几餐安然饭，睡得安稳，有病得治，便谢天谢地了。大家都说，飞虎队把日本飞机全赶出去才好呢！

桂林人对飞虎队特别有好感，看到有飞虎队员走在街上，或风驰电掣般驾车而过，总是投以友好的目光。

有飞虎队在桂林保卫着，桂林可以高枕无忧了吧。于是桂林好一段时间颇有盛世之景象，似乎外面已不再打仗了，人们悬着的心可以放下了，尤其桂花街一带富贵人家，早已一马当先，风靡起外来的各种时尚娱乐。

于是桂花街有了家庭舞会，桂林市的名媛淑女都趋之若鹜。每晚华灯初上，便灯红酒绿，扬起了舞曲声。当然，她们还都警惕着，还留着一半心眼，此时外面毕竟仍是在打仗呀！

抗战胜利后，这一带更是一派繁华景象。其中以韦、孙两家为代表，各自拥有自己的宾客。韦太太是桂林交际场上一朵名花，她善于交际，八面玲珑，但凡上层人物聚会之所，必有她的倩影。她的活动广泛，跳舞、游泳……都少不了她。孙太太身居名望世家，家中常常宾客云集，包括文武官员、名门贵胄。她交游面广，家里的娱乐丰富多彩，不但举办家庭舞会，还常备麻将台，让宾客们尽兴。

我的卧室对着孙家大厅，豪华之景，时时可以窥见，但这与我是毫不相干的。

我仍是过着与世无争、与人无求的太平日子。

1942

太太们的心事

尽管我过的日子太平，但不少邻居却常来看我，打破我的清静。一则看看我怎么消磨日子，二则找我吐吐心事。别看这些太太们享尽荣华，却有不少难言之隐，真是家家都有本难念的经呀！

她们这一来，什么社会新闻啦，桃色事件啦，哪家太太的家庭纠纷啦，甚至连自家的房帏私事也隐不住，都传到我耳边了。有怨丈夫没良心的，有骂家里狐狸精不要脸的，总之有的是东宫压倒西宫，有的是西宫压倒东宫。

其中一件逸事，曾轰动一时。某夫人闻说丈夫与机关一女职员打得火热，也不探个虚实，立即风风火火地冒着大风大雨朝机关就奔。路上嫌拖鞋不好走，干脆赤了双脚。嚷嚷今天非要抓住那个狐狸精，打她个落花流水不可，叫那个狐狸精再也别想在机关里做人。

谁知她这么一嚷，早有耳报神传到她丈夫那里，等到那位太太扑到机关大院，找到丈夫办公的地方，里面静悄悄的，只有几个职员在办公，哪有丈夫的影子，也不见什么女人，气得她没处发火，就不管三七二十一，对着办公室骂开了："以后别叫那妖精在这儿胡混，不然的话，有她好看。在老娘眼皮底下混账，她是吃了豹子胆了。"还是一位秘书好说歹说将她劝住，派了车子把她送回家去，才平息了这场风波。办公室的人禁不住掩口葫芦，逸事传千里，一时间成为当时的头条新闻。

还有一件五味俱全的逸事：某科长太太疼爱妹子，特意把她从乡下接来桂林读中学。一两年后，妹子长大了，丈夫竟爱上了小姨，把做姐姐的气得吐血，眼见生米煮成了熟饭，妹子是自己叫来的，不好发作，也不好对人数说，只好哑子吃黄连，隐忍下来。但是日子长了，妹妹居然唆使丈夫，要把姐姐送回乡下去。幸而丈夫还剩半点良心，没答应，才不至于逼出人命。太太们都引以为戒。

这些社会逸闻，正是太太们茶余酒后的谈笑资料，借此抒发自己的牢骚，又可引逗出各人的心里话，以此作为消遣。

有人说做女人的老实不得，越老实越受气。上面提到的那位夫人，她这一撒泼，虽然大煞了一番风景，但以后至少不会再有女人敢自投罗网了。

其实，女子本身倒不打什么坏主意，不过女人坐了机关，有些男人便会坐立不安，便不安心于抽烟喝茶，总要变个法儿，逗弄一下，寻寻开心。若是办公室来了个漂亮小姐，那就更不太平了。所以，很多人结了婚不愿太太去工作。

不过， 也有少数女人只凭相貌好进入机关做职员的， 她们在那儿只能做个摆设，办不了什么事。有人把这样的女职员叫花瓶。

在这些茶余饭后谈笑风生的时候，我只有听的份儿，中间偶然打趣一下，便招得太太们讲到我身上来。有的说，大夫人你是太过老实厚道了，若是总司令去哪里你跟到哪里，她老郭敢拿你怎么样？总司令总不会不给你面子的。我说：“我就跟你们不一样，把男人当作个宝贝。女人非跟牢男人才活得成？我不跟丈夫十几年，也不见我少一两肉，照样过得日子。他可更尊重我。我从来不因丈夫娶了老郭而哭哭闹闹，哭有什么用，男人会更看不起你。如今我不哭不闹，见了面，有讲有笑，他倒怕我三分。他自己心中有数，我何苦白费口舌呢？到头来，丈夫没趣，自己也没味。再说，男人多讨个女人还好，不然，还不是不安然的。世界上狐狸精多着哩。我才不去管这闲事呢，何况管也管不了。”

1942

外来人

自从南京、上海相继失守，武汉吃紧，长沙大火之后，外来人越来越多了。城市繁华自不消说，令人吃惊的是外来太太们带来的新事物新风尚，使桂林女界中犹如油锅溅水，立时炸开。

首先是外来太太们穿着时髦，相比之下本地太太们大有黯然失色之慨，二是外来太太们与先生出双入对于酒会舞场（舞场是随着兴起来的），而本地太太女士们呢，早已给这几年抗战困得满腹怨气，迫不及待地要想得到这份风光了。

抗战期间，政府号召国难时期艰苦朴素，一切从简，人人必须遵守。

对于饮食、行乐，不显山不露水地遵守不难，牌桌上铺上毛毡，照样可以不露声色，餐桌上鸡鸭鱼肉吃下肚，神不知鬼不觉，只有衣着，实在令人心烦呀！几年了，男人一直是蓝布中山装（西装领带一律收起），女人则几乎一式的阴丹士林布旗袍，间或虽也有人穿得花哨一点，但都以棉布为主，不敢公然穿着绫罗绸缎。老百姓不在乎，穿得起阴丹士林就不错了。有钱人家就难耐了，及至外来太太一露脸，本地太太们便再也不安于布衣布服了，政府也慢慢地放松了，那些当官的何尝不想在各方面潇洒一下呢？于是，不单穿着上模仿，社交活动也跟上去，比如跳交际舞啦，与太太一道赴酒会啦，等等，尽量向往上海十里洋场之风光。

市场的嗅觉最是灵敏，许多新的苏杭铺、烫发店、裁缝铺，便如雨后春笋应运而生，还有一种专卖舶来品的拍卖行破土而出。挂在橱窗内的真丝旗袍，海虎绒大衣，摆列在玻璃柜内的进口化妆品，口红啦，指甲油啦，长筒玻璃丝袜啦，琳琅满目，把桂林太太小姐们提包里的银钱一把一把地吸了过去，一些小资产阶级的女士们经不起诱惑，也在小物品上给自己添点颜色。

就是我这样一个土包子，也经不起王太太她们的怂恿，随其大流，做了几件丝质旗袍，还花了一百现洋买了件海虎绒大衣。这是我一生中的奢侈品，这大衣在桂林没派上什么用场，还是后来去上海、北平时才做到物尽其用。

可惜，这样的繁华只不过是昙花一现，随着战争的演变便烟消云散了。1944 年，日寇侵入，盛极一时的山城，立时之间，萧条落寞，如秋风之扫落叶，人们都逃难去了。

我避难到百色地区的凌云小镇，足足住了一年，抗战胜利后才重返故里，那时的桂林，已是另一番景象了。

1945—1946

胜利后的军人

光复后的桂林，复员的军人在这里流动，回来的，出去的，有列队走的，也有车载的。那些立过功的军人，一大车一大车在街上飞驰，人们站在路旁，都投以敬佩的目光，表示对他们为国立功的感激之情。军人们也豪迈地挥手致意，神采焕发，庆祝胜利。

战争已成为过去，今后，可以建设自己的家园了！英雄们在做着美梦，老百姓也在做梦……尽管满目疮痍，断壁残垣，但一切都可以建设起来的呀！旧的不去，新的不来嘛。

战争给人带来灾难，和平后人们就要重建家园，这是社会的发展，否则，我们怎么能有今天呢？

1944

白府祝寿风波

1944年春，白崇禧忽然要为他母亲庆祝九十大寿。这事一经传出，各界人士便沸沸扬扬，做好祝寿准备。那些官家太太们也相应忙碌起来。一则抗战以来，人人被前方打仗、后方轰炸搞得人心惶惶，难得娱乐；二则太太们因为国难时期一切从简，亦难得有一次盛会，可以借此炫耀一番，因此个个都兴致勃勃地张罗寿礼，做新装，做头发，忙个不亦乐乎。只有我没个动静。黄旭初夫人同王象明太太同来我家对我说："后天是白太夫人九十岁生日，你不打算送寿礼么？听说德公和郭德洁都送了寿幛，看你那个样子，好似还蒙在鼓里呢。虽然你不在乎，但人家白部长专为老夫人做生日，这面子你总不能不给吧？"我说："我才从乡下上来，不知白老夫人做寿，知道了，当然也该送礼，只是时间这么近了，还来得及做寿幛么？"王太说："一切都不用你操心，出个声就得啦！我帮你张罗去。"

白府祝寿那天，黄夫人与王太来邀我同去拜寿。当时的排场，可说是桂林的创举，大门前张灯结彩，鼓乐喧天，车水马龙，市民看热闹的挤满一街，我们的小车等了好几分钟才得通过。入到寿堂，正中摆着一张披着锦缎的太师椅，老寿星白太夫人端坐受礼，白崇禧夫妇鹄立两旁答礼，拜寿者络绎不绝。白夫妇站累了便由几位年轻貌美的太太们轮流代替，其中有白家的至亲，有当时的社会名媛，如闵宗华太太、许高阳太太、海竞强太太，还有陈恩元太太等。他们还负责招待一些高级官员，一直在穿梭般来往应酬。前来拜寿的夫人、太太们，也极尽打扮之能事，一个个珠光

李宗仁（左）竞选副总统前，与白崇禧在南京合影

宝气，花枝招展，耀人眼目，许多男宾则交头接耳，评头品足。这一派歌舞升平气象，身在其中，几乎忘记了前方在打仗，国家在流血。

我们步入寿堂，向寿星拜寿。白崇禧夫妇鞠躬还礼，老寿星欠身道谢，然后闵宗华太太（闵宗华当时是广西建设厅厅长）招呼我们到侧厅喝茶。黄夫人和王太早听见隔壁一片噼啪之声，赶忙拉我过去。我说："你们打牌的自便，我还要跟闵太说话呢。"其时，坐满一厅的太太们正在捉对儿讲话、说笑。吃茶、嗑瓜子、看拍电影的，各尽其乐。我和闵太太正说到闵宗华去了美国见到幼邻之事，话犹未了，忽听得寿堂那边人声鼎沸，便有人跑去看是什么事，回来说是郭德洁因白府忘记把她送的寿幛挂起，怒气冲冲地跑去质问白夫人说："你们把她送的寿幛挂起，不挂我的，这不是侮辱我么？"要白夫人把我送的取下来，把她送的挂上去。许多人听了都为之不平，说："白府管事的忘了挂是有的，知道了挂上不就得了，何必大动肝火呢！"有的劝我说："大夫人你莫管这么多。"我说："我才没那么小气呢！

我连李夫人这个称号都让给了她，还去介意这幅寿幛！如果连我送礼的份儿也要让，那就算我没送好了。”

那边白夫人向郭德洁赔礼道歉之后，命人把郭德洁送的寿幛挂起，一场轩然大波总算平息。事后，人们又议论纷纷：“偏偏这回德公也怪，倒不跟郭德洁联名送寿幛，而要各自署名分开送，变成送了三幅寿幛。这大概是德公敬重大夫人之举吧。大夫人是大量有大福。再说做人又何必那么小气，给人看笑话呢！”

1948

香港前奏

1948年底，幼邻不愿在上海那间进出口管理委员会做事，珍妮又适应不了北平、上海的生活习惯，提出要到香港与友人合作经商，德邻挽留不住，只好听其自便。

他经过一番考虑，对幼邻说："你们这样一大家子人，去到香港，生活是很不容易的。你母亲迟早也是要去的，她说过这回去香港的人多，尤其小孩子要人打理，珍妮是忙不过来的。在香港雇工请人不容易，一则工资太高，二则不诚实可靠，所以，她主张把田嫂、六五一起带去。这样一来，一家八口（不久，珍妮生下第四个女孩，一共便是九口人了）单靠你工厂的收入是不够开支的。每月在《新生晚报》提些款项作为补贴吧。我只有《新生晚报》可以周转一下，目前，没有什么办法。竞选过后，我几乎囊空如洗了，连招待客人也拿不出好烟。不过，以后会有办法的，车到山前必有路嘛，你们不用担心。"我在一旁听他说这番话，内心深为感动，想到德邻他不论处境如何，从来不曾忘记安排我的生活。他出国前来到香港，住入泰和医院，临走时还吩咐幼邻交给我一笔钱，以备不时之需，这笔钱正好帮我在古巴度过了五年。

1949

快乐的家

1949年春，幼邻与关先生一道从香港回桂林接我。我们乘飞机飞港，田嫂、六五随后搭火车去。那时幼邻已典了一间两层楼房，在联合大道。他和关先生等三人合作，经办一间电器工厂，专门生产日光灯的起辉器，虽很快打开了销路，但因系初办，入息不大。典房子花了二万元港币，一家九口生活颇有入不敷出之势，但再省也不能省到孩子头上。德邻有闻及此，干脆让幼邻兼管《新生晚报》，以便幼邻可以名正言顺地拿工资，对报社也可以加强管理。这以后，生活才日见宽裕。

珍妮是一个恬静、温柔的女子，除对服装设计、女鞋款式有特殊爱好外，别无其他嗜好。平时很少出街入市，亦少交际应酬，她在香港朋友少（简直可以说是没有），而香港的风俗习惯亦跟内地差不多，这对她来说，仍是不容易适应的。不过，已经有了四个孩子，每日从饮食、衣着、玩乐，她都事必躬亲，不厌其烦，只有在她缝制衣服时，才交给别人代替打理，这就够她忙个不亦乐乎了。

但是，他们一定要保持周末或节假日带小孩去逛公园、看跑马的习惯，说是让生活的天地宽阔些。不过我觉得即便不出外游乐，坐在家中看四个小孩子嬉戏，也足够一家人快活的啦。

此外，珍妮每周还得花上小半天开车去公司购买生活用品，如鸡蛋、牛奶、果酱、水果等，每次都大包小包地买回放在冰柜内，以备一周之用。至于蔬菜、肉类呢，则归六五包办。

这时六五是专管煮饭弄菜，他一直坚持要每天亲自跑市场去买新鲜的蔬菜、鱼肉，说是宁愿辛苦点，不愿吃冰柜冻过的东西，这些蔬菜、鱼肉等一经冻过，再煮得好也没那么好吃了。幼邻笑他守旧，可大家都公认六五煮的菜是好吃。六五开心了，可田嫂则觉得受了委屈，因为自从来了香港之后，厨师由六五来当，田嫂则专管洗衣、带小孩、搞卫生，而这些工作，过去都是由婢女来做的。当初田嫂煮饭菜还得婢女们打下手呢，如今她却要做丫头做的那份工，还没人帮忙，岂不委屈了她？大家也看得出田嫂有心事，便找些理由鼓励她，比如说："六五煮菜好，本是你调教出来的。如今分工，你所做的六五不能做，而六五做的你完全做得来。"这样一说，田嫂果然高兴多了，后来，大家干脆称她为管家，因为这个家也确实必须有个人去管。我老了，幼邻天天上班，珍妮是管不来的，那么，只有田嫂最合适了。对于管家这个称号，田嫂很乐意接受，因为这表示她的地位提高了，连六五都得受她管。有时六五逗弄小孩，她也交代只能看着玩，不能抱呀拉呀什么的，好在六五器量大，不计较。

每天早上，珍妮让田嫂用儿童车把两个小女孩推到林荫道上去散步，让小孩接触大自然，呼吸新鲜空气，这是非常重要的。香港那间典来的房子没有庭院可供小孩游乐，这使我想起我在桂林拥有的房子都有宽阔的庭院，种竹栽花，美化环境，净化空气，人住着舒服。若是我们在香港也有一间如同桂林的房子，那该多好啊！可是我们办不到。

有时我见田嫂忙不过来，便自己推两个小孙女出去，不费劲，自己也觉得新鲜。那林荫道就在跑马地附近，后背是土岭，树木葱茏，眼看满目青翠，耳听鸟声婉转，加上每天总有不少如同我那样把小孩推出来散心的妇女。在这一片净土，搭上小儿牙牙学语，或是稚嫩的童声对答，使人觉得这世界充满了爱。

在林荫道上，我交了不少朋友，不论是奶奶、阿姨，不论贫与富，大家都有一个共同的目标，追求大自然给予的健康与快乐！

1949

别是一番滋味

1949年底，我的侄儿侄女、外甥等一帮大小孩子都来到香港，说是德邻安排他们来的。当时大陆几乎全部解放了，广西已大军压境，德邻是11月中旬飞回桂林的。他匆匆赶到懋业大楼（德明在世时经营的商业大厦），那里正集中着一群青少儿童，个个人心惶惶，不知所措。德邻吩咐不必慌张，都到香港去吧，到那儿继续读书，以免荒疏学业。此时侄辈中只有秋芬年长，他管带着庶母所生的八个弟妹，听了他九叔的话，立即收拾行装，尽量将自己家中的现款带去。同行的还有侄女月波，外甥刘仁生、朱邕生，还有郭德洁家人（弟、妹、侄儿、侄女等）总共二十多人，乘飞机直飞香港，到港后分头住下。人人如惊弓之鸟，不过，孩子们很快就习惯了，也无所谓离乡背井，一经住定，便又快快活活地准备入学的事。

随后到来的是大姆、四姑，他们更加走得仓皇，好似从前走日本一样。更后的是松林五弟、敬修表弟，听说他们是解放后才来的，那就更加狼狈了，可幸大家都平安聚在香港。生活自然没有在家自在，据他们说，只要出得来就好，再难也不怕。

一下子来了这么多人，在香港既无产业又无职业，比起三十年代那时，生活是逊色多了，再没有那份风光、那份潇洒、那份气概，每当说起这次离乡背井，不知何时才能回去，更是惶惶然愁上心头。好在德邻吩咐报社每月资助些生活费和读书的费用。当初还以为是权宜之计，谁知道一住数十年。

德邻是这一大家族赖以扬眉吐气的人，他这一去，似乎一切运气都随之而去了。

1949 年 4 月 23 日，李宗仁乘坐“追云号”专机离开南京，在航程中突令飞行员改飞桂林，旨在以和平号召西南

不过，我静中想来，这样也好，至少可以给孩子们一个学习做人的道理，知道盘中餐来得不易，知道没有了靠山，走在人生道路上必须自己去努力奋斗，自食其力，创造生活，再不能靠先人的荫庇，坐享其成。后来个个成家立业，都很有出息，真应了俗话说的：失之东隅，收之桑榆啊。

1950

家庭奏鸣曲

那时玛茜七岁读小学，莱丝琳五岁（长大后她说她爱中国，自取了一个中国名字叫李雷诗），温蒂不满两岁，小詹薇不满周岁，四个孙女，一屋快乐。每当玛茜放学回家，放下书包，便迫不及待地拉莱丝琳跟她学唱歌、跳舞，莱丝琳从小不喜欢唱唱跳跳，只一门心思翻看儿童读物。玛茜无奈，只好拉我或拉她妈妈。珍妮忙于裁缝服装，只好让我做她的忠实观众。玛茜的舞跳得真好（有她妈妈的遗传），逗得珍妮时不时放下手工，出来厅上做临时观众，田嫂也忍不住抽空出来旁观，碰上幼邻下班回来，玛茜的观众便多了。只有六五很少参加，因为这个时候，正是他在厨房里刀勺碗瓢演奏的时候，他很可惜不能加入这快乐的行列。两岁的温蒂是可以笨手笨脚地跟着唱呀跳的，可玛茜又嫌她干扰观众，小詹薇呢，坐在童椅上一个劲地睁大眼睛，时不时因大人没工夫理她，便爆出一声呼叫，恰似油锅里溅上一两滴水，台上台下，也就宣布到此结束。前后总共也不到半个钟头，这时餐桌已经摆好。

小詹薇最花大人的时间了，每天换尿布呀，喂果汁呀，洗理呀，除了田嫂洗尿布之外，一切都是珍妮经手。我也只有旁观的份儿，因为珍妮是不许抱小孩的，不让别人喂食。不过我在家里也不游手好闲，总是帮这帮那，比如帮六五择菜，帮田嫂拭抹门窗桌椅，每天我都要劳动一下。总之，一家人除幼邻出外忙工作外，在家的大人都各有各的忙，不过，四个大人管四个小孩，也不应该说忙的。何况，眼看这四个小女孩各有各的味道，大人才开心呢，没有小孩的家庭，真不知怎样过呢！

看看我们这个大人小孩都健康、和睦的家庭，我一直在想：我真如算命先生所说是个有福之人。

谁知道天有不测风云，十个月后，我们这充满快乐、甜蜜的家庭，却又要分散，又要尝离别之苦了。

先是幼邻陪送德邻去美国，不几天珍妮携四个女儿乘海轮也离我而去，政坛失败和胃病发作都使德邻不得不远走异国他乡。他是失意的，我也失意，我一心盼望儿孙同堂亦在一瞬间成为泡影。好端端的热烘烘的家，一下子便人去楼空，鸦雀无声了。幸好，我不是个多愁善感的人，分离之苦我也习惯了，生活原是千变万化的呀！

1950

《新生晚报》

德邻唯一留有一点余地的是在香港办了《新生晚报》，它主要作为广西喉舌，德邻竞选副总统时也起了一定的作用。但是长期以来，广西受到蒋介石和国民党中央的排斥，明压暗算，无所不用其极，他们的手甚至伸到香港。《新生晚报》要在香港长久站得住真是谈何容易啊!

《新生晚报》是黎蒙主编，当时在香港买了间不大不小的平房，前面挂牌报社（办公室），后面是印刷厂房，有总编、编辑，有理财管账的，有总务理事的，共十多人，初办时倒也轰轰烈烈，有声有色，为广西创业气象造成较好的舆论，得到香港各界人士的赞赏，同时也遭到中央的嫉妒，那时，谁遭到中央的疑忌，都绝没有好下场，何况遭到嫉妒！因此，这《新生晚报》就不能善始善终了。其中内在原因也有，据说黎蒙不善于理财，任由管账先生挪用公款做生意（赚钱当然落入私人腰包了）。1949年，德邻安排幼邻去兼管时，报社已经是个烂摊子，账目混乱，不堪收拾。跟着政局变化，人心涣散，听说那管账先生忽然浮尸游泳池，当时舆论哗然，但香港黑社会势力无孔不入，谁敢出声干预？只好当作是一件不幸的死亡，不了了之。

幼邻陪他父亲去美国之后，原来打算整顿一番的雄心也已灰飞烟灭，无能为力了。黎蒙实在支撑不下，欠债累累，只好把房产典押出去，得来的钱拿去做生意，却又蚀得一干二净，最后干脆把地产卖了，报社告终。这都是德邻他们离开香港以后的事。后来听说报社的司机于六十年代时摇身一变，成为百万富翁，其中缘故，谁也弄不清楚。传闻是被人收买，详情就不得而知了。

1965.4

临别赠言

德邻在美国，一经接到程思远来信，知道归国之路打通了，十分高兴，特来告知我们。这一次，他说了许多积压多年的肺腑之言。他既兴奋，又惆怅。兴奋的是有幸获得祖国的宽容，行将重返故土，叶落归根，他深感此行来之不易，周总理为他回归祖国做了大量工作，程思远为此五上北平，两边联络，最后按照总理精心部署，制定好归国计划。

惆怅的是他又要离开我们了，一家人好不容易能够常常见面，享受到天伦之乐，如今又要失去了，这一别不知何时重逢。而两者之间，他宁可选择前者。回归祖国是他梦寐以求的。

他只好忍痛与我们母子分别了，唯一的希望是我也能争取回归祖国，尚可有见面的机会。

他语重心长地说："我这一生很对不起你，数十年来心中都感到不安和惭愧，我欠你的太多了，如今再无法补偿，希望得到你的原谅。"

他说："我过去飞黄腾达，一半是由于你的宽容与忍让，你事事忍让，又常使我良心不安。一个女人要想得到丈夫的尊重，主要是以德相待，你忠厚善良，胸怀大度，无私无欲，无怨无尤，使我为国效力，无后顾之忧。母亲（我婆婆）在世时，常常夸你识时务，明大体，不慕虚名，这样的女人，是一家之福。母亲的话很对，我在长期奋斗中，体会到了你的伟大（他居然说我伟大！），我之所以一生敬重你，

1965 年 9 月 26 日回归后，李宗仁在北京举行盛大记者招待会，与会记者来自五十多个国家和地区共三百多人

并不仅仅因为你是我的妻子，而是你的伟大！”

之后，他又颇有感慨地说：“我很相信善恶报应这句古谚，我认为这不是迷信，而是因果哲理，是自我心理的结果。能够宽容他人的，自己必然得到宽容，相反，他的良心就会惴惴不安了，即使没有什么祸从天降，但是心中有事，日子就会过得不好。你的一生，胸怀坦荡，与人无争，与世无求，且知足常乐，随遇而安，这在女人中是少有的。你和母亲有同样的品德，所以你们都得到善报。”

我转脸问德邻：“那么，你得到的报应又是什么呢？”德邻说：“很明显，我也得到了善报，共产党宽容了我，欢迎我回去做新中国的公民，我可以了了夙愿，重返故里，与家乡父老同在一块土地上一起生活，一起呼吸，这不就是最好的善报么？”

我听了德邻这番话，也觉得很有道理。婆婆一生以德待人，受到四乡五邻的爱戴，誉满西乡。她已获得善始善终，福寿全归了，正如德邻所说得到善报了。

至于我，虽说人生道上，经受过风风雨雨，走过了坎坎坷坷，但这都是人间常事，哪有总是一帆风顺的呢？能到得今天就是很大的造化了。以后到了美国，一直与儿媳、孙女同聚一起，享尽天伦之乐，家庭温暖、幸福，不但人人称羡，连我自己也认为是有福之人了，这不都是善报么？

直到1973年我回归祖国定居，长期受到政府热情关怀照顾，受到海内外亲朋好友时常关怀与慰问，虽然与儿子远隔重洋，但能够与嘉球侄儿一家生活，同样享受天伦之乐，这不都是善报么？

年轻时我受过婆婆的言传身教，看到婆婆的为人，富贵不骄，贫穷不馁，清茶淡饭，心安理得，她的一生，活得恬淡，活得安宁，有钱时她潇洒大方，周济穷人，无钱时她也不愁不烦，她是含笑而终的，这不是善报么？

德邻他1965年7月归国，备受政府的礼待，享受到最大的殊荣。在国家多事之秋，周总理尽心竭力去保护他，虽说疾病来了不饶他，他能死在自己的国土上，以一颗单纯的爱国之心，换来光荣的历史评价，这就是最大的善报啊。

桂平有个城隍庙

德邻和我谈了这一席因果报应的话之后，使我想起桂平的城隍庙。这城隍庙就是以因果报应、生死轮回来劝人为善的。虽属迷信，却也起到警世的作用。

我是出于好奇与钟祖培钟太，何武太太一起去游览的。谁知一入里面，便似进入一个噩梦，久久挣扎不出来。至今想起，犹觉心有余悸。

这城隍庙哪里是什么庙呀，简直就是世人所谓的阴曹地府，是鬼的世界。人进入里面，仿佛与鬼魂同在一起，经受着阴间的凄风惨雨。原来城隍庙既非庙宇，亦非庵堂，只是一个很简单的砖瓦平房。入门正中是个天井，两边是以木栏围着的游廊。里面不供佛像，也无求神问卜之设备，尽是些泥塑模型。虽塑得粗糙，倒也表示得出各种形象。用这种种形象，编造出一系列因果报应、生死轮回的故事，令人看到触目惊心，不寒而栗。桂平人对这个城隍庙非常迷信，一向把它当作警世之举。

我们从右边游廊看起。最先看到的是三五成群的死者：有的神态安详，旁边跟随着小鬼；有的面露凶相，手镣脚铐，旁边则是牛头马面的夜叉在监押着，呵斥而行。那些生前作恶的鬼魂尽管在生时杀人不眨眼，到了“鬼城”，也无不在悚然发抖。死者们都在鱼贯而行。途中到了一座木桥（木牌标题为“奈何桥”），一个个死者都面露无可奈何之色，踯躅不前，但又不得暂停。过了“奈何桥”，便见一处高楼，木牌标之为“望乡台”。死者上到台上，无不掩面而泣，一个个面向各自的家乡，恋恋不舍，作一步一回头之状。

过了“望乡台”，死者来到一个大殿。殿中巍然坐着一尊神像，这就是所谓阴曹地府的阎罗王了。阎王左右各坐一判官，一执朱笔，一执生死簿。这两个判官，在生死簿上查阅着姓名以及生时行状，然后用朱笔圈点，一一发落，由小鬼或夜叉押送而去，接受应有的报应。此时死者已知报应临头，善者继续安然而行，恶者悚然发抖。善者由小鬼送到另一方向，投胎再世为人去了，恶者则由夜叉押着去受惩罚。此时，眼前出现一片惊心动魄的景象。一个刑场正在施行着各种刑罚：有的被投进一个大油锅，锅下烈火熊熊，有的被大锯锯，有的被推上钉床，有的被推入毒蛇池中，有的被石磨磨……经过这各式各样的惩罚之后，死者（指为恶而死的）便也被押着投胎去了，或投胎变猪变狗，或变牛变马，一一视其生前罪恶而定。总之，就是警告世人，善有善报，恶有恶报，一丝不苟。

有的人边看边叹息说："所以呢，善恶到头终有报呀。你欺得过人，难道欺得过天地鬼神么？……"

城隍庙充满着神秘而恐怖的色彩，胆小的人不敢去看，小孩更加不敢去，就是胆大的人看过之后，也会感到恐怖万分。但因桂平人大都把善恶报应作为做人的金科玉律，所以城隍庙是桂平人非去不可之地。

1965

父子对话

德邻对幼邻说：他深感遗憾的是他们父子相处时间太少，互相了解不多，他没有给儿子留下财产，如今归国，反而要儿子赠给（幼邻送给他父亲一万三千美元，以备他归国之需，后来知道，德邻归国，一抵北京，政府立即送他一笔丰厚的生活费，这笔丰厚的生活费，他还来不及动用多少，就离开人世了）。

德邻说，他很高兴幼邻一生能够自食其力，不仰仗父亲的权势，现在成家立业，奉养母亲，做父亲的无所牵挂了，只是志圣年纪还轻，尚未完成学业，以后需要幼邻多加照顾，只要能够自立谋生，就心满意足了，不用去想做什么大人物，这是痛苦换来的。

幼邻回答：他也感到十分遗憾，做儿子的也有许多对不起父亲的地方，过去由于少年气盛，常常不假思索，批评父亲，请父亲原谅，至于说没有财产留下，请父亲不要耿耿于怀。“我在美国受的教育是宁可自己打工，也不坐享其成。父亲没有财产，说明父亲为官清廉，没有贪污，这样才使儿子敬重。父亲若有银物给我，我也不会收的。财富并不能保住一生，自己的前途和幸福是靠自己去创造的。父亲一生不知弄钱，给儿子留下好印象、好榜样，这比任何财物都好得多。志圣目前尚未长大成人，但他为人诚实，做事认真勤力，将来是会有出息的。父亲归国后，我一定让他与我同住一起，一切按照父亲交代去办，请父亲放心。”

最后，德邻叮咛我：“你还是回桂林养老好，桂林是自己的家乡，有自己的亲

1984 年李幼邻到八宝山祭奠其父李宗仁

人，生活、习惯、言语都适应。在这里一天一天老下去，对幼邻来说是个沉重的负担，自己也痛苦，到你生活不能自理的时候，幼邻的困难就多了，在美国是谈不上雇工服侍你的。等我回去之后，一定要查访嘉球他们的下落，只要他们平安无事，就叫幼邻送你回去吧。”

我答应他一定考虑这件事，相机回国安度晚年。

德邻一来就滔滔不绝说了许多，最后他舒了一口气说：“说话也差不多了，茶和咖啡也喝够了，大家快乐地道声再见吧！”我和幼邻才一一与他握手，我含泪嘱他一路平安，保重身体，谁知这一别既是生离又是死别了呢！

此时，我感到还有许多未了的话要说，可是来不及了，望着汽车绝尘而去，德邻去了，给我留下了一阵莫名的悲哀。

走进屋中，幼邻对我说：“父亲今天能够说出这番话，很不寻常呀！在中国这样古老的国家，伦理至上，作为一家乃至一国之尊，能够这样深刻地批评自己，向我们道歉，父亲此举我觉得他很伟大，我对他更加敬爱了。妈妈，以后我们争取回中国看他吧，他老了。你答应吗？”我说：“我答应。”

机场送别

德邻和德洁离美飞往瑞士的那天上午，幼邻、志圣、北业驾车送他们到机场。在未登机之前，坐在候机室，大家都有一种离别的悲哀，心中都有许多话要说，但都没有说出来。德邻只对北业说了几句感谢的话，对幼邻和志圣，只有分别以目光相对，代替心中千言万语。德洁更加百感交集，只有点头流泪的份儿，没有说话的力气了。宣布登机时，德邻再嘱儿子日后和我一同回国看望他，幼邻点头答应说一有机会就回去拜见他。然后大家祝他和德洁一路顺风，保重身体。德邻再一次紧握幼邻的手，并嘱勿将此行泄密。

几个人默默地握别，呆呆望着德邻他们登机，看着飞机开至跑道起飞后，方离开机场，开车回纽约。

1965 年李宗仁回归，在机场受到国家领导人欢迎，前排由左至右分别为彭真、贺龙、李宗仁、周恩来、郭德洁、郭沫若

1965—1969

家书几则

德邻回国后来信不多，好不容易，望眼欲穿，才盼到一信，每接一信，都使我的心如潮涌，久久不能平静，有喜、有忧亦有悲伤。

第一次来信，得知他归国时受到共产党和人民政府的欢迎与礼待，以及许多令人兴奋的事，我也与之分享了无比的快乐。我还想有朝一日，能够亲身享受到这样一份快乐。

第二次来信，告知德洁不幸，应了美国医生之言，她的癌症已进入晚期，至多能活十个月，果然归国后，不满周年，癌症扩散，医治无效，逝于北京。这一噩耗，使我为之唏嘘叹息，感慨万端。

联想到我的一生，虽然由于德洁的出现，曾使我命运发生了巨大的变化，感情上也受到许多挫伤，但我都认为这是人间常事，命中注定，能忍的都忍了，不予计较，不想伤了和气。况且丈夫走南闯北，总得有人在身边照顾着，德洁她享受了名誉地位，但也经历了与丈夫一道在战场上出生入死，对丈夫有所襄助。她自己早在北伐之前，介身政治，北伐前任广西省党部监察委员，北伐期间，她又勇敢地担任了广西组织的以宣传、看护及慰劳等为工作的学生军女子工作队队长，随军北上，救死扶伤，活跃于枪林弹雨的战场上，为北伐战争作过贡献。

抗战时期，她担任桂林儿童教养院院长，当时的儿童教养院专门收容抗战时期流离失所、无家可归的孤儿；与此同时，她还创办了德智中学，自置校舍，解决抗

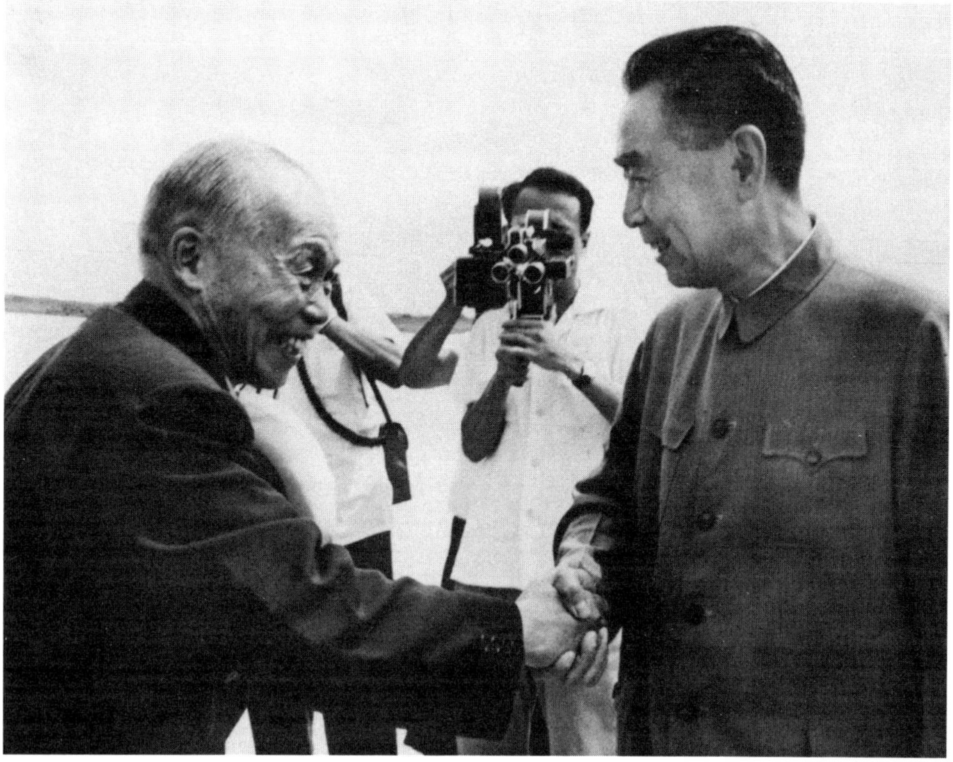

李宗仁与周恩来握手（1965 年）

战时期儿童入学难的大问题。这两件为社会造福的事，不但我不能与之相比，就是一般女子，也是难以做到的。我不能因为一己之私，无视她的功劳。

德洁这人有胆识，有才能，但是心比天高，不能与我长期共处，彼此之间，也曾有过不快之事，也曾使丈夫左右为难。但我一向安分守己，不慕虚名，看在丈夫分上，不予计较，自知丈夫可以没有我，不能没有她，因此，我宁愿带着幼邻，各自为家，以求丈夫安心致力于国家民族。对于德洁，无所谓嫉妒，甚至觉得她的名誉地位，也是来之不易，要花许多心机才得到的。如今，一闻她的死讯，免不了恻隐之心油然而生，她死时还不满六十岁呢！若不是癌症夺走了她的生命，有她在丈夫身边，我和幼邻都放心多了。她这一死，对丈夫是个巨大的伤痛，对我和幼邻也是一个损失，因为德洁死了，德邻的生活、健康以及一切，我们都必须重新考虑，放心不下了。此时，才知道德洁在生的重量！若是德洁不死，德邻也许还能多活几年呀。

德洁死了，德邻的日子怎样过？他是热闹惯了的，现在家室冷落，举目无亲，这一份凄凉，他怎么承受得了呀？我和幼邻身在万里之外，为之惴惴不安，既可怜他孑然一身，又担心他的旧病复发，这段日子，我们也不好过。

幸而不久，德邻又来了一信，告诉我们一个极其意外的信息。他娶了一位年轻的妻子，此时他和新婚的妻子正在北戴河度蜜月呢！

人生如浮云，瞬息万变，想不到德邻经受丧偶之痛后不久，却又做了白发新郎。这事使我如堕五里雾中，弄不清是真是假，但是我不能不相信事实。

据说，自从德洁逝世后，德邻触景伤情，不能自已，在周总理的关怀和中央统战部的安排下，由几位旧友陪同前往华东一带，作旧地重游，借此换换环境，休养身心。

后来，几位旧友考虑到德邻身边乏人照顾，诸多不便，几经商量之下，建议德邻续弦，俾有家室温暖，利于颐养天年。当时，愿做他继室的倒有不少，在众多相片中，德邻挑选了一位姓胡的护士。

德邻信中略述这次结婚的经过，颇有难为情之意，唯恐幼邻怪他所娶的人太年轻了。幼邻对我说，这是父亲的自由，既已结婚，无须解释，不过在年龄上，父亲是欠考虑的。我则认为老夫少妻自古有之，只要德邻能享受到家庭之乐就好。可这毕竟是一件心酸的喜事啊，此时，德洁去世尚未满周年呢。

1966

丈夫的第三位夫人

德邻的第三位夫人胡友松，是从事护士工作的，据说她非常敬佩德邻的爱国精神，也很同情他老年丧偶的凄凉，故不惜牺牲自己的青春。我则很感谢她这样勇于自我牺牲，听说她一直陪在德邻的身边，度过了一段艰难的日子，照料德邻到生命最后一刻。这种献身精神，许多人是做不到的。不幸的是，结婚之后，正值国家多事之秋，他们匆匆做了两年多的夫妻，1969 年 1 月 30 日，德邻便与世长辞了。

1973

一面之缘

1973年，我偕幼邻回到北京时，听说胡友松很想面见幼邻，只是幼邻觉得父亲已经去世，不想见面伤心，且等以后再说，这一拖就一直没机会。倒是我，想不到倒有一面之缘，可惜此时我已住在医院疗养，有缘见面，无缘对话了。下面，是我侄媳根据当天的情况记录的。

我们的见面是很突然的。一天，市文物工作队队长赵平陪同一位女士来到我家，要求见我一面，侄媳因遵医嘱，婉言谢绝探望，以免干扰我静养。赵先生再三要求说：这位女士从北京不远千里而来，为的是见夫人一面，以了其心愿，而这一心愿，又是受到一位至关重要的人物生前嘱托的，她是代表死者的心愿啊！只求亲睹一面，就对得起死者了，说这是一件好事呢，就让这位远道而来的稀客满足她的心愿吧。

我侄媳一向热情待人，何况又是赵平引荐来的，于是便答应下来，陪同客人来到医院，进入我的病房。侄媳一边剥柑橘给我吃，一边附着我耳朵说：这位女士专从北京看你来的，你谢谢呀！我点头称谢。

模糊中看见一位高挑身材的女子，她站在我床边向我问好，赵平和侄媳回答她一些简单的提问，大家遵守诺言，她也不想影响我的休息，略谈片刻，即行告辞。后来侄媳在我神气清爽时告诉我：这位女士就是姑爹的年轻夫人呢。她说她是代表死者（指的是德邻）来看望你的。这话经侄媳说了好几遍，我才听明白这话的意思。看来德邻一直在惦记着我，他在生前估计我一定会返回桂林定居的，所以才有这番嘱咐。我感到非常满足，非常欣慰，丈夫生死都能尊敬我，人生得此足矣，又何必朝夕相处才是夫妻呢！

1978

幼邻与梁尚莹

回到桂林，生活在温馨的家园，日子过得特别快，除了想念幼邻之外我别无挂牵。我计算着幼邻和珍妮已分居十年有多，虽说幼邻可趁此无家庭拖累，可再做一番事业，但是想到他白天精神集中于事业，晚间回来则孑然一身，连吃饭的伙伴也没有，真心痛啊！幼邻这人是不喜欢别人问他私事的，故此我也不多问。

1978年幼邻回来探亲，一进屋即喜滋滋地告诉我："妈，我有女朋友了！"随即从衣袋中取出一张照片，说："妈，你看这女子可好？我们是在促进中美邦交正常化筹备会上认识的，已经三年了。她是个温文典雅的女子，很有学问，是地质学博士，在纽约大学任教授。论学问，我比不上她，但是她看上了我，我们很有缘分。过去几多女子要跟我交朋友，我都不感兴趣。"

原来，幼邻的女友姓梁名尚莹，从小跟父母居住在香港，十八岁便只身去纽约勤工俭学，拿到博士学位，除了教书外专攻对金刚石的研究，四十多岁还不曾有过男朋友……幼邻滔滔不绝地还想往下说，我听不懂什么博士呀、教授呀、研究呀，这对于我都无关紧要，我只要她为人好，温柔贤淑，能在生活上照顾幼邻就好啦。我问侄媳谭明，幼邻这样算是结婚了么？侄媳说不是结婚，但在美国有女朋友生活在一起，就等于结婚了，也就等于你有媳妇了，你就不必愁烦幼邻做单身汉啦。我问幼邻："是不是这样？"幼邻说："是的。"我说："是就好！"……一时之间，大家都乐了。

李幼邻和李雷诗在村头李秀文老家故宅门前（1990 年）

我想起在美国时，幼邻曾经同关先生去看手相，那看相的先生据说也是一位博士，是专门研究手纹的，说是百看百中呢，真奇怪，看相的也做起博士来！

据说那博士看过关先生的手纹后，皱着眉头说："你这手纹不好呢，生命线到掌心便中断了，以后怕会猝死。"关先生虽不甚信，但毕竟郁郁不乐。他身体过胖，又不注意节食，果然不到两年死于中风，不幸给言中了。

而幼邻呢，那看相先生看过手纹后说，你有两个妻子，幼邻笑他胡说，因为美国不许有两个妻子的。那位博士说，这是指你一生中有两个女人做伴侣，信不信由你，日后会灵验的。这是好几年前在纽约的事了，那时谁也不在意，因为幼邻和珍妮尚未分居。到现在，不由得人不相信，看来他们是真有缘分的啦。

1982

梁尚莹初探桂林

梁尚莹教授于 1982 年暑假与幼邻回桂林。他们是分头到达的，因梁的父母在香港，她要在香港住几天，然后再自行来桂。几天后幼邻和嘉球夫妻去机场接飞机，幼邻显得颇为兴奋，连连叮咛表哥表嫂看仔细，只要看到手拿黑皮包的就打招呼。我听了好笑，说："难道只有一个人拿黑皮包么，若是有十个八个拿黑皮包的呢？"幼邻一时睁大了双眼。后来侄媳说："不是看过相片了么？"大家哈哈大笑。

梁教授接回来了，果然人才出众，文质彬彬，雍容娴雅，她站在我跟前握手问好，说："伯母身体真够健康的，我母亲比你老人家差多了。"然后她并不落座，随手将行李拿起跟着幼邻上楼，好似她并不是第一次来到似的。她上楼后我侄媳便说："姑妈，这就是幼邻的女朋友啦，你看好吗？"我说："好，好，我只要幼邻喜欢，只要她跟幼邻在一起，照顾好幼邻就是好。"

梁教授住了十天，先行到大连应邀讲学。幼邻住到九月才返美。这一次大家心情特别好，幼邻多年的独身生活总算结束了。

此后梁与幼邻一连几年都回国，梁主要是应邀讲学或到矿山去采集标本，以便进行研究，所到之处除讲学外，多半是到边远山区如西昌等地。幼邻说，梁很能吃苦耐劳，一般女子不愿做的事她都很有兴趣，她能在实验室一坐就是大半天，她写出多篇论文在美国有名的杂志上登载，她是一个很有造诣的女强人。幼邻得她为伴侣是够福气的。

此外他们也到过不少的名山大川：到湖南张家界看新开发的宏伟景点，奇山怪洞，原始森林；到大连海滩，作竟日阳光浴；到龙胜洗温泉；到三江、融水，体验少数民族的生活、风情与艺术；在桂林，到兴安猫儿山看日出，看珍贵的银杉。所到之处，足够他们品味终生。他们说以后要遍游祖国各地，在祖国怀抱中，紧紧地拥抱祖国。

1982

往事悠悠

光阴似箭，岁月如流，回国之后，不知不觉已经过了十几个春秋。随着岁月的流逝，我缅怀丈夫李宗仁之情与日俱增。有时似乎有点迷惘，有时又觉得捉摸不定，究竟德邻他是真的离开人世了呢，还是仍然生活在我们中间？因为我们的一生，从来是聚少离多，难得见面的。德邻的大半生是在戎马中度过，我则习惯了分离，当他突然出现在我眼前时，我不觉得奇怪，长期不见面，我也不念叨，因为他从来就是行踪不定的，他的存在确实如烟似梦。

直到德邻从中国逃亡到美国做寓公，我们见面的机会似乎还多些。旁人感叹他军政失败以致远走异国，流离失所，寄人篱下，我则不但不可惜，反觉得高兴，心想无官一身轻，正好居家息影，与儿媳孙女们同享天伦之乐。老夫妻半生分离，也趁此机会有空闲坐下来问寒问暖，叙叙家常。可是德邻并不称心，每次见面，总少不了几声叹息。我只好安慰他说："人哪能十全十美呢？又哪能样样兼顾得到？生活免不了甜酸苦辣，多少出生入死都走过来了，人生如戏台，上台终有下台时嘛，做戏你怕不辛苦么？有时还会失手碰得头破血流呢！如今你平安下了台，能安安然然团聚在一起就算很不错啦。常言道塞翁失马焉知非福，我看就很对，何苦还想当官作将呢？难道是怕人笑你不成？"德邻说："倒不是怕人笑话我失败，而是觉得当初自己走错了路，错走一步，便一错再错，如今是愧对良心，愧对国人啊！"

德邻的心情，我是无法理解也安慰不来的，只好听其自然了。好在总算一家团聚，天伦之情，多少也可以冲淡他的忧伤。

……

在国外，每当德邻驱车到来，一家团坐，谈谈笑笑，孙女们围绕着他要他做游戏的时候，他的精神便倏然开朗，笑呵呵地和孙女们乐在一起。爷爷最喜欢叫孙女们掰手指，谁有力气把爷爷的手指掰开，谁便是胜利者。还有就是做一种挑线的游戏，这是中国女孩子最喜欢的，做爷爷的要教会他的外籍孙女。做法是用一条细线，两头系起，成一环形，只需用双手撑开，用中指做主要运动，挑来挑去，挑出好几种形状，如菱形啦，梯形啦，桥形啦，还有杯形啦，等等，不过，有时一不小心或掌握不好手法，便一下子散了，必须重新再来。这样的游戏，孙女们可喜欢玩了，不过常常输的又是孙女，这时，大家便爆发出满屋快乐。大家都搂着爷爷亲吻，此时的爷爷则快活得哈哈大笑，笑得脸上的伤疤都变成酒窝了，谁又看得出德邻也会有满腹心事呢！

有时德邻驱车到来，幼邻、珍妮都上班去了，孙女们还未放学，我便为他沏上一杯好茶，看他端着杯子，慢慢地小口小口地品尝，据他说这叫品茗。说到品茗，他便忆起桂平西山的绿茶和百寿红茶，这一绿一红是他数十年的杯中之物，比抽烟的癖好还深，可惜离开国土便再也品不到了，只好饮用美国的红茶——多半是锡兰红茶和印尼红茶，他说那是无论如何比不上西山绿茶和百寿红茶的。

对于咖啡，德邻也饶有兴趣，不过他喝咖啡不加糖，说这才有原味。总之不论茶或咖啡，一杯在手，便浅品细评，此时此刻，他会静静地沉默在往事的回忆中。我也无话，两人相对而坐，不知不觉，思乡之情油然而生。思念故土，回忆旧事，会使他心思变得宁静安详，往日紧锁的双眉展开了，脸上的忧郁一扫而光，话匣子也打开了，津津乐道地谈起往事，我也随之心驰神往。

我们回忆的不是繁华的都市生活，也不是世事的变迁，宦海的沉浮，更不是大半生的恩恩怨怨。我们共同思念的是家乡大自然的景色，仿佛看到暮色苍茫，炊烟袅袅，劳作一天的男女老少，收拾起锄头犁耙，抖抖身上的泥土，结伴走在回家的路上。晚风轻轻吹过，一天劳累随风而散，妇女们慢声唱起山歌，牧童则在牛背上悠悠然吹着竹叶哨子。记得我常常唱过的那首动人的山歌："唱支山歌解忧愁，喝杯凉水甜心头，凉水解得心头苦，我哥为妹解忧愁。"半个世纪以前的事，仍然历历在目，记忆犹新。这其中有他也有我，共同的乡村感情，使我们一同欢喜，一同叹息。

我们就这么静静地坐着，直到花园中飞鸟投林，孙女们像麻雀似的跳跃着回到我们身边，看到我们满脸喜色，便同她们爸爸说："爷爷奶奶真开心，好像一对老小孩。"可惜几年工夫又是一晃而过，德邻他一经决定回国，便再也不去回首前尘了。以他的话说，他要回去做祖国的一个公民，为共产党干些有益的事，以便到生命告终时无愧于人民。可他怎么也想不到回国不几年，正想有所作为的时候，疾病却没饶过他。听说他在北京患过结肠癌，做了手术，已经好了，不幸的是不久因并发肺炎医治无效，与世长辞。我原想依着他的话相机归国再图见面的，谁知道再也见不着了，回忆到此，不禁潸然泪下。

1982

夕阳情

世人都说“夕阳无限好，只是近黄昏”，指的是人到晚年再好也美不多久了，可我的晚年（我指的是归国以后），却一年胜过一年，一年比一年红火、热烈。在美国最怕老来孤独，所以我选择了归国之路，回来十多年，生活在亲人中间，不但不孤独、不寂寞，而且成为亲戚朋友、各界人士尤其是新闻记者们的访问对象，我的一举一动、一饮一食都为海内外各界人士所关注、瞩目，十多年来真可谓门庭若市、高朋满座呢！逢年过节，以及我的生日，市委、市政府各有关领导都亲来看望，祝福问好，人多了，坐满一屋，使我眼花缭乱，不知怎么称呼，也分不清谁是谁，只有一味高兴，点头握手，道谢请坐。然后，一改我过去不多言语的常态，同客人兴高采烈地谈谈说说，拉起家常更是没完没了，直到客人怕我累着要告辞了，我还余兴未尽，舍不得他们离开。

从前，我在桂林是出名的老实蔸子（桂林俚语），不善于交际应酬，尤其见到男宾，更不知说些什么好。可是如今我变了，变得话多啰唆，这可喜坏了记者，他们正要我话多，从中得到更多的情况，以便向海内外作报道。

在旧社会，我是个默默无闻的人，我的名字很少与李宗仁联系在一起，外地人也不知李宗仁有我这么个糟糠之妻。想不到出国二十四年，归来后，我却成了众所周知的新闻人物，这本身就是一大新闻！来访问我的朋友们都想知道我的身世，想知道我这前国民党代总统原配夫人——一个农村妇女，一个经历了三个不同时代、不同社会制度的百岁老人，是如何走过这漫长人生道路的，又如何经受了许多风风雨雨，尤其当她走投无路的时候，只身流落在万里之外的异国古巴，在那陌生的土地上一住五年，是如何熬过来的；及至到了美国，一家团圆，正好安度晚年，安享天伦之乐了吧，怎么又割舍儿孙之福，抛弃了人人称为天堂的美国，宁愿回到贫穷落后的祖国土地上了。人们认为我是颇具传奇色彩的传奇人物，当然要想知道哪怕是一鳞半爪的故事了。我呢，倒不觉得有什么奇怪，第一我是中国人，中国再穷、再落后，总是自己的窝，俗话说金窝银窝不如茅草窝。美国再好，物质享受再高，也是人家的，我在那里只不过是寄人篱下，萍踪浪迹，怎比得上在自己的土地上，有叶落归根之感呢？中国穷，人家看不起，个人穷，就更被人歧视了。若是一家团聚呢，倒还高兴热烈，但是家里已经是劳燕分飞各奔东西去了，剩下来的便是孤单与寂寞，与其在外面承受冷清，何不如归呢？故乡的山美、水美，人情也美，我早已梦牵魂系，难得共产党欢迎我回来，并为我安排了归国之路，饱经沧桑的我，正是结束浪迹天涯的好机会。我的归国，符合老人的心态，而且是很合时宜的。否则我老死在异国他乡，便会做望乡孤魂了。

我把我的经历零零碎碎向客人们述说，但一时半刻是说不完的，而关心询问的又不断而来，因此，我嘱我侄媳为我撰写了回忆录，就是漓江出版社出版的《我与李宗仁》一书，以便世人对我的一生有所了解，可以窥到我在三个不同时代的命运，可以说各个时代都给我留下了不同的印记，在此请朋友们与我一起留下纪念，并借此表示我对共产党的无限感激之情。

在此，我衷心感谢程思远先生在百忙中为我的回忆录写了宝贵的序言。

1983

扫 墓

德邻是 1969 年离开人世的。他能在故土安息，没有什么遗憾，若是死在异国，那才凄凉寂寞呢！政府对他十分敬重，把他的骨灰安放在北京八宝山，与中共领袖、革命先烈同在一起安息，德邻可以含笑于九泉了。倒是我作为结发妻子，1973 年归国时路过北京，却未去拜奠亡灵，实在于心不安，多年来如芒在背，深感内疚。直到 1983 年重阳节前，我才嘱咐嘉球夫妻二人专程赴北京八宝山为德邻扫墓。他们到北京后，得到程思远先生热情关照，全国政协派来了一位干部专车陪同前往。嘉球夫妻代表我向德邻献上花圈，默哀、敬礼，表达了我的心愿，这样我才了却一桩心事，心中才妥帖下来。

八宝山是什么地方呀？我原来以为是一处风景名胜呢。嘉球他们回来，我才知道八宝山是一处公墓，是革命先烈和国家领导人死后安息之地，那里长眠着的人虽死犹生，他们的功勋是新中国的标志，他们的精神永垂不朽。这可是一处千秋万代的历史圣地，比任何风景名胜更有意义呀！那里还安息着对国共合作起了重要作用的国民党爱国将领和爱国民主人士，如张治中、蔡廷锴、李济深、黄绍竑等将军；八宝山也标志着国共合作的胜利，体现了共产党爱国一家的原则。对于德邻，共产党领导人和人民政府评价他为伟大的爱国主义者，人民则称他为民族英雄，海内外人士盛赞他抗日有功，台儿庄大捷功不可没。近年为纪念台儿庄大捷，山东枣庄及湖北老河口准备为德邻塑像立碑。湖北省老河口市将德邻的旧居修建为李宗仁旧居纪念馆，供来自各地的参观者思索他的一生。枣庄市在庆祝台儿庄大捷五十周年时，印制出纪念信封，是程思远先生题的字。一位热心的先生——枣庄市田屯多种经营公司文庆珍先生——特地把信封寄给我，使我感动的是我与他素不相识。

老河口地区的人民对德邻的感情特别深厚，据老河口市政协朱芒先生的来信知道，那里的老百姓一提起德邻，都会伸出大拇指来夸赞他是抗日英雄，说日本鬼子“闻李失惊”。至今老人们还说若是李长官一直守着老河口，日本鬼子怎么也打不进来的，人们都说有李宗仁在这儿，老河口是“老虎口”。老河口人在抗战时期倚赖他指挥作战，赶走鬼子，直到今天，那里不少的人还在怀念他。无疑这是出于对德邻的民族气节、抗战精神的崇敬，如果他在国家危难关头贪生怕死，那么他的一生是不值一文的。对于一个人，尤其是国家的重要人物，老百姓的评价是最公正的。

德邻对于老河口也有深厚的感情，甚至比家乡还要深刻，他的一生是在戎马中度过的，在国家生死存亡的时刻，他固守在老河口，一驻六年，六年中他留下不少足迹，也留下了不可磨灭的抗击日寇的功勋，可以说是他一生中对祖国对人民的最高奉献。虽然国土曾一度沦陷于日寇铁蹄下，但他已作过有力的抵抗，他是无愧于作为一个中华儿女的。

人的一生，往往会有一念之差，铸成大错，德邻唯一不能饶恕自己的是他于内战时不曾当机立断，走国共合作道路，而一失足成千古恨，以致他临返祖国前，迫切希望以戴罪之身，为祖国做些有益于人民的事，以谢国人于万一。自思亡羊补牢，犹未为晚，谁又料到他心愿未偿，便遽然病逝呢，他是负疚的。不过，共产党宽恕了他，人民对他的历史作了公正的评价，他在人民心中已经回复了他本来面目——爱国家爱民族，他可以无愧于人民。其实，人的一生，谁又能无过呢！古人云：有过知改，是谓无过。

回想起德邻在美国时，常常为了他不曾走与共产党合作的道路而耿耿于怀，痛心疾首，认为他终生对不起祖国和人民。可是，我回国之后，却陆续收到不少同胞的来信，相识的或不相识的，都提到他的爱国精神和抗日的功勋，表示他们对他的崇敬，要是德邻死而有知，当为之欢颜了。

1988 年，山东枣庄师范学校为纪念台儿庄大捷，特地出了专刊，记述了德邻指挥作战的功勋。政协枣庄市委会为庆祝台儿庄大捷五十周年举行隆重的纪念活动，并编写了《台儿庄大捷资料第三辑》，其中收集了二十六篇文章，首篇是周恩来总理的《台儿庄大捷的伟大意义》，实为最珍贵的文史资料。其扉页有德邻亲笔记录的日敌的罪行。

广西为纪念德邻的一生，拨出专款十五万元将椒头村李宗仁故居修复，1988 年部分竣工，开放供海内外人士参观。桂林市政府还准备将德邻文明路私邸作为李宗仁纪念馆，在修建纪念馆之前，市文物工作队已于风景优美的象鼻山云峰寺开辟了有关德邻的资料陈列室，其中赵平先生为收集资料，包括文献图片实物等，多方筹措，热情忘我的行为至为可贵。陈列室规模不大，但已为过渡到纪念馆奠下了良好的基础，此举使我全家深受感动。

1984

谣　言

常言道，好事不出门，坏事传千里，我是好事坏事都传得千里呢，其中还包括一些骇人听闻的谣言。

记得是 1984 年深秋的一个晚上，忽然有一位自称某报驻桂林特邀记者的人到来，是我侄媳开的门，见来人神色仓皇，来不及多说话便急于询问老太太是否平安无恙。我侄媳问他何出此言，他说上海小报登载了一则新闻，说是老太太猝然逝世，死因离奇，上海许多人为之骇然，一时传说纷纭，他的上级打长话来，叫他立即采访，以辨真相。我侄媳听了好气又好笑，便让这位记者进入客厅。这时我正巧坐在厅里喝茶，记者看我神态安详，面色红润，紧张神色一下放松了。他长嘘出一口气说："谣言耸听啊，若不是亲自走一趟，真不可想象呢。"向我问好之后，也不及多谈，便匆匆告辞，说是要立即拍电报回上海辟谣去。我侄媳叮嘱他千万不要再同别人谈论此事，以免以讹传讹扩大影响。

不久，北京中国新闻社一位特邀记者何达来采访，得知小报的谣传，深表愤慨，说这些人无事生非，唯恐天下不乱，目前正是小报泛滥，影响不小，实为可恶。他回去之后，立即撰文向海内外报道，备述我归国定居生活美好，他的撰文题目是"李宗仁夫人尚在人间"，载于香港《广角镜》1985 年第 4 期。文中盛赞我身体健康，能吃能说。政府为照顾我的生活，特地把侄儿一家调回桂林，并将我的旧居修葺一新。我在亲人团聚中，欢欣快乐，颐养天年。此文载出后，谣言为之平息。何达先生还

李秀文在住宅院内沐浴阳光（1984 年）

先后写文章多篇，介绍我侄媳为我整理的回忆录《我与李宗仁》行将面世。

何达记者与我及侄儿、侄媳虽是初次见面，但因他为人爽朗热情，且又健谈，彼此一见如故，畅谈甚欢。说起他的先父何叙甫老先生，原是德邻的恩师，为人正直善良，善书工画，乃一代名儒，德邻早年受教于他，获益匪浅，曾备受赞颂。何老与乡亲龙月禄系至交，嘉球侄儿说，1938 年他有幸在柳州柳侯祠拜识何老先生。当时他见两位老者在挥毫作画，经乡亲介绍，得以见面。何老神采飞扬，给人印象特深。经此一番交谈，彼此颇有相见恨晚之感。何达还说到他的兄长现在中央农业部任职。嘉球说："啊！是农业部部长何康？他是我们西大同学呢！"何达说："他比你迟几届，你还是学长呢。"父辈是师生，后辈是同学，今天又见面，真是巧遇，这才是无巧不成书呢。

提到何老之子当上农业部部长，肩负着全国人民的吃饭问题，不禁使我想起德邻当年与何叙甫先生谈到国计民生，希望能实现农业救国，解决民生问题，可惜德邻的愿望无法实现。那是因为国内四分五裂，国外列强入侵，及至最后流离异国以失败告终。先人志愿后人完成，何老先生与德邻有知当含笑于九泉了。

1984

情义无价

我的一生，朋友不多，但是对我的鼓励和帮助却不少。在我的心目中，朋友比金子还重！旧时代的朋友，鼓励我勇敢地走过委屈的前半生；在外国的朋友，帮助我孑然一身，度过远走异国的五年；归国后的新朋友，给予我热情与温馨，使我人到晚年尚有无数五彩缤纷的生活好景，让我眷恋着这样丰富多彩的人生。

回国以来先后来访的客人不少，因为自己年老了，听话不准，记性不佳，必须有人随同接待，政府就安排我侄媳在我身边做这工作。十多年了，眼看侄媳从黑发变了白头，我们自己设置的来访客人纪念册从一本增加到十本，纪念册上不但记载了客人的姓名，也留下他们对我的关怀和祝福，如今重温那些感人肺腑的话，使我感到无限的温暖和欣慰。1982 年，全国政协副主席贾亦斌先生来看我，写下了“1982 年 7 月 14 日，特来看望李老夫人，见其健康如昔，甚表欣慰，惟幼邻兄已先走，未得晤面为怅”。短短的几句话，代表了他对我的殷切关怀。

1986 年，从台湾归国经商的张春南先生偕同他的家人来访，同我亲切交谈。他说老太太能舍弃美国的安逸回归祖国，台湾同胞为之十分仰慕，他知我喜欢甜食，还特地托人带了一大包甜饼给我。

一个初次相识的客人，竟这么关怀，这是代表着两岸同胞骨肉情深！

非常难得的是 1987 年，一位年轻的美籍华人，现任美国农业部长助理的柯文程先生，挈同他夫人及女儿一行四人来访后，在纪念册上写了“拜见李夫人夙愿如愿，至为欣慰”。一位素不相识的美籍华人，以与我见面为慰，怎不让人感动呢？我们紧紧握手，合影留念。

令我喜出望外的是在古巴照顾我多年的许太和关祖舜太太的来访，她们的先生都是幼邻休戚相关的挚友，见到她们二位，想起当年关先生为了我去古巴独居困难，特把我介绍和托付给许先生一家，大家相处五年如一日，情深似海，亲如一家。经过这么多年的思念，乍一见面倒又疑在梦中，彼此都有说不尽的离别情、思念情，此外，我还有满腹的感激情。许太说她已迁回美国住，与幼邻见面很是方便……依依惜别时，紧握的双手久久舍不得分开，互祝多多保重，再见有日！大家都泪眼盈盈。在古巴，若不是许太一家，我孑然一身，哪能熬得过孤苦伶仃的五年！

令我深受感动的是我归国十多年来，自中央乃至地方领导，各界人士，亲朋好友，都不断前来看望，逢年过节，必来祝贺我健康长寿。他们说得对，我健康长寿，就说明在祖国过的生活好！

啊！关心我的人太多了，无法一一尽述，这些情义是无价之宝，足以使我生命到了最后一息，仍在心里迸发出感谢的火花。我在我的回忆录里，祝福所有关心过我的朋友们、同胞们，在人生的道路上，一帆风顺，万事如意，多姿多彩，臻善臻美！

我还要特别感谢德邻的老朋友程思远先生对我一家的关怀与帮助。为了使德邻得以安全归国，程先生遵照周总理的安排，五上北京，远涉重洋，甘冒风险，保护德邻平安归来，完成爱国夙愿。

我归国之时，程思远先生亲到机场迎接。回到桂林定居，最先来看我的也是程思远先生及其夫人石泓女士。他们俩对我殷切关怀，细述归国之好处，使我更心怀舒畅。他们俩在我家同吃便饭，同在一起录像，之后每次到桂林都必来看望。

我的回忆录于 1986 年问世，程先生阅过之后，立即给我写了序言，这篇序言简意赅，概括了我朴素平凡的一生，宁静恬淡、安分守己的确是我的心愿。惭愧的是把我抬举了，我是够不上对德邻的事业有一份功劳的。

1991 年政府为纪念德邻百岁诞辰，举行了隆重的座谈会。程思远先生专程从北京来参加，会后到医院看我。这时我虽不能言语，但见他和夫人同在床前与我依依握手，并赠我一支吉林老山参祝我长寿。

当时来客众多，中央与地方各有关首长均向我祝福。我满眶热泪望着各位，却表达不出感激之情。但我可以感到，得以同国家及政府领导人在一起录下这珍贵的一刻，是我毕生的荣幸。

我因年老体衰已口不能言，心中未免遗憾，特让侄媳谭明按我的意思整理出以上文字，并大声念给我听，经我认可，以此表达对各位老友的感激之情！

1984

过年话粑粑

春节是我国最隆重的传统节日，到腊月二十前后，农事已罢，就是俗话所说的收收拾拾过新年的时候了。我们乡下的年食虽比不上桂林城里，但我还是难忘家乡的糯米粑粑。

别看那粑粑简单平淡，手工多着呢，工艺也讲究，如若做得不在行，糟蹋了粮食不算，人家还会笑话，自家也认为不吉利，因此必须由经验丰富的人来做。首先，炊糯饭要选用纯净无杂粘的糯米，杂了粘的粑粑绝不会好吃，糯米必须用清水泡浸一天，淘洗干净，放在蒸笼炊熟，此时掌握火候最重要，以糯饭柔软不粘手为最好，饭干了舂不烂，稀了黏糊糊。然后，两三个大壮汉将炊熟的糯饭倾入大石臼（家家都备有的），三人或至少两人用木杵你一杵我一杵地将糯饭捣烂，以不见米粒为准，之后便放在早已准备好的木板或谷垫上，然后便是妇女们的功夫了。这道工并不重要，十二三岁女孩也可以做得，只是将饭团搓搓拍拍，拍成扁平圆形，粑粑便做成了，不过也要用力拍，否则不耐烘煮。

粑粑的好与不好，要看它是否经得起火烤，好的粑粑，慢火细烤之后，便鼓起成球形，外面焦黄酥脆，里面柔软不粘牙。喜欢吃甜的放黄糖粉，喜欢吃咸的放豆腐乳辣椒酱，随各人所好。小孩们则什么也不放，拿起粑粑已口角流涎，迫不及待地大口嚼起来。想起在乡下吃粑粑的味道，真是数着日子等过年。

做粑粑要数我们村头娘家做得最讲究，我母亲在世时是出了名的做粑粑好手，及至嫂嫂当家也讲究这手艺，后来的嫂嫂虽是外地人，做得也不错，因此家家都希望尝到我家的粑粑，一年的糯米大部分用来做粑粑，其余不过是清明时节炊糯饭，以及久不久做点甜酒，每年的粑粑至少要去五六担糯米。槲头婆家则非十担八担不可，舂这么多，不单是过年吃，其中尤其兴过年后给出嫁了的女儿送一担，新出嫁的第一年需送五六百个，须百多斤糯米才够做，以后逐年递减，这是农村的规矩。更主要的是留到插田时吃，因此必须备好六七只大瓦缸，将粑粑放入，用清水浸泡，十天八天换一次水，这样可以留好几个月，保持味道不变，如果疏忽大意，忘了换水或换的水不清洁，粑粑开裂发霉就糟了。不过一般家家都是非常在意的，谁不心痛粮食呢，再说还会给人笑话。

回桂林头一年我就盼望吃粑粑了，后来没见有，我忍不住问起侄媳，她说刚回来不久，还来不及和乡亲们打招呼呢。侄媳见我这么爱吃，便让当地卖菜的一位妇女帮做一点，可惜她并不在行，做出的粑粑，一经烘烤，便像糨糊似的流淌，眼看着拿不起吃不得，我不禁哈哈大笑，成为我归国过第一个年节时的一大笑料。可见粑粑这东西虽小，也是来得不容易的呀。

第二年以后，乡亲们知道我爱吃粑粑，便总在年节前送来。家乡的侄女，也年年专挑好的送给我，我便又年年吃上家乡黄澄澄的粑粑了，吃得也比以前讲究，甜的放酥糖，咸的放香肠腊肉，各有风味。每逢过年我也像小孩那样一个粑粑只三口两口便又吃第二个了，自己也感到吃惊，何以越老越贪吃，成天糖呀饼的总不停口，还边吃边给大家讲笑话：“三寸喉咙深过海，你们信不信？”大家问我什么道理，我说：“人吃了总要拉的呀，因此尽吃也填不满，不是深过海么？”大家一想，果然不错，个个都好笑，说是姑奶自己想吃才编出这个话来的。其实倒不是我胡编，原来听我母亲讲过，无非是老人贪吃为自己解嘲罢啦！

我也数着日子望过年，做孩儿时盼的是玩乐，如今老年盼的是过年的传统美食，家乡风味，那是酒筵上的山珍海味也比不上的。

1984

盗 墓

从1973年我回到桂林算起，今年已是过第十一个春节了。按老传统，到了腊月二十前后，便家家户户忙活起来，做好过年的准备，那主要是指的吃食。我们乡下习惯虽然简单些，年食只做糯米粑粑，不过数量多得惊人，前后足足要忙十天八天，还要杀猪，腌好一年吃的腊肉，虽费时不多，也要忙个好几天。

我从国外回来之后，年年都尝到家乡的腊肉和粑粑，今年也不例外，除夕这天，我们热热闹闹地边吃粑粑边品评，边看家人炖鸡蒸扣肉，大家七手八脚准备丰富的年夜饭。忽然，乡里来了个人，带来一则骇人听闻的消息，说是我母亲的坟墓被人盗挖一空，问我怎么处理。我听后大吃一惊，心想这样的事落在头上可不好办啊！又正是过年，如何应付这件大事呢？我与嘉球正在为难，幸好统战部的一位科长来了，说是揭部长要亲自去察看，叫嘉球坐车同行。

他们到村头我的家乡时，临桂县保安人员及县政府有关人员已在坟地等着。只见母亲的坟墓被歹人掘开丈多深的一个大坑，不知盗去什么陪葬品。大家遂与乡亲们商量，由几个族侄下到墓坑先把骨殖一一捡出，用瓦坛子装好，暂行寄放在本家祠堂，等修好坟墓，再行安葬。事情定下来后，几位族侄即轮流下到黑洞洞的深坑里挖土捡骨头，一直捡够全副骨殖才罢手。在这样的数九寒天，大家从下午四五点劳作到七八点钟，足足三四个钟头，水也没得喝一口，真是又累又饿，疲惫不堪，直到天漆黑，乡亲们才从坑底下上来回去吃年夜饭。嘉球他们本来说要回桂林吃饭的，但此时已过八点，大家又饿又冷，便应两江镇政府的邀请，在两江吃年夜饭。我想事由我家起，让大家没能和家人吃团年饭，真过意不去啊！

我们在家的听着门外北风呼啸，冷雨敲窗，想着乡下出了这件不吉利的事，便人人不安，围着火盆也觉得冷兮兮的，更无心吃年夜饭。眼看七点半过了，电话来了，说是嘉球在两江镇吃完饭再回家，坟墓的事已处理好，叫我们放心，我们这才匆匆胡乱吃了这顿年夜饭，也说不上是什么滋味。

直到晚上十时多，嘉球才回到家中，仍然是统战部的车子送回，坐下细说这一天的情况。我说大年三十出了这件事，使得政府为之兴师动众，不能与家人团圆，还要部长亲自冒风受寒，辛苦一整天，真过意不去。嘉球说统战部揭部长还真够细心的，恐怕你老人家焦急吃不下年饭，特嘱打电话回来通知。我说："难怪呢，平时嘉球去哪里过时不回家也不托人捎个信，使得家中惦念。人家当官的，真会体贴人心。"我同家人说："这样的事，当官的吩咐一声不就得了，还亲自赶到现场去，陪着大家顶风冒雨，忍饥挨饿，确实与国民党不同，大概这就是共产党的作风吧。"我经历过这两个党治理的中国，就此一件事，使我深刻感到共产党的无比伟大。

1985

腊月春风

第二天大年初一，政府好多官员来给我拜年，揭部长也来了。他见面贺年之后，即笑着说："老太太，昨天你受惊了吧，不要紧的，一切都办好了。帮你家老祖宗捡一次骨殖，然后再行安葬，这是我们国家的老风俗，平常也兴大葬的，这次权当我们为你祖先做大葬好了，一举两得，坏事变为好事。等过了年请人把坟墓修好安葬后，嘉球你们便可以回去上坟扫墓了。"揭部长还风趣地说："想不到我上任后的第一件事，是为五十多年前的死人办事呢。"在座的各位都不禁被他逗乐了。我说："揭部长真是不讲忌讳，没有架子，这样的事也肯去做，若是从前的官，打起四人大轿抬他也不肯去瞧瞧呢，何况是大年三十晚。"

揭部长说："我们是不忌讳的，在不在家过年无所谓。盗墓是犯法的，政府必定要严加追查，归案惩处。不知你们老太太陪葬有什么物品，比如金银玉器等。"我说："先母陪葬不会丰厚的，一则她生前俭朴，二则乡下也不兴陪葬金银首饰。先母生时只戴一副耳环，至于玉器么，倒是我在广州大新街买过一对玉镯给她，后来打碎一只，另一只则常戴着，至死陪她下葬。因为玉器陪葬是另有用意的，意思是若干年后，捡拾骨殖做大葬时（一般富贵人家是兴大葬的），把陪葬的玉器取出，给子孙佩戴，说是可以荫庇子孙，也可以避灾祛邪。有些玉器经过与死人入土多年，出土后看得出缕缕血丝，这是最珍贵的。早年未出国时，我曾有心看看母亲陪葬的一只玉镯是否真会有血丝，谁知一晃几十年，如今再也看不着了。"大家见我无所忌讳，随之也谈开了。

其实盗墓这等事我并不觉得奇怪，从前早听说过有个什么将军的，带领成连人马枪支，去盗挖清朝皇帝的坟墓，将其中珍贵宝物盗劫一空，谁又查得了呢？如今这些盗墓的，不外是些好吃懒做的无赖，偷到死人头上来了，即便逃过法律的惩罚，自己的良心也不得安宁。得之不多，失之却不少，一世不好做人，连子子孙孙也抬不起头。

事后我和嘉球说："拾骨殖这样的事，至关紧要是给回个利市（红包），凡是出了力的，不论官民大小，都要给回个利市才好，否则对不起人家。"嘉球说："乡亲们呢，你不给，他们也要讨回个彩气。政府人员，你给也不会要的，共产党不兴那一套。"

此后一想到政府对我和先母生养死葬的恩情，和我归国十多年来所受政府的处处关怀，使我如沐阳光，如浴春风，所谓大德不言谢，我唯有铭记在心，终生不忘。

1986

孙女莱丝琳——李雷诗第一次故乡行

雷诗是我孙女自己取的中国名字，她说她是中国人，她爱中国。

1986年，在我九十六岁生日之前，幼邻回到桂林，等着为我祝寿，他告诉我，二孙女决定在中秋节后回来看望我。听后我高兴得眼巴巴地盼着这一天到来。

孙女之所以选择这个时候回桂林，是因为在外面听说桂林是举世闻名的风景城市，满城栽着桂花，中秋前后，桂花盛开，香飘万里。我所住的叠彩路，过去就称桂花街，其桂花之多，就更不用说了。

中秋节后，孙女的电报到了，说是她已到达香港，在姐姐家小住数天，然后乘飞机回桂林。接机的时候，大家都有点作难，因为家中各个人都不认识她，只好效仿那些接机人的方法，拿一块硬纸板，上面用英文写上莱丝琳的名字让她辨认。谁知根本没用上，她一下飞机嘉球便认出来了。她的长相已跟小时候大不相同，现在长得与幼邻年轻时一模一样，大家便拥到她身边。她竟也认出嘉球，因为在相片中见过。

飞机是晚上九点到达的，接回家已过十点了。我一直在厅里等着，听到大门外汽车声、人声、笑语声，知道人已接到了。先是侄媳入屋报讯，说接到莱丝琳了，正在门口看桂花呢！她给桂花迷住了。那晚月光正好，听说她看到那一簇簇金黄色的桂花，简直心醉了，伸手摘了一簇闻着，一迭声说："好香，好香！"想不到我们天天见着桂花无所谓，外国人却这么着迷。

孙女李雷诗第一次回槲头老家故居（1986 年）

孙女入屋，一下子扑到我身上，连声呼唤“奶奶，你好”，她还想多说些什么，可惜言语不够用，只好比着手势，我只能说句 OK，于是大家乐呵呵地也用半英半汉兼比手势来对话，真是别有风趣，瞧着才开心呢。不过，孙女很聪明，过不两天，她的汉语便进步多了，而且发音比家中一些人的南腔北调还正确，只是一下子说不出许多。

这以后，短短十多天，莱丝琳在家里时都在我身旁关心着我，搀扶我上床下床，一起一坐，好似要补偿多年来做孙女的责任似的。我的心好似浸满了蜜糖，一下子似乎回到了美国纽约的花园里，和我那“四只小麻雀”在草地上游玩，看她们捕捉蝴蝶，我一边除草、捉虫，一边唱小麻雀的歌。甜蜜的回忆使我一下子觉得年轻了许多，不由得又唱起了那首《小麻雀，你为什么不快乐》。可是，回忆可以不受时间的限制，时光却是不能倒流了啊！

莱丝琳长得很清秀，身材苗条，性格娴静，穿着朴素。她只穿一两件棉毛短衫，棉布的长裤，凉了加一件羊毛外衣，就这样走遍了桂林的山山水水。穿着简朴倒很合我意，只是她似乎太瘦了点，我认为是吃得少的缘故。早餐只吃一片面包，一杯不放糖的咖啡，中晚餐也只吃半碗饭，怎么够呢？家里的年轻人，用大碗吃米粉或面条还嫌少呢，可是莱丝琳总是说："够了，够了，太饱不好，我习惯了，身体很好，奶奶，谢谢！"

我的这个家，环山绕水，风景如画，加以此时正是中秋时节，金风送爽，桂子飘香，更令人有身在画中之感。莱丝琳白天忙着登山涉水，晚间站在窗口，远眺群山隐约，花香馥郁（窗口外有一株桂花正盛开着）。她被吸引得如痴如醉，睡意全无。一清早，她又独个儿去爬山了，她把时间看得比金子还贵。

家中侄儿侄媳、侄孙们轮流陪伴她去游漓江，游七星岩、芦笛岩等各个风景名胜，或则侄媳陪她逛街市。对于街市，莱丝琳也饶有兴趣，每次走到大街上，不管是看见推木板车的，挑担卖菜的，还是在马路边裁衣、踏缝纫机的，她都觉得新鲜，并一一拍下照片。她还在街口卖烤红薯的摊子上买红薯吃。看到一个又一个的果皮箱她很赞赏，说美国没有，便又拍个镜头。看到母亲牵着孩子甜蜜的微笑她更不放过，说："中国是不富，但人很快乐、满足。"她还说桂林是个充满活力的城市。

几天之后，莱丝琳要求回家乡榔头村看我和她爷爷出生之地，说这是她多年的愿望，她努力学习汉语为的就是回中国。她还说她是四分之三的中国人，她的根在中国。为此她取了一个中国名字，叫李雷诗，我侄媳看她在石刻店浏览，便订刻了一方李雷诗的图章送给她。她高兴极了。

临桂县政府十分热情地欢迎她回家乡去，派了车子接她到县政府参观一番后，又陪同前往榔头村，还请了县中的一位英语教师做翻译。这样，她通过翻译，就可以问询到许多想知道的故事了。那时，故居尚未修复，房屋颓败，庭院荒芜，但是她却十分喜爱。她说："这古老的房子，才具有我祖父母共同生活的真迹，我非常向往祖父母传奇式的往事。"她觉得这传统式的木结构的房子远远胜过桂林市内那所保护得很好的砖石结构的美观的小洋房。这很出人意料。

当她登上我们住过的木楼时，连声说："很美，太美了。"她在幻想着爷爷和奶奶往昔的生活，木楼前那株玉兰树，四十多年前初种下时弱不禁风，如今经过多年的风雨沐浴，不但生机盎然，青翠欲滴，而且亭亭玉立，并无衰老之意，显然与这位可以说是同龄的女主人具有同样的丰姿。莱丝琳在树下悠然神往，仿佛她也曾在那古老的年代，在玉兰树旁听奶奶讲故事，给那娇小的树苗浇水拔草，似乎那小小的庭院，留下了她的年幼的足迹。

在这木楼前，她拍下了许多照片，逝去的岁月一经与现实结合起来，便更显得色彩斑斓了。

再回到大门旁边的小花园，莱丝琳更是着迷，那里有假山的遗痕，有金鱼池的旧迹，还有几株饱经风霜虽已老态横生，但依然在迎风摆手的梨树、桃树、李树。她曾听幼邻说过，那几株梨树结的果又甜又嫩，比天津的雪梨还好。可惜此时果事已罢，无福品尝。

尽管庭院冷落、荒芜，莱丝琳仍然在此流连忘返，捕捉许多往事。

回到家中，她执笔写了一篇《我的第一次故乡行》，由卢存学先生译为汉文。这篇文章分别见载《团结报》和《桂林日报》，不但作者写得深刻生动，译笔更是流畅传神，特在回忆录中留下其中一段："访问祖父出生的村庄，眼见祖母数十年后的今天，仍然健康地在家乡桂林安居，是我从桂林带到美国的最珍贵的记忆。这个记忆将永远铭刻在我的心上。我还怀念那些接待我首次回国的一切人（包括悉心照料我的亲属，前来欢迎、祝贺我的朋友和政府干部）。我总为无法表达对他们的由衷谢忱而感到愧疚。通过和他们的接触，我感到祖国充满了人情味。在中国，人际关系确实是一种艺术，这种人情的温暖比桂林的绮丽风光更加感人。我虽然从未回过桂林，而这一回去就感到是到了自己的家。"

此外莱丝琳还写了一篇题为《和祖父李宗仁在美国的日子里——孙女的回忆》，仍然是卢先生译的，也已先后见报，现特附在我的回忆录中，以补充我回忆的不足。

半个月后，莱丝琳带着依依不舍的心情告别桂林，告别桂林这个家。她紧紧地拥抱着我，吻了又吻我的双颊，含泪说："再见，奶奶，我还要回来的，等你一百岁那天，我一定回到你的身边。"此时，她已跟家中亲属们学会了不少汉语。是啊，一别十多年，我的小麻雀已经长大了，懂事了，知道疼爱奶奶了，叫我怎么舍得和她分手啊！我感到大滴泪珠滴落，流过我的腮边，分不清是孙女的还是我的。

1986

艺术与友谊

听说著名书画家阳太阳先生来造访，我怀着敬慕而又兴奋的心情，等候见面，心中忖度，这位闻名遐迩的书画家、艺术学院副院长、自治区政协副主席、一代艺术大师，声誉高呀，该是一位高不可攀的“太阳”吧！可我的猜想错了，见面之后才知阳太阳先生是一位淳朴、高雅、庄重而又不拘泥的人，他的到来，给人一种亲切、轻松、愉快的感受，恰似金风送爽，使我拘谨的心情一扫而光。

陪同阳老先生来的有他的夫人、侄女，还有毛庭栋及他的舅娘覃联思，他们是阳先生的亲戚，也是我家的老朋友，因此落座之后，便没有往日贵客临门那种客套，似乎一见如故，不用寒暄，一下子便打开了话匣子，拉起家常无拘无束地谈笑风生。阳先生同我慢声细语地谈谈说说。我说：“多谢你和夫人一起来看我呀！”阳老说：“早就要来看望你老人家了，今天正好，中秋佳节，祝你老人家花好月圆，健康长寿！”我连连双手拱起表示谢意，阳老也连忙拱手答谢，一时之间大家都拱起手来，这一传统的敬礼使一室之中妙趣横生，增添不少快乐气氛。

谈笑之后，老毛说：“老人家不是早想得到阳老的墨宝么？今天阳老特来给你老人家题字作画啦！”阳夫人和侄女随即打开提包，取出准备好的文房四宝，我家侄媳等便张罗摆桌子、铺毡子……一时之间磨墨的、端水的、铺纸的，不分宾主地忙开了，很快就凑成一个临时画桌。阳老带来的笔大小不下十多管，他挑了一支最大的在砚上饱蘸墨汁，略一打量，便大笔一挥，转瞬之间，一个斗大的寿字便赫然纸上，大家真有点像猪八戒吃人参果，还来不及品尝一下便吞到肚里了。跟着大家欢呼起来，有的说：“真快呀！我眼睛还没眨一眨。”有的说：“我还以为阳老是先比试一下才下笔哩！”有的说：“啊！一笔就写成了呀，真神！”大家七嘴八舌地夸个不停，赞叹不绝，啧啧称奇。

然后，阳老端详了好一会儿，才颇为满意地亲自把这个寿字条幅小心地铺在一边，便又开始作画了。大家都围在两旁观看，只见阳老三笔五笔便从石山旁勾出一株苍劲的梅树，然后在枝丫上细心点缀，一下子便花开满枝了。大家不禁又同声喝彩。我对书画是外行人，不知其中的妙处，但细看那梅花，竟把我带回到过去在广州游罗岗洞赏梅的时光，只觉满目尽是梅花，香气袭人，不禁脱口而出：“这梅花好香呀！”大家不约而同地说：“还是老太太看得细心，把画都看活了。我们只觉阳老画得美，画得真，却不知画得香，是老太太把梅花的神韵都看了出来。”不知谁又说：“这就是艺术的伟大，艺术的魅力呀！这一来真的满室飘香了。”

我尤其喜欢阳老的题词“梅花香自苦寒来”。这词与我的身世颇有相似之处，我正是历尽异乡漂泊之苦，几经风霜雨雪之后才从美国归来定居的，在共产党的阳光雨露下才得以晚年飘香的啊！正在无限感慨之际，大家又忙着要看最后用印了。书画家用印是一种艺术，也是很深的学问。阳老的印章带来的大大小小怕有十多枚，有方的、有圆的、有长形的……篆刻精致，都出自名家之手。观看名家用印，也是一种乐趣，一种享受，与观赏作画一样，得以大开眼界。只见阳老与夫人合作，略经研究，才决定用哪一枚，印处也讲究，印时亦非常细心。说也奇怪，这书画未用印之前，好似还缺了点什么，一经用印便好比一个美女穿戴齐全，点了绛唇之后，更婀娜多姿，真的是有美皆备，无丽不臻了。大家都说，这印章的作用还真大呢！

我看阳老颇累了，就称谢说：“阳先生辛苦了，请坐歇一下吧，这次蒙你赏光，即席作画赠我，深感荣幸呀！不知怎么答谢才好呢。”阳老说：“我这是以文会友，难得你老人家赞赏，祝你同这梅花一样挺秀耐寒，如众所祝愿，健康长寿，这就是我亲来为你作书画的意旨了。”阳先生的夫人、侄女、老毛及他舅娘也纷纷为我祝福，我内心充满温馨与快乐。这样的雅会在我一生中是非常难能可贵的。我祝阳老的艺术万古长青，愿我们的友谊万古长青！

1986

《血战台儿庄》在我家放映

为了纪念抗日战争台儿庄大捷这一光辉的历史战绩，广西电影制片厂拍摄了大型影片《血战台儿庄》。中外人士知道这一战役代表着中华民族的磅礴气节和同仇敌忾的爱国精神。这影片尚未公映之前，广西电视台特将部分录像带来桂林我家首映，让我一睹当时血染的风采。并邀请扮演李宗仁的演员邵宏来先生一齐来，让我辨认一下他扮演得像不像。

桂林市政府十多位领导，民主党派知名人士，以及亲朋好友都来参加这一次盛会，人多了坐满一屋，还里里外外地围着，站得密密实实，水泄不通。

电影放映了，屋子里鸦雀无声。随着一幕幕惊心动魄的战争场面，人们仿佛进入了那炮火纷飞的战场，为之同仇敌忾，为之喜怒哀恨。这部电影再现了当年抗战英雄为保卫民族尊严，在敌人的密集炮火以及狂轰滥炸下，浴血奋战，前仆后继，把生死置之度外，直到最后一人的可歌可泣场面。我看到了张自忠将军身先士卒、壮烈牺牲的悲壮情景，看到了抗战的艰苦与残酷，战士们英勇作战的大无畏精神，还看到了尸横遍野的惨状……德邻的种种形象，使我回忆起他的英雄气概。想起在桂林时我为他身临抗战前线，成日心惊肉跳，天天烧香拜佛求菩萨保佑他平安无事的情景……往事又一幕幕地仿佛就在眼前，一时之间我好像又回到了那个艰苦的年代，马路边睡满了断腿缺臂的难民和孤儿寡母，但更让我想起的是桂林街头的献金台，常常是挤满了男女老少，不管是工人学生，为了抗日救国，谁都不吝惜，情愿

反映抗战历史的影片《 血战台儿庄 》海报

献出身上的一分一毫，正所谓有钱出钱，有力出力，那种热烈壮观的场面，真感动人心啊！我当然更多捐乐捐了……

映完后各抒己见，都对抗战时期保家卫国的将士们表示赞颂。同时认为李宗仁将军的抗战功勋是有口皆碑的。台儿庄大捷震撼世界。

正当我思绪万千的时候，忽然一位军人来到我面前，他手执一束鲜花含笑问我认识他不。我似乎还陷在抗战时期德邻回桂林小叙数天后，匆匆来到义学巷与我道别叮咛时的情景之中。眼前的军人，看他似乎面熟，但又认不准是谁，正自狐疑，随即有人对我说："他就是刚才影片中扮演李宗仁将军的演员邵宏来先生，你看他像不像李将军？"我才又仔细观看，不免一惊，是真有点像呀！不过他比德邻高大，也显得年轻，没德邻那种风尘仆仆的样子，看来电影里的德邻更像些，而且他一口北方话，是与德邻大不相像的，德邻是乡音不改的呀，真的是似是而非！……我默想了好久，才明白过来，回答说："像是有点像，不过德邻戎马出身，性格粗放。这位先生似乎斯文得多，只可说是貌像神不像，倒是电影里面的德邻分不出多少。"大家这才哈哈大笑起来，告诉我这位演员扮演李宗仁将军，人人都说像，幼邻先生看过影片也说像，就想听听你的意见啦，特别请他来给你认一认，看到底像到什么程度。究竟是夫妻呀，连神韵都揣摩得出来，口音也听得清楚。这真是一组别开生面的镜头呀。

这先后两组电视纪录片，幼邻回来都看到了，好心的广西电视台新闻部主任苏新生先生（拍摄《李秀文归国定居后》的主持人），还先后复制了两盒录像带给幼邻带到美国去放映给海外亲友看。幼邻说，在美国也放映过《血战台儿庄》这部电影，华人看了，人心振奋，都说当时抗战之艰苦卓绝，将士之英勇抗敌，不怕牺牲，前仆后继，乃至死到最后一个仍踏着尸体前进的大无畏精神，代表了中华民族的不可征服。相反，日敌在台儿庄一役受到估计不到的狙击，元气大挫，好久恢复不过来。只可惜蒋李不曾好好合作，以致国土沦陷，中华民族受到奇耻大辱，华人在外也抬不起头来……这一影片是受到海外华侨、港澳同胞欢迎的，凡有华人之地均纷纷放映，都认为是一部反映中华民族光辉历史的好影片。可惜没有复制拷贝，不能使美国的众多亲友普遍看到，这确是一件憾事。

电视录像较之报纸报道更为生动，因此影响更为深远，而我不但成为新闻人物，也成为影视中的人物了。

1986

生日快乐

1986 年农历四月二十四日，是我九十六岁生日，幼邻正好赶上回来为我祝寿，因此我特别高兴。生日那天，桂林市各有关领导、民主党派领导、知名人士以及亲朋好友等都来为我祝寿，客厅虽不张灯结彩，但人语欢笑、杯觥（指的是以茶代酒同吃生日蛋糕）交错，别具一番情趣。大家纷纷举杯，祝我生日快乐，健康长寿。著名书法家伍纯道先生为我即席挥毫，留下墨宝，实为可贵。刘开泰先生为我即兴作了一首诗，由卢存学先生为之娓娓朗诵，诗曰：

红霞满天日月明，绿水青山故园情。
幸回桂林长寿乐，喜望小康超两轮。
一国两制共繁荣，港澳台澎启归程。
花好月圆欢聚日，神州处处盼亲人。

这诗后来由王志介先生写成条幅，长年张挂在客厅当中。这诗文，这墨宝，洋溢着一派盼望祖国统一、思念亲人团聚之情，并写出国家大好形势，人间的大好风光。际此国泰民安、人寿年丰、安定团结的太平盛世，我真愿能超两轮花甲呢！大家便就着这诗文各抒己见……最后都说：祖国统一的日子不远了，老太太你就准备好迎接台湾回来的亲人吧。

不久，台湾方面准许台湾同胞回大陆探亲，首批是退休老人先行。立时之间，享受回大陆探亲的同胞便迫不及待地纷纷整装启程，我家的几位乡亲也陆续回来。他们看见国家已今非昔比，昔日山河破碎，今日一派繁荣，祖国形势大好，亲人安居乐业，都感极而至泣下。人人都说世上只有乡土之情最牵动人心，俗话常说：他乡见老乡，两眼泪汪汪。何况，今日能在家乡见到的不光是老乡，而是至亲骨肉！这几十年阔别，肝肠寸断啊，见面之际，何止是泪汪汪呢，简直抱头痛哭了。回来的亲人都有一个同感，那就是尽管在外面有多少富贵荣华，亦不过是寄人篱下而已，哪有踏在自己的土地上亲切、踏实！家乡的一草一木，乃至于泥土、牛粪都是香的。他们都说两岸沟通了，我们年年都回来。有钱的回来，没钱的借钱也要回来。

我不由得想起，德邻就是这样的心态，他一向自称是四海为家的人，对家庭生活，对物质享受，都少去计较，但自从他浪迹海外（寓居美国十六年），那一缕思乡怀旧之情便紧紧地牵着他的心，常常使他心境不能平静下来，以至于寝食不安。据他说，这种思乡之情，哪怕你是铁石心肠的人，也会在心中流泪的呢。

1986

中秋赏月

过了我生日之后，一晃眼又到中秋佳节，听说海峡两岸的骨肉同胞就快可以团聚了，大家都特别高兴，今年的中秋节，也过得特别开心。

十五那天一早，我同侄媳说："国家快要统一啦，亲人可以回来团圆了，这真是一件大喜事呀！今晚赏月，得好好快乐一番才是。"侄媳见我这么高兴，便打起精神，当晚早早吃过晚饭，在客厅外的凉台上摆起一张桌子，桌上摆满了各式月饼，应时鲜果，花生瓜子……还特意挑了一个大柚子，按风俗民情插满了香，让它香烟缭绕，增添节日色彩。

月亮刚刚升起，一家大人、小孩总共十四个人，团团围坐，边嗑瓜子边说笑，孩子们都想快点尝到今年的广州月饼。我说，要等月亮升到树梢头吃月饼才有意思。这时月亮才刚刚露脸呢。小孩不耐烦坐，便先去捉迷藏了。我叫大家各自尽兴抒情，做什么都可以，就是不许离开桌子。侄媳知我喜爱山歌，便逗我说："好久没听姑妈唱山歌了，这时怕都忘记了吧！今晚过节，唱给大家听听好吗？"

经侄媳这样一提，我真有点嘴巴痒痒的了。想起做女儿时，每逢中秋节，女孩子们最高兴的是趁此机会唱"昱仔"（昱仔是家乡一种山歌）了。大家都把唱"昱仔"当作最大的享受，既可尽情吐露自己的心事，又可表现自己的聪明才智，还可比比唱"昱仔"的本领。我是唱"昱仔"的能手呢。

往事一经提起，开心的日子一下便回到眼前，我禁不住唱了起来。初唱一首即景的："月亮弯弯照九州，有人欢乐有人愁，有人楼上吹箫笛，有人地下叹风流。"八月十五月亮是圆的，但这歌最扣人心弦。人们一见月亮，必联想到穷人之苦，就不管它月圆月弯了。而这歌一唱完，总勾起人一丝愁闷。

接着侄媳又请我唱我最拿手的"出嫁歌"，我清了清嗓子，便又唱开了："大兄愁，大兄背妹过门楼，过得门楼不见屋，轿子悠悠到桥头，桥头有只路头鸟，我家有个骂人兄，我兄骂娘不嫁妹，嫁得妹来一身轻。"这歌我是用乡音唱的，大家都说好听，可惜听不懂，若知道歌词的意思就更好了。侄媳便将歌词讲解一番，我看她边讲边笑，便问："我唱错了么？"侄媳忙说："姑妈真好记性，唱得一字不差，声音还是那么甜润，怪不得从前村里人最爱听你唱'昱仔'了。我是笑你这时还唱这歌骂公公呢！（侄媳说的公公是指我大哥。）姑妈都快百岁了，公公去世也已几十年，还记老账呀！"我说："这你就不懂了，唱歌嘛，是唱世事，莫过是唱自己么？还不是唱世俗人心，以作警世之言罢了。你公公心肠软，就是你婆婆，也不过口头上刻薄些，这样的人，世间不少，岂止你婆婆！不过，有些人是真的不耐烦小姑嫁不出去的。不然，怎么有人作出歌来让人唱，其旨意还不是教人宽容大量么？"

于是，大家便一个劲地拍手，说老太太唱得好，解说得更好，并要求我再唱几首。

说也奇怪，我对唱"昱仔"最感兴趣了。做女儿时一唱十多首不见口干，别人早喝几次水润喉咙了。此时我唱得性起，想起农村日子，旧事一幕幕地袭上心头。

想起大热天割禾，烈日当空，汗滴如雨，口干舌燥，没水解渴的情景，便又唱了两首："唱支山歌解忧愁，喝杯凉水甜心头，凉水解得心头苦，我哥为妹解忧愁。""空到无聊唱支歌，不为欢喜不为乐，这个年成算不到，只怕做妹难嫁哥。"唱完，有点黯然。

想起那时常吃苦荬菜的日子，煮菜时用一块小小的肥肉在锅里擦一周，便将一簸箕苦荬菜倒下去。这哪里是下饭的菜呢，简直是在吃药，而农民有块肥肉擦锅头煮菜就算好了。

想起我家每逢杀猪，都有穷乡亲来讨一块猪肝，用来贴在眼上，以医眼疾。如今我看见满桌的月饼、糖果，这些花费，在那时足够穷人吃一年粮了。我把心里想的说了出来，并问现时乡亲过的日子可好了多少，一边深深叹息。

侄媳知我一向为人厚道，对穷乡亲常常慷慨为怀，解囊相赠，此时想必又有所感触了，于是笑嘻嘻地对我说："姑妈真是富贵不忘贫穷时，从前四乡五邻多是穷人，给你的印象太深了。这几年农村已经大大改变了呢，比你初回来那会儿好多了。那几年，佛水（我大姐的儿子）为了媳妇坐月子，自己家境困难，只好天天跑水库去戽鱼。谁知有一次失足落水送了命，这件惨痛的事，大家都为之伤心不已。

"佛水的女儿因患妇女病，二十岁还发育不起来，上桂林看医吃药，姑妈没少帮助她。她医好病，已经结婚，生儿育女了。那几年不断有穷乡亲上来，都是想得点周济。如今国家实行改革开放，扶贫政策，多数人自己勤劳苦干，已慢慢摆脱贫困，渐至温饱了。

"就拿佛水的儿子来说吧，他于去年与乡亲合伙买了一台电影机，在乡下放电影，每月收入大为可观，日子过得很舒心。

"你侄外甥良知前几年一直摆不脱贫窘，后来政府号召种果树，嘉球帮他买了几十株柑橘苗，指导他栽种。他自己立下决心，要脱贫致富，苦战三年，开荒造林（果树林），收到很好的效益。如今人均年收入千多元，虽不多，但前景是大好的。

"总之，如今的农村，与从前大不相同了。姑妈你不必再去翻那老皇历了。"

我说："怪不得呢，早几年不少乡亲上来借钱，缺吃少穿的要我帮补，我总多少给他们一些。这几年亲戚上来，大都衣履整齐，不言穷了。这就好，农村能够吃饱穿暖，不简单呀。我活到今天，近百年了，旧社会的农村，哪时不是在天灾人祸中苦苦度过的？"

谈笑间不觉已月上树梢，小孩一齐欢呼："吃月饼啰！"今年的月饼是广州过来的。我记忆中的广州月饼是饼中之王，哪里都做不出这种风味，名目也多，有所谓"嫦娥奔月""西施醉月""七星伴月"……吃了广州月饼，其他的月饼都不想吃了，就如我们桂林酥糖一样，可谓各有一绝。

大家边尝月饼边赞好，小孩们嚷着要喝香槟，我说吃月饼还要喝香槟，从没听说过。才说间，几个孩子一人拿两瓶香槟出来，倒满杯。接着大家都举起杯来，一个说为老太太健康长寿干杯，一个说为国家统一干杯……高兴热烈得像节日的焰火，灿烂、辉煌，这气氛比过年还快乐。若是到了祖国真的统一那一天，恐怕大家会合力把台湾抬过来呢!

不知不觉，已月上中天，月色溶溶，白露浸人。侄媳怕我着凉，便说："今晚也够尽兴了，难得老太太坐了这么久，夜深露重，该休息了。"我也感到有些累了，一边打着呵欠，一边让人扶着回房歇息。大人和孩子则意犹未尽，他们还要等到十二点看月亮。据说一年中只有八月十五子时（半夜十二点）月亮照人没有影子。孩子们没看过，定要看个真假。至于为什么只有这一夜月亮底下看不到影子，这就费解了，由他们去研究吧。

过了这个中秋节,我的身体便一日不如一日了,维持到十二月,我终因病住院了。这就是人无千日好，花无百日红呢。

1987

住 院

我初回桂林那几年，常常感冒，我便照样用土法刮痧，一样好得了，一般不让侄媳去惊动医院为我特定的两位保健医生，一则这不算病，二则我怕打针吃药。不过，糟糕的是如果发烧了，那便身不由己了。

最初几年，我确是除了伤风感冒，很少生病。两位保健医生常常称赞我身体好。可是 1986 年以后，我的身体便一年不如一年了。那时两位医生已经先后调走，医院虽不再派保健医生，但对我的健康仍然十分关注。我两次患肺炎，医院领导亲来诊治，还安排几位护士小姐来家日夜看护，打针、喂药，精心护理，身体得以在短时间内康复，之后还定时到家来检查。

患过两次肺炎之后，身体虽不如前，但仍饮食不减。到了 1986 年冬，我在美国镶的假牙脱落了，食欲便慢慢降低，身体也随之减弱了，渐渐步履也蹒跚了。1987 年，我第三次患肺炎，初时只觉得人很倦怠，不想起床，以为不过是平常的感冒罢了，便没让侄媳去告诉医生。谁知到了第三天，侄媳为我探体温，发烧 38 度，而且背部还发现有了小块溃疡，知道是褥疮，十分着急，立即报告了邓医生（当时她是医院的党支部书记）。她赶来看诊之后，又请了几位主任医生来会诊，都说家中条件不方便治疗，主张住院为好。当晚报告了统战部，揭部长立即赶到我家，与医生研究决定住院，这时已是晚间十一点了。

第二天一早，医务人员就接我到医院，那时我病已不轻，由不得我愿意不愿意啦。

这次的病确是不轻，多亏去住院，否则怕活不到今天。进院的当天晚上，医院就发出病危通知，侄媳看到直流眼泪，怕我真会就此长眠了呢。

住院头几天，我一直发高烧，神志昏迷，躺在床上，合眼总见德邻朝我招手点头，我连忙走过去。他同平时一样含笑说："慢着点，不要急，等我过来拉你一把。"我心里好高兴啊！我们夫妻又得见面了。正说话间，耳边却不停地听到有人柔声细气地叫："奶奶，奶奶，醒一醒，打针啦。"我睁开眼，啊，刚才明明是与德邻说话嘛，怎么一下子就不是他了呢？我舍不得德邻，便赶忙紧闭双眼，再去寻找，可是已找不到他了。这时，我知道是做梦。做梦也好呀，便懊恼护士小姐不该叫醒我，否则梦中有许多话还要说呢！

我生平怕痛，更怕打针。护士小姐们一来触摸我，我便使劲推拒，甚至打呀、喊呀，十分野蛮，妨碍医生护士的工作，自己明知不对，但仍然如此，大概是高烧使人迷糊的缘故吧。过后人清醒了，便又笑起来向护士小姐们道歉。

我这一病，惊动可大啦。上至政府领导、医院领导，下至医院的工作人员，都知道我病得不轻。为此，医院领导为我专门开了一个单间病房，还安排了十个医护人员（其中绝大多数是护士长），组成特别护理小组，时刻有人守护着。一连十天，才转危为安。之后，这特护组虽然减少了一些人，但一直护理我至翌年十月转入综合病房。

入院的头一个多月，经过医生护士的精心护理，我逐渐退烧了，身上的褥疮基本痊愈，食欲也恢复了。人感到舒服，便高兴起来，跟身边的护士小姐说说笑笑，还唱歌给她们听。我在生命垂危的时候，是医生精心用药，护士日日夜夜熬着细心护理，才得以转危为安。常言道，三分医药七分护理，护士小姐们为我不知耗尽了多少心血啊！白日还好，晚上值班守夜，正当人人酣睡的时候，她们不敢合一合眼，哪怕是打个盹儿也惊醒起来，赶忙来听听我的呼吸，生怕我人老了，一下子会过去。

虽说是病已好了，但医生护士还不放心，为预防褥疮，一时都不敢大意，仍然规定每两小时翻身按摩一次。至于大小便呢，一概在床上照料了。我现在才知道老人最怕久病睡床生褥疮，如没有人护理，那是不堪设想的。

常言道，久病床前无孝子，可是这成千个日日夜夜，我眼见着医生护士为我操劳，心里实在过意不去。她们这样温柔、这样耐心，是亲人都做不到的呀！难怪人们称她们为白衣天使。只要看到她们轻轻地走着，微微笑着，我便感到无限的安慰。我还能活到今天，是共产党的好领导，是医生护士的回天之力。若在家中是万万办不到的。不是说侄媳不爱护我，而是她不能给我做医生护士的工作，若是在美国去住医院，倾家荡产也不够付医护费的。

我在病中为白衣天使们祝福，祝她们倾注的爱心得到最美好的报答，并叮嘱侄媳将我的情况一一向海外的亲友报道，盼望台湾早日回归祖国，分享新中国的温暖、幸福。

1987

土　井

一天，来了一对老年夫妇，他们先到我家，由我侄媳陪同到医院里我的床边。那男的看来有点面熟，他十分谦恭地向我鞠躬致礼说："大夫人，还记得起我吗？我是土井呀，小时候我在你们家帮晒谷子，长大到了十七八岁，七大人派我管仓库，我一直在你家待了好多年呢！……"我望着眼前这个中年男子，听说是土井，恍惚之间，土井的身形、面貌、神态、憨实的言语、动作、笑声都一起浮现在眼前。我顿感欢喜，连声说："哦，是土井吗，怪不得这么面熟，那时天天见面，还常常玩在一起的呢，怎会记不得？"土井见我喊出他的名字，高兴极了，忙说："是呀，土井就是我啦，我专程从台湾回来看你的呀。那年我跟他们跑了出去，到了台湾，人生地不熟，过了几年苦日子。后来，同乡帮忙，做点小生意，熬过来了。如今说不上发财，总算成了个家，有儿有女了。这就是我的女人（他太太连忙走近，也鞠了一躬），生活过得不错，就是净想家乡。这次台湾当局准许老人回来探亲，我和我女人便首批报了名，回大陆先到桂林看你老人家，然后再回家乡祭祖、探亲。我们还专门绕道到韩国，买了这两盒高丽参，给大夫人补精神吧……"

这个站在我床前的男人，声音还是那么熟悉，面貌也逐渐清晰起来。慢慢地我走进了回忆：土井是我族中的侄辈，从小憨态可掬，常常跟着他父亲（帮我家看管谷仓的）在晒谷场上晒谷，与其说是晒谷，不如说是玩耍。我们常常逗他开心，最乐的莫过于捉麻雀了。说起捉麻雀，那种乐趣，至今记忆犹新！

麻雀是庄稼的天敌，平时不觉得，到了收割后，晒谷子时，那麻雀成群地飞扑下来啄食谷子，一下子一大片，倍觉可恨。庄稼人心疼谷子，恼恨麻雀，可又奈何不得，只有在晒场上竖起稻草人，不时地大声吆喝，或则敲打铜锣，甚至烧爆竹去轰吓，可是只能吓得一阵子，那麻雀轰之即飞，飞去了又来，年年谷子损失之大，不亚于鼠害。后来，大一点的孩子想出一个绝妙的办法，既捕捉到麻雀，减少谷子的损失，又可把麻雀当作佳肴，美美地吃个痛快。

我每逢在乡下晒谷时节，也常到晒场上帮翻晒谷子，并心急巴巴地想看小孩子捉麻雀，自己还作兴玩一玩。

晒场是麻雀最好的餐桌，也是它们的葬身之地，又是孩子们捕捉麻雀的好场所。孩子们——不知是哪一代的孩子们了——传统的办法是：每隔不远，放一木盆，盆的一边用一小木块撑起（木盆是覆盖的），盆底撒放谷子，小木片用细麻绳系着，看准麻雀成群跃进木盆底下啄食谷子到最最热闹之时，孩子们便把麻绳轻轻一拉，噗的一声木盆骤然落下，麻雀猝不及防，至少有一半以上逃不出来。这样，一天可以除却不少害鸟，不过，得常常转移木盆，否则麻雀不会上当。

土井小时很可爱，我最喜欢逗他玩了。他捉麻雀手疾眼快（还学会用弹弓打鸟，鸟雀多数给他打中），我常常帮他系麻绳，帮他用小木块把木盆撑起，等到麻雀被盖在盆中时，便帮他护住木盆的空隙，让他伸手进去捉麻雀……往事的回忆一串串地在脑中映现，使我禁不住笑出声来。

人说，时间能把人的距离拉远，别离却能把人的感情拉近，若不是这几十年的阔别，我和土井怕没有这份感情交流的机会呢，而时间同时也在不断地调整人的关系呀。

我除了帮土井捉麻雀，还帮他避过好多次棍棒，因为他小时淘气免不了挨打骂，我总作兴护着他、替他说好话，及至他长大了，大伯让他看守谷仓，偶然有些过失，我也在一边说好说歹，让他少吃苦头……如今，一晃半个世纪了，我和土井得以重逢，真是意想不到的事，既感见面的快乐，又叹世事之沧桑。

土井，一个地道的土孩子，他跑到外面去，竟然闯出自己的道路。若是他老在乡下，怕未必会有今天的好日子呢！时势是可以改变一个人的命运的，但是也靠自己去努力。

我说："土井，到家去吃顿便饭吧，好不容易回来呀。"土井夫妇到家和幼邻、嘉球他们畅谈了许多他在台湾的事，然后，夫妻回乡去了，他们什么时候返回台湾的，以后什么时候再回来，我不知道。……土井的影子，老是盘旋在我的脑子里。

1988

喜重逢

我住院不久，侄媳特来告知一个大好的消息：“姑妈，在香港的黄旭初（前广西省府主席）夫人回到桂林看你来了。”我这一喜非同小可，做梦也想不到分别几十年了还能重逢！正眼巴巴地等着见面，黄夫人已来到我床前。她一把握住我的手，我则泪眼模糊，一时间说不出话来（那时我正害肺炎，连日打针服药，虽已转危为安，但身体仍很虚弱）。彼此都感觉凄然，都觉得悲喜交集。

黄夫人说：“大夫人，我看你来了，二十多年不见，实在想念呀！还记得我么？”我说：“老姐妹了，哪有记不起的，想不到你也回来了，回来好，回来住嘛，我们好做伴。我们这辈人已不多了，你我今日能够见面，不容易啊！也是缘分呢！”说完，心中又一阵凄然，眼泪夺眶而出。黄夫人笑说：“要回来的，这次我是先回南宁老家看看，打算下次才回桂林看你，谁知在南宁临走前，听说你病了，赶忙退了飞机票，先来桂林与你见面，也顺便看看我在木龙洞和漓江边上的几幢房子。若是我回桂林，我们又是好邻居啦！”我连忙说：“那就趁早回来吧，到底是自己的家乡好！桂林的山水名闻天下，外国人都那么倾心，不远万里而来观光旅游。有人还说，愿做桂林人，不愿做神仙呢！我们的房子，依山傍水，如在画中，过去，我们在乱世中造下这些房子，是图个避空袭方便，如今太平盛世了，正好在此安度晚年，享享清福，强似在外客居，再好也比不上自己的家啊！我们若能再做邻居，比起乱世时更有意义，不必再怕什么飞机、警报、轰炸、打仗了，可以高枕无忧地过好日子了。”

黄夫人点头说：“我是想着呢，住香港几十年了，也住烦了。我们主席（指黄旭初）是在三年前去世的，台湾方面，给了几万元港币做丧葬费，我一概花在给他风光大葬上，总算对得住他了。不过我想，若是他也和德公（指李宗仁）一样回祖国大陆，死在大陆家乡，总比在外头好啊！他死后，我把香港的房子卖了两间，剩下一间小的，两房两厅，仅够我和儿子住。孙女国风1980年不是来桂林看过你吗，她嫁了个外国佬，连她母亲也跟她去了，听说在美国享福呢。一年难得回来一次，我也去看过她们，也去过台湾，总之，到处都去游过了，如今也厌倦了，总想有个叶落归根之日才好。

“香港这间小屋，如今只有我母子二人住着，好在我还能洗衣、煮饭、上街买菜，一切家中杂事都还可以做得，怕只怕有朝一日不能做了，或者是病倒了，那才难呢。儿子总不能侍候得那么周到，所以我想还是回南宁养老的好。至于定不定居都一样，共产党给予来去自由的权利，人人欢喜。南宁有我弟媳和侄儿侄媳，有女人的地方才好养老呀。像你这样最好了，生活有侄儿侄媳及侄孙辈照料，有病又有政府和医院百般优待，这是你一辈子积下的德，才能在今天享到共产党的福。我这次回来看到你过得这么好，我回来的决心更大了，等我回去把香港的家事交代好，至迟明年就可以回来了。南宁、桂林两处住家，岂不更好！南宁有亲人，在桂林亲人也可跟来。我们做邻居，互相照应，大家开心，这是我的愿望。大夫人你要养好身体等我回来啊！

“早几年我回过广州、南宁，都不敢公开身份，这次才公开。政府知道了，对我热情欢迎，设宴款待，请我到处观光游览，接风送行，因知道我改道桂林，又专派一位女处长陪我同行，到了桂林，同样得到政府热情款待，请宴，专人陪我游览桂林山水，晚间看文艺表演，招待如贵宾，我实在深受感动了。

“最有兴致的是重游独秀峰，那里是我们主席旧时办公之地，如今已大为壮观，增加了许多建筑。原来现在已是师范大学，难怪这么多新建筑了。王城的旧貌，以及从前那幢办公大楼，依然如故，只不过大楼已粉饰一新，比以前更加富丽堂皇了。

“今生能够重游旧地，也是造化不小呢。

“连日来，报纸报道了我的大陆之行，使我带着满怀欢乐，十分光荣地回香港。

“没回大陆之前听我孙女说：‘大夫人回去定居，共产党照顾无微不至。’香港的朋友都半信半疑。这次我亲眼目睹又身受，大可作为见证，而我本人也的确愿意回来住下不走了，就不知我有没有大夫人你那样的福分呀。”

翌年，听说黄夫人真的已回到南宁了，可万万想不到，还没等达到她的心愿，回到南宁不久她就病了，而且住院不久，就溘然逝世。万万想不到不久前她那么健朗，那么好精神，怎么一病就不起了呢！更想不到这次见面，正喜久别重逢，不料竟成永别，而先去的竟是她，不是久卧病床的我，世事是多么难料啊！

黄夫人死在她家乡南宁，也算得是叶落归根了。政府为她举行了隆重的追悼会，报上发了讣告，亦可谓死得其所，死得哀荣，享到共产党的福了。

1988

来自台湾的记者

最早从台湾来看我的是台湾某报的两位记者。他们早听说德邻和我先后回祖国定居，受到政府的种种厚待。还看过我的回忆录《我与李宗仁》(此书在台湾的《传记文学》杂志分期连载），对我的生平一直抱着好奇之心，此次来到桂林，便提出要求，要来看看我这个颇有传奇色彩的古老人物。

这两位记者由对台办的一位先生陪同前来，那时我正在医院疗养，原不想接待客人，因知是从台湾来的，也牵动了好奇之心，破例接见了。两位记者都很年轻，他们是首批到大陆采访观光的，对于大陆的一切，当然好奇和探索之心兼而有之了。当他们看到我面色红润，神态安详，除了不便于下床走动之外，别无病容，便说："看来老太太并无疾病，只不过是人老了，需要一个具备医疗而且无人打扰的环境来休养，以保健康长寿。府上就在医院对门，家人照顾饮食方便，这里政府确是考虑周到，在国外可不容易呀。许多老人再有钱，儿孙各自有其工作，亦不可能照顾周到，只有住老人院去，而老人最怕的是住老人院，一旦进了老人院，就等于与世隔绝了，亲人、朋友都难得见面了……难怪外面传说你老人家福寿过人呢！回到大陆，受到政府这般优待，有些人不敢相信，如今我们亲眼目睹，才确信无疑。"

然后，两位记者又要求到我家参观，我因行动不便，只好由侄媳陪到家去，下面是侄媳根据当时接待和谈话的情况转述给我的。

当记者来到叠彩山下我的小楼房时，一下子就给满目青翠、绿荫覆盖的庭院迷住了。这房子的确是人人称赞的，尽管外面人声喧哗，车水马龙，但入到里面，却是另一个境界，其幽静，其恬淡，使你忘却外面熙熙攘攘的大千世界。此时正值桂花盛开，屋前屋后的桂花香气袭人，更令人赏心悦目。

我的客厅一直保持着政府为我精心布置的模式，厅门仍然是一式的落地长窗，窗户一式的绿色纱窗。室内名人书画琳琅满目，令人目不暇接。两位记者坐下品茗，一迭声赞不绝口：台湾百万富翁，也难得这样宽敞的私家住宅呢，香港寸土寸金，就更不用说了。接着又说：这房子群山环绕，面临漓江，也可说是“江山会景处”呀，可以说占尽了桂林好风光啦。而房子的本身，又可以其小巧玲珑、风格独特把桂林点缀得更美。而其美的奥秘，又是一般人不容易发现的。刚才在叠彩山拿云亭上观赏桂林全景，只见山脚下高楼林立，体现出现代化建筑的宏伟壮观，唯独高楼丛中，有一小楼，红墙灰瓦，若隐若现，似有似无，觉得很别致，换了几个角度，都未能窥其全貌，却又是它迷人之处，问知，这就是我们即将拜访的李秀文女士的宅第，暗喜有幸得一睹庐山真面目了。果然是别有一番情趣。

然后，又谈到这房子无论是设计、建筑都属上乘。外观红墙灰瓦，古色古香，墙外墙内，树木葱茏，鸟语花香，屋中前庭后院，布局精当，院庭中花、果、树木，相映成趣；室内客厅宽敞，设备典雅，一边是西式沙发，一边是中式藤椅，面南墙壁，悬挂着李宗仁和原配夫人李秀文双人合照。记者又是一番赞叹：“雅而不俗，别具匠心，主人好客，难怪得传说宾至如归了。”侄媳说：“这些都是政府为老太太归来事先布置好了的，名人书画则是名家的馈赠，而且逐年增多，只好常常更换，以表纪念。至于这房子的设计，确是出于一位著名的设计高手，他是旧政府建设厅的一位建筑师。”

记者出于好奇问道：“不过，这房子的窗玻璃为何都是小块小块的呢？”侄媳说：“这就是设计大师独到之处了。这小块玻璃在桂林建筑物中，除旧广西省政府建的礼堂及办公大楼外（现在是广西师范大学办公楼、礼堂），一般居民住宅是罕见的。

“这房子也跟老太太一样，经历过一番风风雨雨：1942 年为了躲避空袭（抗战时期，前方打鬼子，后方遭鬼子飞机轰炸），老太太特选了这靠近山洞的地方建造这房子，以便于躲警报，用小块小块的玻璃主要是防震之用。可惜只住了两年，日敌侵境，老太太避难去了百色凌云。1945 年抗战胜利，房子却被鬼子临撤退时一把火烧光，只剩得一副空架子。1946 年重建，又只住得两年，因老太太儿子李幼邻携妻女回国，接老太太到北平、上海团聚去了。1949 年春，老太太又随儿媳寓居香港、美国，其中老太太还独自寓居古巴达五年之久，好不容易得到今天啊！

“二十多年，房子一直由政府代管。1973 年，老太太归国定居，政府把房子修葺一新，布置一新，然后还给老太太，让她老人家在自己心爱的房子里颐养天年。”

两位记者听了这一番陈述之后，不胜感慨：想不到老太太半个世纪以来，历尽沧桑，这房子也跟主人一样，经历过几番风雨。如今老太太叶落归根，物归原主，这一历史佳话，果然富有传奇色彩。老太太是当今爱国知名人士，这房子也堪称历史文物了。

大家感慨的同时，感到愉快与满足，并合影留念。我侄媳将我口述的回忆录《我与李宗仁》赠给两位记者，他们双手接过，连声称谢。临别时，祝老太太健康长寿，相约明年再来。

明年，当又是一番好景啦！①

---

① 台湾记者来访时（1988 年），这一带还是很清静的，随着改革开放的深化，这里的变化很大，真的已经是另一番气象了：马路两面，商店林立，旅游行人，熙熙攘攘，来往汽车川流不息，这屋子便少了几分清静，多了几分热闹，可惜，这一派繁荣好景，秀文夫人是看不到了。

秀文夫人于 1992 年 6 月 18 日告别人间。——笔者注

1990

莱丝琳第二次故乡行

莱丝琳并没有忘记她的诺言，在我百岁诞辰前八天，跟她父亲一道回来了。一是为我庆贺百岁大寿，二是重游故居，三是要为祖先扫墓。因为时间不多（莱丝琳只能在桂林逗留十二天），所以要赶在我生日之前回乡。

孙女十分向往我国的古老风俗，一定要按照农村习惯，带香烛三牲纸钱等去扫墓，然后就地吃餐饭。这一次扫墓，可说是我家第一次恢复祖宗的老传统，而且竟然是一个生长于美国的后代提出的，这样做，连我也感动了。十多年来，我还不曾想过要回乡扫墓呢，总为的是人老了，路难行，如今孙女有心，最好不过了。我吩咐侄孙们置办好一切贡品，一行十多人，分头乘坐临桂县的车子下乡，先到墓地，然后再到故居。

扫墓时，莱丝琳虔敬地烧香烛、摆果品三牲，之后，鞠躬敬礼，侄孙们便在一旁燃放鞭炮。事后孙女说，她很高兴自己能够以这种传统风俗，亲身体验到一个中国人对已故祖先的崇敬，非常值得纪念。可是，我家道地的中国人反而逐渐地淡忘了。

扫墓之后，大家才又乘车回到椒头故居。这时，故居已修葺一新，恢复了原来宏伟的面貌，并且陈列着不少图片资料，还有德邻的塑像，各有文字说明，对外开放，供游人参观。不过，莱丝琳倒觉得是未经修葺的好，说是只有那陈旧的风貌才有历史价值，才能使人进入幻想的世界。如今的故居太鲜艳了，倒像一个朴素的农村妇女，涂上脂粉，盛装打扮，失去天然的美了。不过，故居仍然具有它的魅力，就因为那

孙女玛茜携两外曾孙回桂林（1980年）

是她的根，里面有许多历史值得她去探索、去研究、去记录。

这次幼邻同女儿一道回来，尽了做父亲兼做向导的义务。父女二人，骑了自行车，走遍了桂林的山山水水，参观了靖江王墓群、博物馆、李宗仁陈列室，每次都带一些有关他父亲的历史资料赠送。还到过几位烈士墓地去献花致敬。同时，饱览桂林风光，最后参观了尧山电视台。父女俩还走街串巷，了解一些桂林市民的生活，品尝了好多桂林风味，如久负盛名的桂林米粉，传统的月牙楼斋面，西山尼庵的斋菜，等等。总之，幼邻是务必使女儿玩得比第一次更加痛快，更加开心，使她留下美好的印象，以便他这个做记者的女儿回到美国，撰文报道桂林风光之美，吸引更多的外国朋友到桂林来。

1990

祝寿喜庆

1990年农历四月二十四是我百岁生日，这一次从政府官员到亲朋好友以及乡亲代表，都来为我祝寿。规模之大，可谓盛况空前，市委、市政府、市政协、市统战部、民主党派、家乡临桂县委、县政府、县政协等各位领导，还有医院领导以及医护人员等都光临了。生日蛋糕、花篮、寿帐、寿星、寿桃、镜屏、字画等摆满了我在医院的住房以及家中客厅，众多领导到医院向我祝贺之后，还亲到我家食生日蛋糕。我也特命侄儿侄媳，请知名书法家梁继光（市人大副主任）、周兆召（市民建副主委）分别写了福、寿两个大字条幅，请各位嘉宾在上面亲笔签字，留下芳名，作为我终生的纪念与光荣。感谢之余，无以回敬，除了铭心牢记之外，我按桂林老传统备下几百只刻有“李秀文百岁纪念”的寿碗，奉送各位，略表寸草之心。

当天的热烈场面，广西电视台、桂林电视台等好几家电视台都录了像，在当晚的荧屏上与观众见面。遗憾的是，此时的我已住在医院疗养，不能起立答谢各位了。

人们都说：老太太真是福寿双全呢！虽说如今国家安定，人寿年丰，人活到百岁，已不算得十分稀罕，可是，作为一个代总统夫人活到百岁的，世界上至今还未听见过呢。

1990

分 别

我生日过后的第二天，莱丝琳便要乘飞机返美国了。这次分别，令我格外心酸，孙女在与我吻别的时候，她的热泪又一次滴落在我腮边，我知道大概这是最后一次道别了。但是我的心酸，并不等于我有遗憾，在这人生旅途上，我已经走到最后一站了。这十多年来，我享尽了共产党给予的幸福，我是心满意足了，我是多么感谢共产党和政府，感谢悉心照顾我的亲人啊！我会一直含笑等着我生命的最终时刻，我将毫无痛苦地靠近我的丈夫李宗仁将军。

我的回忆，到此为止，以上这一篇，是我侄媳代为记录的，此时我已心如止水了。

1992 年，李秀文女士去世，终年 102 岁。1993 年李秀文之墓落成

附 录

1949—1965

和祖父李宗仁在美国的日子里

李雷诗

一九四九年末，祖父李宗仁从中国大陆经香港飞往美国医治胃病，病愈后，他就在纽约市郊的里弗德尔定居下来，后又迁到新泽西的恩格渥德·克里弗斯。一九六五年，祖父返回祖国大陆。下面是我关于祖父在美国十六年客寓生活的片断回忆，其中也包含了我父亲李幼邻提供的情况。

——作者

最近，我回到里弗德尔，重新踏上了当年我和姐姐从我们家到祖父家的那条路。记得小时候，我和姐姐每逢星期六都要去祖父家学中文（在从香港开往美国的船上待了三个星期，听到的几乎是清一色的英语，使我们把学到的一点中文都忘光了）。我家和祖父家仅隔几个街区，我们都是走路去。祖父家的草坪边有一个小警棚，昼夜有警察值班。我们经过那里，心想祖父一定是一个非常重要的人物，否则为什么要派提着警棍带着枪的警官守卫呢?

除了警察造成的森严空气外，祖父的房子还有一种神秘感。那是一所前面带石沿的英国“都德”式房屋，房屋的一部分是属于一位著名戏剧演员的，此人四处云游，住在别的地方。我们往窗内探望，看见里面有古代的盔胄、螺旋式楼梯，还有半杯红酒。这些东西曾使我们按照天真的想象编织成故事。祖父的房子和演员的房子连着，因而也似乎笼罩着同样的气氛。不同的是他的房子从不空闲，家里人住，朋友和来访者络绎不绝。

在餐厅上完中文课，要是祖父不接待客人，我们就到起居室去见他。我还清楚地记得，起居室里有一块小型中国地毯，上面织的是两只虎，一只在河边舔水；窗台上摆着树木盆景，外面是一个阳光充足的花园，祖父通常是身穿一件舒适的旧羊毛衫，足蹬一双皮拖鞋，坐在安乐椅里看书看报。面前的咖啡桌上摆着一摞当地或香港出版的报纸杂志，旁边有一杯茶。我们一进去，祖父不管正在做什么，都立刻停下来和我们玩。他喜欢孩子，当然特别喜欢自己的孙女。祖父见到我们，除了紧紧地搂着我们，亲我们，还总是捏我们的脸蛋，直到捏出眼泪来才罢手。我们爱祖父，可是却受不了他这种特殊的喜爱方式。

由于我们和祖父语言不大通，只好靠做游戏互相交往，或靠比画表达要说的话。我特别记得他教我们的两种手指游戏。一种是比动作敏捷的，方法是先用食指和中指敲桌边，然后换用同一只手的中指和无名指敲，谁快谁赢。第二种是比观察判断力的，方法是将一只手的五个手指拧乱顺序，攥在另一只手中，让对方猜哪一个是中指。祖父换得比我们快，猜得比我们准，所以常赢。这样玩我们总也玩不厌，祖父好像也玩不厌。

祖父宽而高的颧骨下腮处凹陷，像酒窝似的，似乎总是面带微笑。实际上这“酒窝”是伤疤——在一次战斗中，一颗子弹从脸颊穿入，从鼻孔钻出来。我和姐姐对祖父的“酒窝”特别感兴趣，常用手去摸。这时，祖父就装作被子弹打中的痛苦样子，吓唬、逗乐我们。如果说昼夜的警卫还不足以证明祖父是个重要人物，那么这枪伤则证实了我们的猜想。

有几次，我想用力把祖父举高（他身材不高，只不过他那庄重的举止和挺直的身姿掩盖了他的缺点），似乎这样可以看到他昔日政治家的风度。祖父怕我跌着，就把手背在后面，做鬼脸，不让我抱他。有时，我要装大人抽烟，难得他把点燃了的烟给我吹几口。祖父是个出色的军人，当过代总统，别人敬畏他。可是在我们眼里他是祖父，是个慈祥的老人，他对我们甚至有些娇惯，不准父母亲责骂我们。

祖父的二夫人进入起居室通知有客人来时，我们的游戏只好暂停。这时他突然变得与原来判若两人：好玩耍的祖父一下子成了一位尊贵的、担任高级要职的陌生者，虽然那早已成为过去，而且身在异国。他喜欢在家里接待客人，可能是这种交往又使他重温了往日公开的生活方式吧。他接待了许多在国内认识的人：私人朋友、政府官员、学者……他特别喜欢和教授、专家们在一起谈论经济、政治、国际事务……祖父受的正规教育不多，小时候从他当私塾先生的父亲那里，学了一些基础知识和为人处世之道；青年时代进了一所地方讲武堂。成年之后直至晚年，他坚持自学，信奉中国"学无止境"的信条。他尊重教育，喜欢听学者、专家们谈论各领域的问题，从而向他们学习，增长知识。

去祖父家访问的一般都是中国人，他并非不欢迎那些在国内认识的美国人。担任第五战区司令长官和副总统、代总统时，他接待过许多美国上层人物、高级官员。可是他们，有些还是常与祖父同桌共餐的美国人，并不去拜访他，哪怕是顺便地。这可能是因为他们现在是东道国而祖父则是客乡了吧。祖父对此深感惆怅，而父亲却无所谓，他受的是美国教育，对美国的习俗比祖父懂得多，知道美国人不像中国人那样注重人际关系并把它当成一种艺术。这是很难向祖父解释清楚的。随着时间的推移，登门的中国人也逐渐少了，有的人找不到合适的工作，回香港、台湾去了，找到工作的又没有时间看望老朋友。

寂寞的时光，祖父全花在阅读报刊上，他渴望知道中国的现状。他还给美国的议员、外国领导人写信，阐述他对中国局势的看法。虽然他在美国住了十六年，他的心却从未离开过祖国。他在中国，出生于人们向往统一、渴望富强的时代。他在中国生活了六十年，把绝大部分时间致力于实现自己的信仰，试图改善国家的境遇和人民的生活。占据他心的完全是中国，他是属于中国的，要改变这一点，已为时过晚。但是，他不能回大陆，那里的国民党统治已告结束；也不能去台湾，那里还在一个人的统治之下，此人在他的军政生涯中，既与他合作过又打过仗，捉摸不定。就这样，祖父在美国住了十六年，而美国又绝非自己的祖国。父亲说，祖父感到孤独，十分想念祖国。

在国内，祖父曾感到过另一种寂寞，那是由于想念他的儿子即我的父亲。他是一个千军万马的统帅，周围有许多听从他调遣的人，可是他的职责却迫使他时常身处战争前线，远离家庭。所以直到父亲长大成人，祖父对他还很不熟悉。祖父对他的二儿子比较熟悉，因为他那时很小，祖父带他随军。祖父到了美国才熟悉父亲，这时父亲已经成家了。

父亲和祖父在一起时很少谈论政治，祖父不征询父亲的意见，父亲也不谈及。若干年后我稍懂事了，父亲和我与祖父有了共同的分歧。当然，作为恭顺的儿子，即使不同意他父亲的意见还是表示尊重和理解的。其一，父亲对祖父在国内时对待美国要人的豪爽大度不赞同。其二，父亲认为祖父应该罗致一批专家为他提供政治咨询，使自己对局势有主见。父亲早在读大学的时候就认为，国民党已无力统治中国，无法引导中国摆脱封建的桎梏。祖父在美国住了几年之后，经过对美国现状的分析，才逐渐理解到，每个国家都要根据自己的国情和人民的需要，确定自己的治国之方。他认为，资本主义可能适合美国，但绝非解决中国问题的良方，美国是富国，大多数人拥有一定形式的财产，中国是穷国，大多数人一无所有。如果把国家的财富按照共产主义原则重新分配，从而有利于大多数而不是少数人，又有什么不好呢？

此时，祖父终于明白了：国民政府在大陆重新建立是绝不可能了，共产主义的胜利是中国的人心所向。此时，他对自己曾经强烈反对的开始转变了看法。

祖父无论在国内还是在美国，生活都很简朴，对物质享受看得很淡。因此，共产党领导人过着与普通中国人同样简朴的生活，给他留下了极为深刻的印象。他时刻萦绕于心的是要为国家做点事。他不盲目自尊，也不心胸狭窄，不否认共产党胜利地实现了国家的统一和强大，这是他们的奋斗目标。如果我自己的政府做不到这一点，让另一个政府去做不是更好吗？

祖父在美国期间，有三件大事使他对共产党的看法完全转变了。第一，中国军队在朝鲜战争中显示了力量，把美军从鸭绿江边赶回去，使之遭到了历史上最大的败绩。第二，印度军队入侵中国领土，中国军队在反击中不仅把侵略者赶出边界，甚至还几乎打到了加尔各答。边界事件的结果是，中国释放了对方两万俘虏，退出了占领的印方入侵前边界以外的全部土地。第三，中国成功地爆炸了原子弹。

一百多年来，中国被称为“东亚病夫”，是一个屡遭战败、备受帝国主义压迫和剥削的半殖民地国家。在短短的十多年里发生的这三件事，使祖父确信中国在共产党的领导下，不仅变成了一个受全世界尊敬的统一的国家，而且印度入侵事件说明了中国反对霸权主义，没有领土野心。他为自己的国家和自己作为一名中国人感到自豪。这种自豪感是国民党人和共产党人都应该具有的。回顾国民政府在二十多年中一切仰赖外国，看到现在什么事都能自己做，祖父十分兴奋。从祖父对祖国在五六十年代取得的成就的喜悦，父亲猜想到了他发自内心的回国愿望。

像祖父那样饱经长期军事和风霜磨难的人，一般是易怒的。可是父亲肯定地说，祖父从来没有表现出来过。他的哲学是，如果你不喜欢不赞同某人，你不要和他作对把他当成敌人。人是可以改变的，可能有一天，由于你的大度，他会对你产生好感，甚至成为你的朋友。祖父在阐述自己的哲学时，向父亲讲了这样一段往事：祖父决定竞选副总统，可是蒋介石倾向孙科，就问祖父何以觉得自己有把握。他回答说：“第一，得天时，我的时机好，在政府工作多年，有经验。第二，占地利，我到过全国各地，从南方我的故乡广西到抗日中的华中战场，从东北到北平，因此我了解中国。第三，有人和。由于我在很长的时间里到过许多地方，认识了很多人，交了很多朋友。我尊重别人，别人也尊重我。这些就是我认为自己可以获胜的理由。”

除了每周上国语课外，每逢中国或西方的节日，如圣诞节、春节、复活节等，父母亲也带我们到里弗德尔去。祖父很少到我们家来，偶尔来也是一个人。祖父来时，祖母就给他做饭，吃饭时净是他们两老说话，回忆过去的生活，边说边笑，像一对老孩子。他们俩虽已分居数十年，可是彼此都满意过去相伴的岁月，始终保持着亲切的关系。和祖父一样，祖母也心地善良、性情开朗、生活简朴。“奶奶从来不计较，”父亲说，“这就是她长寿的秘诀。”父亲给她买的东西，她常常转送给别人，说是别人比她更需要。人们说：“你心眼好，所以命长。”

一九五六年，祖父搬到恩格渥德·克里弗斯的一所很简易的房子去住，我们就不大经常见到他了。这时他已雇不起厨师、管家，也招待不起客人住了。新居只住着他的二夫人、二儿子，后来又有一个侄子。客人越来越少，没有什么人和他开心地谈话了，他只好把漫长而寂寞的日子花在读书看报中，使自己不落后于中国和国际形势的发展。

后来我们获悉，祖父于一九六五年七月的一天回到了祖国。当时中美关系正处于低潮，美国报纸说他是“背叛”。祖父始终是中国公民，中国人回中国去叫“背叛”是讲不通的。至于从党派来说，国民党多年以前就把他的关系给取消了。

回国后不久，在一次记者招待会上，当有人问他信仰什么主义时，他巧妙而率真地回答：“爱国主义。”是的，他是回国，回自己的祖国，而不是回到某一个党或某种政治制度。正如母亲所说的：“你祖父不过是要回到生养自己的故土上，使自己的余生在祖国过得更好些。”

祖父有自己的向往。一九六九年元月，归国后不几年，他病逝于北京。

1966

与姑父李宗仁见面的情景

李嘉球

一九六六年春，姑父与程思远先生一行，游罢各大城市之后，回到广西首府南宁参观。那时我在广西农校任教，接到自治区统战部通知，叫我到广西大学与姑父见面。谁知我去到西大，姑父一行已参观完毕，转道民族学院去了，留言给西大接待处，约我次日到明园饭店会晤。

是日我到明园饭店，见到姑父，大家欣喜万分。姑父紧紧握住我的手说："终于回到自己的国家了！我还以为会终老异国呢！"我感觉到姑父的手略为颤抖，目光盈盈，我知他内心激动（这是我第一次也是最后一次见他如此动情）。随即，姑父邀我进小会客厅，第一句话是："我在广州见到刘仲容，才知道你在农校任教，一家平安，很是欣慰，在美国传说你不在人世了呢，可知谣言百出，不可置信！如今好了，一切都可叫你姑母放心了，你回去全家合影一照，交我寄给你姑母，这样她便相信无疑了。"我听后一时热泪盈眶，想我从小在姑父母身边受教，姑父勉励我努力学习，锻炼意志，长大成为国家有用之才……阔别十六年之后，能与姑父重逢，听到这一番骨肉情深的话，不禁使我百感交集。我说："姑父回来是非常明智的，只是何不偕同姑母一起回来呢？"姑父说："我和德洁回来是费尽周折的，其中多亏周总理为我的归国之行作了妥善的安排，由程思远先生亲到瑞士苏黎世迎接，才得以平安回到祖国。我们是历尽奔波的，也冒风险，怕你姑母受不了，如今只要知道你们一家在此，她是一定要回来的。我临行时已嘱咐她还是叶落归根的好，嘱她相机回国，相信幼邻迟早会找机会送她回来的。在外国不好受的啊！"

我看姑父戎马半生，从未如此动过感情，遂即改变话题说：“姑父各处都参观了，你对新中国有什么感想？”姑父连声说：“好呀！好极了！过去，我以为国民党把这个烂摊子丢下给共产党，怎样也收拾不了，谁知共产党领导英明伟大，人心所向，上下团结，立足于自力更生，在短短十余年，不但改变了旧面貌，而且成为举世瞩目的大国。我的心，既喜欢，又惭愧，喜的是我国经过百余年变乱，民穷财尽，今日在共产党治理下，建设得列强侧目，顶天立地于世界之林。在美国期间，我就为中国军队在朝鲜战争中，使美国遭到历史上的最大败绩；在印度军队入侵中国领土时，中国军队一举把侵略者赶出边界；六四年中国成功地爆炸了原子弹这三件大事感慨万端，从而改变了对共产党的看法。愧的是过去我枉有一颗挽人民于水火之心，但始终不能雪东亚病夫之耻。如今所到之处，一片繁荣，富强指日可待，我此时归来，确是审时度势，顺乎潮流的。我是孙中山先生的信徒，一生以救国救民为目的，遗憾的是到了紧要关头，走错了路，铸成大错，在美十六年，闭门思过，悟出孙中山先生的遗训：‘世界潮流，浩浩荡荡，顺之者昌，逆之者亡。’我岂能背叛中山先生的教导，去做一名流浪的‘白俄’?！古人云：‘皮之不存，毛将焉附？’我痛定思痛，与其做一个‘白俄’，无如迷途知返，尚不失我爱国爱民之心。我于壮年时曾立志拯救民族，统一中华，无如我力不能及，如今我无能做到的事，共产党做到了，而且做得比我设想的要好千万倍，能不使我心悦诚服么？我一生追求真理，我之归来，就是服从真理之举，但愿在我有生之年，为建设祖国，尽一个公民之责任，能在祖国颐养天年，于愿已足，别无他求，对个人政治出处，无所萦怀，这就是我的感想。唯愿留在台湾的国民党军政人员，凛于民族大义，也采取同一步骤，毅然回归祖国怀抱，为完成祖国统一大业捐弃前嫌，做出贡献。你受共产党教育多年，想必头脑比我清醒得多，望你好自为之，努力为新中国服务多做贡献。”

我听了姑父一席声情并茂的话，从中窥见他内心深处至为诚恳真切，我也为之心潮激动，深感共产党的英明伟大，感人之深。而姑父为人，始终不失其慷慨激昂，光明磊落，不讳己过，亦令我钦佩、敬重，一如既往。

谈话到此，来访者纷至沓来，我们只好暂时告一段落。姑父一再说后会有期，谁料这一次见面，竟是永别！

写于一九九一年八月六日

1931

回忆姑父李宗仁与马君武博士

李嘉球

一九三一年“九一八”事变后，全国掀起反日怒潮，上海各大中学纷纷罢课，学生组织起来，走上街头，游行示威，宣传抗日，强烈要求政府抗击日军，打倒日本帝国主义之声响彻云霄。那时我在上海浦东中学读完高中二年级，眼看一时未能复课，心想只有一年就高中毕业，辍学可惜，加上姑母听说上海很乱，不放心，写信催我转学回广州。

我与同窗好友陈强政一道回广州，一时找不到理想的学校，闻说广西大学由马君武博士出任校长，学校办得非常出色，名闻全国，我们决意转学西大预科（本科学前班），便专程赶到梧州谒见马君武。不巧的是西大招生已过，预科生已满额，我们大失所望。我便又回广州，住姑母处等候转学机会。时姑母正携幼邻表弟从香港回到广州入学，租住东山庙前西街，便于幼邻走读培正中学。正巧姑父与郭德洁亦在广州，住东山马棚岗，两家相隔不远，为了转学，我到姑父处讨主意。

那天，我去到姑父处，看见有客人在厅里与姑父说话，想不到竟是马君武，大家都感到意外。姑父介绍：“这位就是大名鼎鼎的西大校长马君武博士。这是我侄儿李嘉球，在上海读书，这时回来，大概是学校罢课，读不成书回来吧？是不是，嘉球？”马君武接口说：“令侄正想转回西大读书呢，前天我们在梧州刚见过面……”姑父问起学生运动情形，我一一回答了，然后说：“现在罢课对我来说，只差一年高中毕业，辍学太可惜了，加上姑母担心我在上海不平安，要我转学回来。我们广西学生在上海早闻说西大办得很好，并设有预科班（相当于高中），我们一心想转回西大预科插班，然后再考本科，前几天专程去谒见马校长，可惜招生已过，预科班已满额，正在为难呢。”姑父对马君武说：“马校长是否可以想想办法？”马君武说：“等我回去看看情况再说吧。”并嘱我到梧州等候消息。

说话间，郭德洁从楼上下来，问我：“什么时候回来的？听说上海很乱，上不成课了是吗？”我说：“正因为上不成课我才回来的，想转学到西大念预科，谁知错过了招生时间。”郭德洁说：“那就请马校长帮忙好啦。”姑父说：“刚才跟马校长说好了，已答应想办法，叫嘉球到梧州等消息。”

姑父与马君武继续说话。马君武说：“西大教师队伍不错，只是图书跟不上，经费不足呀！要请德公大力支持才好。”姑父说：“西大一定要办好，经费不足等我同黄旭初商量。自己的大学嘛，总要不落人后，不说跟清华、交大那些久负盛名的老牌大学比，但是向中山大学看齐可以吧？”马君武说：“谈何容易呀，中山大学基础好，实力雄厚，我们要办成中大的规模，就得有钱，教授们总不能喝西北风呀！”姑父再说一遍：“西大是一定要办好的，马校长你放心好了。”

我看姑父与马君武谈兴盎然，便与郭德洁到屋外随便走走聊天，不知不觉已是午饭时分。姑父留马君武便饭，马君武并不推辞，姑父知马喜欢吃白切鸡，便叫郭德洁到厨房交代。姑父自奉俭朴，但每逢客来，却不吝惜，这一餐除白切鸡外，还有一盆加辣五柳鱼，两炒菜，一豆腐清汤，虽不丰盛，但大家吃得津津有味，并随意喝了一小杯白兰地。姑父因知马君武素喜食鸡尾，特挑了一块鸡尾敬他。马君武笑嘻嘻地接过来，笑说：“德公在用兵上知己知彼，在生活上也知己知彼呀！”大家哈哈大笑。

饭后，喝了茶，马君武先行告辞。我也随后告别姑父及郭德洁，翌日下午即赶回梧州，去西大见马君武。他说：“你们转学的事，我已跟教务长讲了，同意你们到预科三年级插班，你们携成绩表去注册好了。”这样，我和陈强政同学便幸运地进入蝴蝶山广西大学校园。

1993

李宗仁的长子李幼邻

谭　明

李幼邻系李宗仁原配夫人李秀文一九一九年随夫军旅于广东新会县所生。秀文女士与李宗仁结婚后，曾生过一男孩，十分活泼可爱，可惜不到周岁，得病夭折。六年后始生幼邻，夫妻视若珍宝，李宗仁除行军作战之外，总想把儿子带在身边亲自教育培养，使之成才。遗憾的是儿子长大之后并不秉承父志，不但政见上有所分歧，事业上也各走不同道路，使其父大失所望，只是人各有志，勉强不得，但其爱子之心终生不渝。

幼邻幼年时期曾随父母度过数年军旅生活，先后到过广东的新会（出生地）、高州、肇庆等地，孩提时期匆匆而过，直到去桂平、南宁，才算多少留下了童年的痕迹。

先时幼邻的祖父母为避战乱去到上海，因不放心幼邻母子，着专人接去同住，虽短短几个月，足见祖父母爱孙之心。及后得知李宗仁在桂平娶了郭德洁为第二个妻子，恐怕秀文母子遭到冷落，遂又着人护送母子到桂平，俾夫妻父子生活在一起。

幼邻母子到了桂平，李宗仁对发妻仍然处处敬重，一如既往，对儿子备极宠爱。过分的依顺使幼邻从自豪产生骄傲情绪，秀文夫人颇不以为然，但又不忍心他失去父爱，幸好儿子长大后性格有所改变。

幼邻小时候体质单弱，天资聪慧，沉默寡言，性格内向。其父深知欲使儿子身心健康，首先应培养其性格开朗活泼，对儿童的施教亦必须寓教于乐，故自己尽量利用一切休息时间，创造一切条件，诱发儿子爱好活动，并教他做适合儿童的体操、运动。经过一段时间的苦心教导，儿子身体果然逐渐结实起来，性格也趋于活泼，李宗仁便进一步培养儿子的军事兴趣，时常带幼邻到北校场看军事演习，看射击骑马，逐渐地还手把手地教儿子学习骑射。小小的幼邻竟也兴趣盎然，做父亲的更望儿子长大后能成为一名军事人才了。后来事与愿违，只好放弃初衷。尽管幼邻与父亲政见不同，事业不同，但他一生在学习和事业上的成功，是与父母亲的教育分不开的。对于父亲的勇敢坚强，正直诚实，慷慨大度，善于用兵，他十分崇敬；对于母亲的勤劳朴素，忠厚善良，胸怀坦荡，他深为敬爱。他的性格亦从父母亲的教导兼收并蓄，成年之后刚柔相济，有助于事业之成功。

自从李宗仁在桂平娶了郭德洁之后，家庭虽然还称和睦，但幼邻幼小的心灵感到母亲是受到损害，受到屈辱，从此他立志与母亲相依为命，立志保护母亲，不使母亲受到任何伤害，这愿望他是实现了。外人都说李大夫人全靠生了幼邻这样的一个好孩子，保护她一生平安，这倒不假。亦有人传说李宗仁娶了郭德洁失去了儿子的心，幼邻对其父终身不予原谅，使其父晚年极为痛苦（见台湾《传记文学》），此则言之过甚。

随着时局的变化，广西统一之后，北伐之序幕揭开，李宗仁任第七军长，挥师北上。当时郭德洁已介身政治，身为广西省党部监察委员，并兼任广西组织的担任宣传、看护及慰劳等工作的学生军女子工作队队长，随军北上。从此这个家便一分为二，再没有一起相处了。一边是郭德洁随着李宗仁走上显赫耀扬的军政生涯，另一边是李幼邻与母亲相依为命，走向甘苦与共漫长曲折的人生道路。

童年至少年时期

李宗仁挥师北伐之前安排幼邻到香港就读小学，为他们母子租赁一华侨住宅。历时五年，父子也曾匆匆见过数面，但当时的李宗仁因南京政府的排除异己，被迫辗转流亡西贡，自顾不暇，无法照顾妻儿，直至幼邻小学毕业，随母亲来到广州读书。

其时李宗仁已摆脱窘境，回到南宁，与各将领重新整顿广西。其时两广合作，时局日趋稳定，李宗仁来往于粤桂之间，不时可以与幼邻母子见面，但亦都是来去匆匆，难得在一起细谈家常。父子之间亦无时间互相作更多的了解，故有所隔阂。

在广州，幼邻母子租住一侨眷房子，这家人姓李，儿子李北业和幼邻年纪不相上下，后到美国工作，一直是幼邻的挚友。在广州五年，母子生活并不奢侈，当时的广西驻粤办事处曾安排一小轿车给幼邻母子作生活上用，但是幼邻除了节假日开车陪同母亲去郊游散心之外，极少开车代步去学校。那时的培正中学是一间贵族学校，达官贵人子弟上学开汽车去的蔚然成风，幼邻母亲却不以为然，幼邻自己亦觉得不应特殊于大多数同学。

一次蒋介石南巡到广州，下榻于黄埔军校，特着人来到李秀文家请见李宗仁原配夫人，并声言接李公子到委员长住处相见。幼邻对母亲说："我不想去见这样的大人物。"母亲深知儿子的脾气，只好耐心劝说："你不去就是没礼貌，读书的道理不是礼义道德礼字先行吗？大人物也是人，有什么见不得的，你就去一下嘛，见了面就回。" 并嘱咐幼邻带一本纪念册去，那时学生很兴请人在纪念册上签名留念的。幼邻很听母亲的话，遂与那军官同去黄埔军校。进入大厅，只见两边椅子上坐满了全副戎装以及长袍马褂的达官贵人，一个个诚惶诚恐地恭候传见，一屋子鸦雀无声，气氛严肃。幼邻心中好不自在，正在不耐烦，里面传出话来："请李幼邻公子见。"当时不单恭候的人目瞪口呆，幼邻本人也睁大双眼。那些人惊奇的是怎么堂堂蒋委员长竟然礼下于一个黄口小儿，顿时引起小小的骚乱。有知道的便窃窃私语说，这是李老总的公子呀！仪表堂堂呢，将来必成大器。

幼邻随那军官进入内厅，只见蒋介石笑嘻嘻地迎了出来，幼邻鞠了一躬口称拜见蒋委员长。蒋介石边拉着幼邻的手边笑着说："勿要叫委员长，叫蒋伯伯，你父亲和我是结拜兄弟的呢。"幼邻只好再叫一声蒋伯伯。蒋连声称赞："不错不错，传闻德公儿子不凡，果然虎父无犬子呀！将来必然胜过乃父，国家之福哉。"蒋问他长大后的志愿，幼邻说学好本事自食其力，奉养母亲。蒋禁不住呵呵大笑起来，连说："好、好、好，是个有志气有孝心识礼仪有出息的好孩子。"然后吩咐备午饭，要留幼邻用餐。幼邻忙说："吃饭不敢当，外面许多人等着接见，我母亲也在家等我回去吃饭的。"随后拿出纪念册请蒋题字，蒋立即抽笔题字："幼邻侄　克勤克俭　中正题"，并从衣袋拿出一帧照片赠给幼邻。幼邻赶忙道谢鞠躬告别，蒋送至厅门方留步，并叮嘱幼邻"代向令堂问好"。

幼邻回来对母亲说："真受罪，像受罚一样。不过第一次见到这样一个大人物，也不觉得他有什么与人不同之处，同爹爹一样笑嘻嘻的，有好多话说呢。"母亲说："因为你是你爹爹的儿子嘛。"

赴美留学

幼邻高中毕业前夕，正值"七七卢沟桥"事变，日敌开始对我国各大城市狂轰滥炸，广州天河机场遭到一次突然袭击，客居广州的广西官商眷属相继返回广西。

李宗仁与秀文夫人早已打算送幼邻到美国留学，时值王逊志之长子王庄亦准备到美国深造。王庄年纪较长，幼邻与之做伴同行可以放心。秀文女士送子远行之后亦迁返桂林。从此相依为命的母子只好暂时分离，谁知这一去竟足足十年才得以重逢。时李宗仁亦回到桂林动员"焦土抗战"，他身任五战区司令长官，一切部署妥当，便奔赴五战区去了。

幼邻偕同王庄到了美国，先入威斯康星州贝莱特学院，选修政治和经济两个专业，然后进芝加哥大学，攻读硕士，研究人事管理专业，取得硕士学位。

幼邻在美的一切费用都由父亲汇给，母亲间中亦寄一些作补助。当时中国驻美领事馆见幼邻并不宽裕，曾多次关照他说，随时可以到大使馆取钱，但幼邻从未去支取过，一直保持克勤克俭，努力攻读。同学称赞他父亲官居极品，儿子却不似一般纨绔子弟随意挥霍，实在少见，从而深受同学及华侨同胞的器重。直到他取得硕士学位，仍保持朴素的作风。

走自己的路

一九四二年幼邻取得硕士学位之后，在纽约与友人合股经商，不久与一位美籍女子珍妮结婚。一晃十年，幼邻事业成功，颇感自豪，只是因商务繁忙，一直不能返国与阔别多年的母亲相聚，思亲之情无时或已。直至 1947 年底，李宗仁官居北平行辕主任，政事悠闲，思子心切，函幼邻携妻女返北平团聚。秀文夫人先到上海等儿媳同行。

幼邻到了北平，父亲希望他留在国内，襄助他搞好经济建设。无奈此时的国民党政府已处于崩溃边缘，官僚贪污成风，通货膨胀，黄金外流，民穷财尽。幼邻不忍心太伤其父之心，勉强答应到上海一外贸单位（进出口管理委员会）工作。不久，他发现机关人浮于事，一些人利用职权营私舞弊，大炒黄金白银，另一些人则每日上班吸烟喝茶，对于贪污腐化行为敢怒而不敢言。似此官场，幼邻忍受不了，只三个月便辞职不干了。他对父亲说："与贪官污吏同坐一起，玷污自己的人格。"并说："父亲只有军事学问，缺少经济学问，还缺少用人的学问。试看今日之北平，一个像样的工厂也没有，你做这个行辕主任是不合适的。"

李宗仁竞选副总统期间，幼邻亦曾进言说："今日的中国，积重难返，即便有不少学者名流投你的票，竞选上了，你身边一无财力，二无人力（所谓智囊人物），又怎能与人抗衡呢？你处处受人掣肘，给人玩弄于股掌之间，犹以为尽军人的天职，岂能不败？你叫我在国内做事，我又怎能眼看这种黑暗腐败的风气呢？再说官场中尔虞我诈的习气，我也受不了。我只能做自己愿做的事，走自己愿走的路。对于父亲只好爱莫能助了。"

在上海住了一年多，幼邻即携妻女到香港与友人合作营商办工厂。有人问他父亲官居副总统，为何不在中国做事。幼邻说："我从小立志于自食其力，不靠势力，父亲做了副总统，我更不愿在他身边做事，做得好，人家说是靠父亲势力，做不好，人家说是纨绔子弟，无出息。”

此外，幼邻也看不惯父亲经常宴客的习性，他说：“美国人一般不请客，大吃大喝更认为是浪费金钱。你自己并没有钱，如此大肆挥霍，还不是慷国家之慨！”劝告父亲应把这个习惯改掉。李宗仁到美国初期，仍然不惜金钱，以宴客为乐，直至后来门庭冷落才有所省悟。

在美国的日子

幼邻在美国因照料父亲，自己所经营的企业曾经一蹶不振，生活陷于窘境。后再度和几位友人合作办工厂，由于产品畅销，经济才得以复苏。同时又与三位友人合股办一有限公司，此后事业不断发展，经济扶摇直上，一九五六年在纽约近郊购置别墅。因母亲尚滞留古巴，他必须加入美籍方可为母亲申请移居美国。经过两年的努力，母亲获准定居美国与儿子一家团聚。父亲抵美后不久，亦在邻近的新泽西州购得一园林房舍，因随行人员相继离去，只剩下父亲和郭德洁相依为命，此时父亲颇有日暮途穷之感。唯一的安慰就是在异国他乡，反而可以自由之身与妻儿常相来往见面。

每当父亲到来看见妻儿媳孙三代同堂，一家幸福地生活，总不免称赞老妻几句，说老妻为人厚道，得个好儿子，今后可以无忧无虑安度晚年了，谈到自己则又不免几番叹息。秀文夫人总是多方安慰，请他把过去失意的事忘却，但求大家平安在一起，也就是大幸了。

李宗仁是个豪爽好客不甘寂寞的人，此时政坛失意，门庭冷落，使他精神毫无寄托，幸得美国哥伦比亚大学邀请他写回忆录，遂由李宗仁口述唐德刚博士笔录。这部回忆录长达五十余万言，为时六七年方告完成。李宗仁赖以有所寄托，消磨时日。他为自己戎马一生作了自我反省与思索，有其对功绩的自我欣喜安慰，有其对过错的自我谴责，唯一使他解脱的是他已深刻认识到，由于他的失败，一个新中国诞生了。

李宗仁纯粹的乡土感情随着岁月的流逝与日俱增。他常对幼邻母子诉说人老思乡之苦。一九六五年春，回忆录基本完成，他曾对唐德刚博士说了他叶落归根的愿望，这愿望随着祖国的日益强大而强烈。他对幼邻说他要回去看看祖国的变化，看看共产党是如何像神话一样，使这瘫痪的巨人一下子屹立起来震撼世界。

李幼邻很同情父亲的愿望，他深知父亲爱国家爱民族之深，为此在美寓居十六年，不曾加入美国籍，父亲始终不忘自己是中国人。他支持父亲回归祖国，免使怀着郁郁之情而终老于异国他乡。

一九六五年六月，李宗仁终于如愿以偿，在程思远先生的陪同下回到祖国。临行一再叮咛老妻说，还是回到祖国度过晚年好。

家　庭

幼邻大学毕业前，一次偶然的机会，在朋友家结识了珍妮，一见钟情，毕业后于一九四二年喜结良缘。

珍妮的父亲是美籍华人，母亲是波兰人，一家寓居纽约。珍妮是次女，长得温柔漂亮，风度娴雅，擅长舞蹈及服装设计。幼邻和珍妮结婚后，共同生活了二十多年，一共生四个女儿。后来，“由于夫妻观点分歧，志趣相异”，他们友好地分居了。分居后，珍妮在纽约一家时装公司供职，做模特表演主持人。

长女玛茜，同广东陈济棠部下的一位军长香翰屏之子香灼玑结婚，夫妇曾携同双胞胎儿子到桂林探望祖母李秀文。香灼玑是建筑师，现在香港开一建筑公司，近年致力于祖国各大城市建筑工程设计，曾被特邀为广西壮族自治区政协委员。

次女雷诗，毕业于美国密执安大学，主修英国文学，现在美国一家杂志社任记者，有一个儿子，曾两次回桂林探亲。她的文章颇受欧美各国读者的欢迎。她发表的一篇旅游荷兰的报告文学，引起了该国旅游部门的兴趣，特邀她再作一次为时三个星期的免费旅游。一九八六年她第一次回桂林，把她写的纪念祖父李宗仁的一篇文章《和祖父李宗仁在美国的日子里》，请卢存学先生翻译成中文载于《桂林日报》。文章内容生动翔实，文笔流畅。她还花了六年时间以祖母的回忆录为素材，写了一本长篇小说，书名为《苦甜》（书中女主人公的名字叫苦甜），描写苦甜（实际上是她的祖母）以坚韧不拔的精神，克服种种困难，漂泊海外数十年，经受许多悲欢离合，最后回归祖国颐养天年的故事。

三女温蒂生于上海，但除了襁褓时期短短的几个月外，以后一直生长在国外。

四女詹薇，对她，一切都很陌生。

如今，李幼邻的四个女儿都已各自成家立业了。

送母回国定居

继父亲回国之后，幼邻为使母亲欣慰，不作远行，只在纽约营商。遗憾的是多年的夫妻因兴趣不同而分居，曾一度再行生活在一起，但不久又因习惯于互不干涉而再度分开。不过他们是好合好散，分居以后，一年之中幼邻必去探望珍妮数次，顺便也好与女儿们同在一起度过快乐的节日。母亲回国定居后，幼邻每次回国看母亲，亦必走访珍妮，带回她对母亲的问候，可以说虽然夫妻分居，而互相关切之情仍在。秀文夫人痛惜他们夫妻分居，加上孙女们大学毕业各奔前程去了，只剩下母子相依为命， 日子虽也无忧无虑，但是看见幼邻为照顾自己又要兼顾工作，早出晚归，颇为不安，加之平时生活寂寞，思乡之情与日俱增，终于决心听从丈夫的劝告，回国安度晚年。幼邻见母亲思乡之情不可遏止，亦同意母亲叶落归根，遂于一九七三年十月底送母回国。

幼邻对于祖国的感情原来是淡漠的，旧中国给他的印象很深。他一谈到中国就认为是一盘散沙，一堆烂泥，没什么憧憬，也无所谓怀念，及至国民党被推翻了，蒋介石失败跑到了台湾，父亲失败流亡美国，他以为从此与中国绝缘了。谁知中国以一个崭新的面貌屹立于世界之林，与此同时，祖国日新月异的变化，也震惊了海外的华侨及美籍华人。祖国强大使他们得以扬眉吐气，处处受到尊重，不必像过去那样讳言自己是中国人，而宁愿说是日本人了。以他们的话说，“其实海外赤子都有一颗爱国之心，都希望国家富强昌盛，否则自己在外面，头都抬不起来”。父亲回国后，幼邻也参加了一些爱国团体的活动，如华人（华侨）联谊会等。随着如火如荼的各国趋向与中国建立外交关系，他们也开始有所行动。

为促进中美邦交正常化，幼邻在纽约与华盛顿之间来往奔走，联络华侨和美籍华人友好，筹备召开中美邦交正常化大会，并被选为筹备人之一。中美邦交正常化之后，幼邻随一美籍华人观光团到祖国各地观光，每人喜滋滋地买了一套人民装穿在身上，感受到自己是一个中国人的光荣。

母亲归国在桂林定居，原想不到政府会如此礼待的，幼邻每次回来，住在旧时母亲经手建造的房子里面时，就不由得遐想联翩，觉得母亲的归来，能有这样的好待遇、好生活，真是始料所不及的。后来这房屋于一九八六年退还给他母亲，他回国就更为频繁。母亲回国二十年，他回来探亲观光就有十三次之多，不幸的是最后一次回来，再也见不到慈爱的母亲了。李秀文夫人于一九九二年六月十八日凌晨与世长辞。

幼邻每次回来都受到政府和有关部门的盛情款待并提供各种方便，使幼邻深受感动。他说一次两次热情招待不难，难的是始终如一。这改变了他一贯深沉内涵厌于酬酢的个性，一反过去不习惯于官场交往的脾气。他不论是回到桂林或者是到北京、南宁，甚至到老河口，都广交朋友，谈笑风生。他说共产党的官员与国民党所不同的是无所拘束，无须说话谨慎，与之接触无厌倦之感，而且一反初衷无话不谈，谈无不尽，谈得愉快。有人问他，共产党对你父母亲以及对你都如此优礼相待，你有何感想呢？他说：“我认为中国的统一战线很伟大，也很成功。她能够团结反对过她的人，末代皇帝和我的父亲就是最现实的例证。我赞扬这样的政策，因此我打破我以往的常规，对接待我的不论是官员或者朋友，都愿意推心置腹畅所欲言。”还有人问他：“你是中国代总统的儿子，自己又是商界巨子，对投资祖国建设有什么宏图大略？”幼邻说：“我父亲没钱，我也不是商界巨子，我的一生自食其力，连父亲的光也不想沾。我觉得经济上的投资是一种贡献，精神上的投资也是一种贡献。比如我父亲，他不是只用一颗赤诚的爱国之心作为贡献吗？我把先父耗了七年心血的《李宗仁回忆录》手抄本交给广西政协公之于世，这就是我继承先父志愿的一份重要的贡献，这与一些巨额投资、资助或引进投资、合资等是不能相提并论的。”他还说：“中国共产党提倡人的力量有大小，只要尽了自己的力量，就是奉献，就可以坦然无所萦怀，我觉得这很符合我做人的逻辑。”

使幼邻深受感动的三件事

母亲回国之后，有几件大事，使幼邻深受感动，永生不忘。

其一是他母亲一九八七年冬患了肺炎，市第二人民医院领导及医生非常重视，唯恐久睡生褥疮，家中医护条件不够，立即请示市委统战部，部长揭廷魁深夜赶来与医院会商，一致主张住院治疗以便于护理。住院期间，医护人员满腔热情细心医护，时间长达四年之久，全部享受公费医疗，最后于一九九二年平静无痛苦地度过生命的最后一刻，终年一百零二岁。幼邻常说，如果是在外国住院四年，特殊护理，那是个人无论如何负担不起的。

其二是自治区政协为纪念他父亲诞辰一百周年，于一九九一年八月十三日在榕湖饭店小礼堂隆重召开纪念座谈会，邀请了远在万里之外的李幼邻回来参加。出席大会的有全国政协副主席洪学智、程思远，中共中央顾问委员会委员罗青长、覃应机，中央统战部副部长宋堃，自治区党委副书记刘明祖，自治区政协主席陈辉光，自治区政协副主席黄语扬、卢燕南、韦瑞霖、阳太阳、马明龙、吴克清，全国政协常委黄启汉以及自治区各民主党派、工商联及无党派人士代表，湖北省老河口市政协代表等和桂林地市县领导、各界代表共二百五十人。洪学智、程思远、宋堃、罗青长、陈辉光和李幼邻分别在会上讲了话。会后当天下午，中央及区市领导出席了李宗仁文物陈列室展出揭彩仪式，并观看了李宗仁故乡家世、出师北伐、主张和谈以及爱国归来等图片和实物，对李宗仁给予了高度的评价。第二天，中央及区市领导又到市第二人民医院看望了李秀文夫人，表示祝福和慰问。这一系列的活动以及讲话，使李幼邻深深地感动，并表示衷心的感谢。

其三是他母亲逝世时，桂林市政协、桂林市委统战部为之举行隆重的遗体告别仪式，区市领导、临桂县领导，以及各民主党派、机关团体代表、乡亲代表、亲朋好友等不下数百人前来参加。当时幼邻因病未能及时赶回奔丧，事后带病回来，从录像和大量的照片中看到这个隆重肃穆的场面，他感动地说："政府对母亲生死照顾无所不尽其极，是我母亲所受到的最高殊荣。"

幼邻因不能及时赶回与母亲见最后一面，深为悲痛。当他看到在母亲遗体旁守护着的表哥表嫂一家照片，以及为母亲沐浴更衣的医生护士的照片时，更备感内疚。返美前夕，为答谢各有关人士二十年来对他母亲无微不至的照顾与关怀，特举行了一次答谢宴会，向区、市、临桂县领导，医院领导、医护人员代表等表示了最诚挚的感谢。

根在中国　根在桂林

一九九二年九月二日幼邻返美，临行前家人问他什么时候再回来，他说："母亲虽死，但我仍然恋念桂林，觉得桂林才是我的家，今后我每年或隔年都要回来住上两三个月，就像母亲在世时一样。怪不得父母亲都在老年时十分想念家乡，现在我一年老过一年，也同样留恋桂林的山水人情，正如所有的中华儿女那样，认识到自己的根是在中国在桂林。"这些话过去他是从未说过的。谁知正当他思根的时候，无情的病魔却给他的生命画上了句号。幼邻是一个十分孝敬母亲的好儿子，母亲的去世使他内心痛苦不堪，原来身患的绝症乘虚暴发，竟于母亲死后十个月也随着离开了人世。一九九三年四月四日，李幼邻因肺癌不治，溘然逝世于纽约，享年七十五岁。

幼邻临终时，守护在他遗体的一边是前半生安乐与共的妻子珍妮（分居二十多年），另一边是后半生相依为命的友人梁尚莹，前面是三个女儿，幼邻安详地躺在鲜花丛中，接受这人间不可抗拒的诀别。

李幼邻之“友”梁尚莹

李幼邻自与珍妮分居后，在为中美友好奔走活动中，认识了梁教授（幼邻一直这样称谓），并成为他后半生的生活伴侣。梁教授即梁尚莹，生于香港，后到美国，获加州大学博士学位，毕业后在美国纽约州立大学当教授，并致力于地质学的研究工作。她曾四次回国讲学和考察，到过西南地区，到过桂林、北京、大连等地，受到各地专业部门的欢迎和热情接待。她和幼邻一共生活了十四年，彼此相依为命，感情融洽，特别是在幼邻患病期间，无论在家或住院，梁教授独自一人承担了生活照料和护理的繁重事务。幼邻去世以后，她忍着巨大的悲痛，亲自为幼邻守灵；为我们报道幼邻治病的前前后后，以及幼邻之死；幼邻在死前一刻，还念念不忘为母亲修坟的遗愿……她是何等沉重啊！这位不平凡的女子独自承担了！

十一月，收到她的来信，报道她于九月初离开纽约，往麻省（美国西部）访问几所著名大学，参观设备一流的实验室，听一些专题讨论会，听教授讲课；她说她出来访问最大的目的并不是为了科学，而是想换一下环境，考虑一下今后的生活如何适应这一个大转变，这不是一件容易的事情。

愿时间抚平她的创伤。

弟弟李志圣

李志圣，李宗仁的次子。一九三七年生，一九四九年志圣才十二岁，即随父亲一起到了美国。李宗仁和郭德洁回归祖国后，志圣同哥哥李幼邻住在一起。幼邻对自己的弟弟十分友爱，尤其是在异国他乡。李宗仁归国前也曾叮嘱幼邻，要好好照顾弟弟志圣。志圣大学毕业后，在美国一家公司任广告设计的职务，因他为人忠厚朴实，工作认真，深得公司器重。志圣的妻子龚怀磊，四川人，在纽约一机关供职，工作也很出色。志圣成家后，在纽约买了一套三居室的房子，生有一子一女，家庭幸福美满。李秀文在美国居住时，志圣夫妻时常去看望她，他们称李秀文为大妈妈。李幼邻对自己的弟弟可以说是关怀备至，不仅关心他的生活和学习，而且关心他的婚事。一九九一年他父亲诞辰一百周年的纪念活动，有关方面没有邀请李志圣参加，李幼邻还为此提出了意见。这里，我们也可以看到幼邻和志圣的手足之情。

幼邻之死

幼邻的死是如此突然，以至于国内外亲友都不敢相信。噩耗传出，人们还是相互试探地询问着这不幸的消息，希望它不是真的。

残酷的现实把这希望击得粉碎，也把幼邻生前的愿望击得粉碎。正当幼邻对祖国、对家乡怀着深深眷念的时候，无情的死神使他抱憾而终。这太悲惨了，幼邻他还有许多未尽的心愿呢！

一九九二年他回来时曾说过，他此刻才感到自己的祖国是多么美好，做中国的公民是多么自豪。他打算以后每年都回国住上两三个月，要游遍祖国的山山水水，到安徽黄山，到江西庐山，到贵州黄果树，到云南石林，到西安兵马俑……啊，要去的地方太多了。

他想再次到三江去，住瑶族同胞的木楼，听木楼下小溪淙淙的流水声，这淙淙的流水声可以让他抱着美妙的幻想进入梦乡。幼邻说住在这样的屋子里，令人心胸旷达，顿感与人无争，与世无求，人世间的富贵荣华远远比不上这样的世外桃源。

幼邻还说他想在大连购一房子，便于他爱人梁教授和祖国合作方便。梁教授为一地质学者，多次到大连等地进行科研和讲学活动。但他本人则更向往融水的木楼。

幼邻想把父母亲的骨灰合葬在一起，以便年年回来扫墓（后由于种种原因，父亲骨灰未能接回）。他委托赵平为他规划建墓事宜，唯一的要求就是坟墓建在桂林市郊外，让母亲躺在大自然的怀抱里，返璞归真。

这个愿望在赵平同志的大力支持下得以完成。秀文夫人之墓修建在风景如画的尧山之腰，不但享受到大自然的爱抚，还常常得到慕名前来凭吊她的一束束鲜花以及赞美之情。他还说，明年一定回来祭奠母亲……啊！他设想的太多了，也太迟了！他万万想不到这许多愿望再也不能够实现。他匆匆随着母亲去了！

说起幼邻之死，许多亲友都觉得突然，但对家人来说，已经担心了整整十个月。十个月的忧心忡忡！明知他来日不多，却又无力挽回。事后想来，备感痛心。

一九九二年幼邻带病回到桂林时，已病入膏肓而不自知。他一回来就说，在纽约已咳嗽多日，医生初步诊断为慢性支气管炎。抵家后第二天，即请市第二人民医院两位医生诊病，亦作支气管炎处理。一切检查都做到，单单缺了做 CT。幼邻自己也没提出这个要求，他对自己的病满怀信心，认为不会有大问题。可偏偏就坏在不曾做 CT，我们好后悔啊！癌症在我国目前已有攻克的进展，至少能延缓他的生命呀！一切都太晚了！

九月八日，幼邻的双程机票已到期，下午，他拜别母亲遗像，告别家人，在众多亲友陪同下到了机场。大家看他咳得厉害，很是不安，但幼邻之行已如箭在弦，只好眼睁睁看着他入站，眼睁睁看着他走向……

那天，幼邻的飞机误了点，本定于八点起飞，可是到午夜才启程。后来听说那晚他在机场伏桌咳了半宿。

幼邻早约好他女婿在香港机场接候，接着与他同到洛杉矶小憩一周，再回纽约。我们担心这万里飞行，他是否承担得住，一直在担心着。

自从幼邻离开桂林，我们便数着日子盼来信，数了整整一百天，才收到他一封字迹潦草的信。其中说他抵达纽约后即住进医院，他还回复了一位朋友托他代查的事，这是他最后一次尽其做朋友的责任。

来信说，他得到一位很好的大夫为他治病，请我们放心，今已出院，医生嘱咐一个月后再去复查。此时，我们预感到不幸已向他袭来。又两个月过去，一封由梁教授执笔，幼邻亲笔签名的信收到，信中报告了复查结果，幼邻不幸患的是肺癌，已经进入晚期！必须再次住院做化疗。目前人很虚弱，问家中是否可分一人出去帮忙照料。这一封信犹如晴天霹雳，把我们大家都给震蒙了，于是立即着手准备派人事宜。

幼邻在信中一再叮咛，请赵平为他母亲造墓。

五天后，收到第三封信，幼邻已进入昏迷状态。这时，我们感到，幼邻已来日不多了。大家心情沉重，坐卧不安，每日相互瞠视着，不得安宁。

不幸的消息接踵而来，第四封信便是噩耗！附着几张幼邻遗体的照片。幼邻闭目安详地躺在鲜花丛中，梁教授在一旁静静地看护着，这悲惨的画面实在令人心碎！真不敢相信这个潇洒一生的人如今真的已与世无争、与天地无求了！

幼邻是多么安详啊！他到天国与母亲团聚去了。他一生情系母亲，以实际行动留给人们一个孝子的形象。

幼邻生前有过心愿，他十分敬仰周总理的豁达，将骨灰撒到大江中，与江水长流。他笑说，自己亦将以此为归宿。

幼邻去世后，其丧事一切均由珍妮主持（因他与珍妮并未离婚）。珍妮为他举行了三种葬礼，先是火葬，后一部分骨灰入土，一部分骨灰撒入大西洋。

幼邻的葬礼是隆重而肃穆的。桂林亲人得知死讯，悲极而泣，挥泪祝他在天之灵含笑安息！

一九九三年　冬

后 语

我的母亲

李幼邻

树高千丈，叶落归根，我的母亲李秀文于一九七三年十二月由美国回到祖国定居。从此，我母子又再天各一方，远隔重洋了。但是高山流水阻不断母子之情，我每年都飞越重洋，回到桂林省望母亲，当我看到母亲慈祥的面孔，我便心潮起落，激动不已，回忆起我的童年旧事。

我父亲终生在军政界中度过，很少时间和我们相处。我与母亲相依为命，我是在母亲教育下长大成人的。我能有今天，全是母亲的功劳。母亲的一生，勤劳朴素，忠厚善良，慷慨豁达，能忍能让，是中国贤妻良母的典型。因为父亲长时期不和我们在一起，母亲忍受许多寂寞和痛苦，可是母亲具备了上述的美德，她从不口出怨言，更深刻地体会到了人生的坎坷不平。她常教我做人的道理，要我立志于自食其力，不要卑躬屈节，仰人鼻息，要艰苦奋斗，自强不息，更重要的是忠诚正直。我感觉到母亲虽然读书不多，但是她有很优秀的德行，她的心比金子还贵，比金刚石还坚。在她的言传身教下，我模仿力学，努力攻读。我的一生，按照母亲的教导去做人，没有辜负她的愿望。我有这样一位善良慈爱而且善于育人的母亲，感到十分荣幸，也感到自豪。

母亲出生农家，从小就养成劳动的习惯，尽管当了夫人，但仍不失其勤劳朴素的本质。除教育我之外，还常对亲戚中少年儿童们说："不劳动，不得食。"自己闲来无事，便搓麻织线，或打扫家园。城里朋友笑说她贵为夫人，不知享福，劝她去打牌看戏，吃喝玩乐。母亲说："人各有志，也各有所好，勉强不得。"

母亲到美国时，我的事业正兴旺发达，经济优裕，可以让母亲享享清福，但是母亲也一如既往，在花园中种菜种豆，孙女们吃了奶奶自种自煮的菜，特别高兴，母亲也特别开心、满足、自豪。

自从父亲于一九六五年回归祖国之后，母亲思乡之情亦油然而生，常常想起桂林的山山水水。我知道母亲也与父亲一样，希望叶落归根，但是母子分离，是互相挂虑和痛苦的事。我试探地说："妈，听说中国目前生活还相当清苦，你舍得离开这里的舒适环境么？"母亲说："多苦我也受得，何况你父亲来信劝我回去为好，中国是生我养我的土地，死在故土，总比死在异国他乡的好。现在你事业有成，女儿也亦长大成人成家了，我在此福也享受够了，只要你以后想起我时，回中国看看我，我就心满意足了，何况桂林还有亲人，他们可以给我照顾，你可不用挂念。"

终于，一九七三年在中国驻纽约联合国代表团的妥善安排和协助下，母亲如愿以偿，回到阔别二十五年的故乡桂林，我也如母亲所愿，今年是第十一次回国探望母亲了。

母亲在桂林已度过了十七个寒暑，共产党和政府对母亲的关心和爱护，使我终生难忘，感慨万千。今年是母亲百岁生日，我特携女儿回来为母亲祝寿。母亲近两年，多是在医院疗养的，这是政府和医院领导为了母亲有一个很好的疗养环境采取的措施，对此，我表示衷心感谢！永远感谢！

一九八六年，我母亲的回忆录——《我与李宗仁》一书，由漓江出版社出版，继之香港中原出版社、吉林时代文艺出版社相继出版，此书翔实地反映了我母亲的一生，备受战火离乱、骨肉分离、夫妻分居之苦，读之令我分尝到母亲的甜酸苦辣，感情激动。深感母亲之能够坚强而又勇敢地走过她曲折又漫长的人生道路，最后得以叶落归根，这是与她具备的以上美德分不开的。此书出版后，在海外侨胞、港澳台同胞中引起强烈的反响。美国华埠侨胞争相传阅。台湾《传记文学》杂志社亦分期连载。

母亲的回忆录是我表嫂谭明根据母亲平时口述整理成书，其文字简朴，内容翔实，反映了母亲的一生，给世人留下中国妇女善良朴素、勤劳勇敢、坚韧不拔的美好印象。我在感谢漓江出版社各位热心于此书出版、转载的先生们的同时，还感谢我的表嫂谭明。

写于一九九〇年五月十日第十一次回国

整理后记

谭　明

《第二部》是在《第一部》一书出版九年后才整理出来的。当时，只作为一种拾遗补缺来着想，便以散文的形式一事一文，顺年代撰写，而未能在内容上作系统地编排，终有些遗憾，但若说按年代记叙也是一种自然方式，自成系统，尤其对研究者可提供方便，则也是一说，但毕竟要请读者诸君见谅了！

秀文女士出生农家，其为人正如程思远先生序言及其子李幼邻文章所赞：她的美德已经广为流传。她以生命的烛光，照亮她丈夫和儿子走过人生的征途，也照亮自己走完了一个世纪三个时代，给世人留下深刻的印象。

李秀文是坚强的、无私的、勇敢而又是淡泊的，她是一位不可多见的女性。希望读者在读她的回忆录时，能随我的拙笔步入她的生活，从她平凡的生活中，进一步窥见她不平凡的一生，领略到一位阅尽沧桑的中国传统女性的真、善、美。

一九九五年五月补记

历经百年沧桑的老人，凝结着非凡的历史传奇

历经百年沧桑的老人，凝结着非凡的历史传奇

图书在版编目（CIP）数据

我与李宗仁 / 李秀文口述；谭明整理.
一 桂林 :漓江出版社, 2018.6
ISBN 978-7-5407-8069-2
Ⅰ. ①我… Ⅱ. ①李… ②谭… Ⅲ. ①李宗仁－生平事迹 Ⅳ. ①K827.7
中国版本图书馆CIP数据核字（2018）第026104号

WO YU LI ZONGREN
我与李宗仁

李秀文／口述
谭明／整理

责任编辑：石绍康
助理编辑：孙精精
书籍设计：石绍康
责任印制：杨东

出版人：刘迪才
漓江出版社有限公司出版发行
广西桂林市南环路22号　邮政编码：541002
网址：http://www.lijiangbook.com
全国新华书店经销
发行电话：0773-2583322　010-85893190
北京汇瑞嘉合文化发展有限公司印制
［北京市经济技术开发区荣华南路10号院荣华国际大厦5号楼1501室
邮政编码：100176］
开本：787mm × 1092mm　1/16
印张：22　字数：304千字
2018年6月第1版　2018年6月第1次印刷
定价：55.00元